我是燕园北大人

费振刚 著

北京大学出版社
PEKING UNIVERSITY PRESS

图书在版编目(CIP)数据

我是燕园北大人 / 费振刚著. —北京:北京大学出版社, 2018.12
ISBN 978-7-301-29672-1

Ⅰ.①我… Ⅱ.①费… Ⅲ.①费振刚—自传 Ⅳ.①K825.6

中国版本图书馆 CIP 数据核字 (2018) 第 144080 号

书　　　名	我是燕园北大人 WO SHI YANYUAN BEIDAREN
著作责任者	费振刚　著
责任编辑	沈莹莹
标准书号	ISBN 978-7-301-29672-1
出版发行	北京大学出版社
地　　　址	北京市海淀区成府路 205 号　100871
网　　　址	http://www.pup.cn　新浪微博:@北京大学出版社
电子信箱	zpup@pup.cn
电　　　话	邮购部 010-62752015　发行部 010-62750672 编辑部 010-62756694
印　刷　者	大厂回族自治县彩虹印刷有限公司
经　销　者	新华书店 650 毫米 ×980 毫米　16 开本　17.75 印张　203 千字 2018 年 12 月第 1 版　2018 年 12 月第 1 次印刷
定　　　价	43.00 元

未经许可,不得以任何方式复制或抄袭本书之部分或全部内容。
版权所有,侵权必究
举报电话:010-62752024　电子信箱:fd@pup.pku.edu.cn
图书如有印装质量问题,请与出版部联系,电话:010-62756370

目 录

题　记…………………………………………………… 001

永远的坚守　不毕业的学生

我心中的"史迹碑"………………………………………… 003
域外访书的惊喜…………………………………………… 008
令人怀念的十九斋
　　——追念徐通锵先生………………………………… 011
严肃而沉稳的老师
　　——追念吕德申先生………………………………… 016
故人故情
　　——忆温小钰………………………………………… 022
"以不变应万变"
　　——一次汇报会的回忆和现在的思考……………… 027

与同学共勉

闻一多先生的《楚辞》研究……………………………… 041
辞与赋的区分……………………………………………… 052
汉赋概说…………………………………………………… 057
《乐府古辞词典》序……………………………………… 063

数码时代的人文研究……………………………………… 069
《恒言集》序…………………………………………… 076
《舞在桥上》序………………………………………… 081
在《历代赋学文献辑刊》出版座谈会上的发言稿……… 095
《年华留韵》序………………………………………… 098
喜读《香港赋》 老树发新枝………………………… 102
赋伍班张歌盛世 文宗屈宋咏枝江
　　——评颜其麟先生《枝江赋》…………………… 105
评《云阳赋》…………………………………………… 112
冬游湛江 喜读《特呈岛赋》………………………… 115
初读《若水斋赋》……………………………………… 121
赋描写角度的演化和长度的调控
　　——二读《若水斋赋》…………………………… 127
善于继承 更有创新
　　——三读《若水斋赋》…………………………… 136

我眼中的外部世界

亲历牛仔节
　　——加拿大纪游之一……………………………… 145
外孙女的毕业鉴定
　　——加拿大纪游之二……………………………… 150
四游班芙
　　——加拿大纪游之三……………………………… 153
今年我经历了三个不同的春天………………………… 158

附录1：别人眼中的我

一辈子教书育人、著书立说的费振刚教授 …………… 牟季雨 171
平易近人的智者 ……………………………………………… 吴宝三 174
道德文章　蔼然长者 ………………………………………… 赵长征 177
《守望》读后 ………………………………………………… 马庆洲 181
我的北大老师 ………………………………………………… 韦启瑞 185
费振刚教授不老的梧院情结 ………… 谭永军　李秋荣　邓杨瑞 197
费老的风范 …………………………………………………… 李光先 202

附录2：访谈录

中国文学的耕耘者
　　——访北京大学费振刚教授 ………………… 林庆彰　侯美珍 209
悠悠岁月
　　——访中文系系主任费振刚教授 ……………………… 张蓉蓉 216
从容大气是洛阳
　　——访北京大学博士生导师费振刚 …………………… 孙钦良 219
一史封皮三易色　此中甘苦费君探
　　——费振刚教授《中国文学史》访谈录
　　　　…………………………………………… 方　铭　马庆洲 222
读最新修订本游编《中国文学史》 ……………………… 顾　农 246
老树着花无丑枝
　　——修订本《中国文学史》编辑手记 ………………… 宋　红 260

补 遗

《汉赋辞典》前言 …………………………………… 271
《汉赋辞典》后记 …………………………………… 273

题　记

　　2010年北京大学中文系百年系庆，在马庆洲博士的协助下，出版了《守望——我的北大五十五年》，表达了我的心志。明年是北京大学校庆一百二十周年，我又在马庆洲博士及沈莹莹博士的帮助下，将当年编辑《守望——我的北大五十五年》时，由于种种原因没有收入的文章和未发表的手稿加以整理，并另设立附录《别人眼中的我》《访谈录》两个环节，收入别人写的与我有关的一些文章，将这两部分编为《我是燕园北大人》，表达我的心志，献给北京大学校庆一百二十周年。

　　"燕园北大"，不仅仅是一个地理名词。自1952年全国高等院校大调整，将北京大学、清华大学、燕京大学文、理等主要院系合并在一起，在原燕京大学校址组成新的北京大学。相对于已经成为历史的"沙滩北大""西南联大时的北大"，"燕园北大"仍是鲜活的存在，它也是庆洲与我相交、共同论学开始的地方。论学之余，我们也谈北大和燕园，特别是他博士毕业，去清华大学出版社工作，作为责任编辑先后出版了三卷本《唐代四大类书》和十卷本《林庚诗文集》后，我们见面的次数并不多，见面谈业务、学术更少，相反，谈的主要的是"北大""燕园"，有时也会谈及"清华"，因为林庚先生抗战前在清华大学中文系读书，毕业留系做朱自清先生的助教，抗战胜利后回北京，先任燕京大学中文系教授，三校合并后，任文学史教研室副主任（主任是游国恩先生），而《林庚诗文集》的编辑、出版事宜，他要经常去燕南园林先生家，向林先生请教。正是由于这一些，庆洲在他的《〈守望〉读后》一文中提出了"燕园北大"这一概念,并在文中提及我在"燕园北大"的种种经历和我的一些感受,共同体味着"燕园北大"给我们的精神的力量。也因此,我和千千万万在"燕园北大"受教育的学子一样,把她看作是我们永远共同的"精神家园",愿她永远年轻,永远做她的守望者,不毕业的学生。

费振刚
2017年5月

永远的坚守　不毕业的学生

我心中的"史迹碑"

北京大学百年校庆前夕,校园内一座座新的建筑拔地而起,图书馆新馆已初具规模,百年校庆讲堂、理科楼群基础工程已经浇灌完成……北大校园的面貌正在改变。面对日新月异变化着的校园,在欣喜之余,我也常常想起一些已经消失或正在消失的景物,这其中有着许多故事,记载着我们的经历,与自己的成长紧密相关,它们在我心中是永远不会消失的。

我是1955年考入北大中文系的。当时的北大没有现在这样的拥挤,尤其是节假日,校园中更显得格外安静。东操场边的校门——小东门内侧有一排灰砖平房,一个穿堂门分成两边,一边是当时的北大邮局,一边是一个理发馆,也许是专门为老师安排的,设施比学生宿舍区内的理发馆好一些,价钱也贵一些,但也只二三角钱之差。可不管哪个理发馆比现在的理发馆的服务都要好得多,仅从时间来说,那时理一次发是半小时左右,而现在不到十分钟即可完成。邮局的业务也不像现在那么忙,那时的学生少数人由家里供给生活费,多数人是享受助学金,不用家里寄钱来,学生与邮局的关系只不过是每隔一段时间来邮局买几张邮票而已。因此,这个地方,学生是很少光顾的,也就更加安静。走出小东门,穿过成府路狭长的街道,就是燕东园,再往东走,就是清华大学的西门。当时我们的许多老师就是经过这条路来给我们上课的。我还记得五十年代时,燕东园传达室外,经常有几辆三轮车(也许早些时候,还有"骆驼祥子"拉的人力车)停在那里,是供老师临时代步用的。游国恩先生给我们讲中国文学史时，身体不好，有几次就是乘坐这样的三轮车来到教室的。燕南园因为在校园内，我们现在每经过这个地方，都会肃然起敬，因为马寅初、冯友兰、王力、魏建功、朱光潜先生曾经生活在这里。同样，我们也不要忘记燕东园，燕东园不仅与燕南园有同样的建筑格局，而且那里也是翦伯赞、杨晦、游国恩、岑麒祥、冯至先生生活过的地方。二十世纪八十年代末，我曾在日本东京大学工作过两年，我的住所在东京大学弥生门外，附近有中国人所熟知的上野公园和以杜鹃花闻名的根津神社。漫步在上野公园周边的街道和根津神社内，在路边或店铺前，不时见到有碑立于其旁，碑上的文字，我大致可以了解，是记载在此地发生过什么事件，日本人称其为"史迹碑"，碑文上有我们熟悉的日本著名作家如森鸥外、夏目漱石等人的名字。在根津神社内的一个石条凳边，我依稀记得在石碑上写有夏目漱石休憩之地的碑文。东京大学校园内有一个小湖，东大人称之为"三四郎池"，显然也是与夏目漱石有关系。我们北大小东门外原有一个食品店，平时，特别是夜间还卖小菜和散酒，有两张方桌、几个方凳，应该是许多学者、专家小聚和休息之处，我想如按照日本东京的办法，也可以立块"史迹碑"加以说明。小东门至燕东门当年是一段石板路，我们的老师，名扬海内外的学术巨人，年复一年地从这里走过，走进教室，走进实验室，走进图书馆，用他们的心血培育了一代又一代的年轻学子。这里不也可以有块"史迹碑"吗？

现在小东门内的平房不见了，门外通往燕东园的街道也几经变化，已不复往日的景象，但每当我经过这里，我的脑海就会浮现当年的种种情形，那是我心中的"史迹碑"，其中的一块记载着四十二年前的秋日，在小东门的理发馆里，我与当时的系主任杨晦先生的一次无言的会面。

我是从当时称为"钢都"的辽宁省鞍山市考入北大的。"钢都"

当时全国瞩目，是全国各地基本建设钢材的主要供应地，为我国国民经济的恢复和发展立下了汗马功劳，可文化气氛并不浓厚。我虽然喜欢文学，也经过中学老师的特别点拨，知道不少中外作家的姓名和他们的作品，但对大学教授、专家学者所知则是很少的。因此刚进校门，我想象不出我们的老师是什么样子。老同学对我们这些初入燕园的新生很是热情，除了关照我们吃住外，还不断向我们介绍我们中文系的老师，哪位是教授，哪位是副教授，他们都有什么专长，是哪方面的专家，对于系主任杨晦先生，则是老同学重点介绍的老师之一。不到几天，我对杨晦先生就有了这样的了解：1919年，杨晦先生作为北大学生，是"五四"运动的参加者，并且是火烧赵家楼、痛斥卖国者的几名勇士之一；杨晦先生是著名文艺理论家，在国民党统治时代，在国民党控制最严密的重庆、南京，公开在大学课堂上大讲马克思主义的文艺思想；杨晦先生是中文系仅有的四名一级教授之一（另外三位是游国恩、魏建功、王力先生）；老同学知道我来自东北，还特别指出杨晦先生是辽宁辽阳人（辽阳距鞍山六十华里，也是我的祖籍）……于是，我急切地希望一睹杨晦先生和各位老师的风采。

在系迎新会上，我们终于见到了各位尊敬的师长。作为系主任，杨晦先生首先致词，他的个子不高，清瘦，略显驼背，面色苍白，颧骨突出，头发理得很短，挺拔直立，双目炯炯有神，给人以深刻印象。杨晦先生讲话很随便，几近于漫谈，他反复强调大学学习主要是打基础，多读书，认真听课，学校培养的是文学研究的专家学者，而不是作家。这些话，今天看来不尽全面，对于当时我们这群二十来岁的文学青年，听起来也是不大顺耳，但系主任的话，我们还是听的，而且认真地领会着。杨晦先生还特别讲了学习语言课的重要，当时课程表列有语言理论、现代汉语、古代汉语、语音学、汉语史等多种课程，针对我们的疑惑，杨晦先生着重指出语言课与文学课之间的有机联系。几年后，在学校的一次教育大讨论中，我们班上的一位同学，画了一幅漫画：两个方块分别写有"文学""语言"的字样，上面立着一只高扬着头的公鸡，它的两爪分别站在两个方块上，漫画的标题是"有鸡（机）联系"。当时我们同学看了都忍俊不禁，觉得它形象地表达了我们心中的"怨气"，很是痛快，而今天看来，我们当年实在是顽皮和幼稚。杨晦先生也是知道这件事的，但他并不介意，对历届新生都还讲这同样意思的话。随着阅历的增加，我们也慢慢体会到，他讲这番话实际上是在告诫我们年轻人，切忌浮躁，要珍惜在大学的这段宝贵时光和有利条件，好好地充实自己，不可急于求成，这不管是做学问，或是搞创作，都是很重要的。这也许正是杨晦先生几十年创作、学术生涯的经验之谈，是他为北大中文系确立的办系宗旨。

杨晦先生讲话声音不大，有些沙哑而不苍老，亲切中透着威严，饱含着对年轻一代的深切期待，特别是他浓重的乡音，让刚刚离开故乡的我倍感亲近，我真想走近他的身边，和他一叙乡情。可那时，杨晦先生对于我们这样的一年级新生，实在是太高大了，更何况是在大庭广众之下，我实在没有勇气走近他的身边。迎新会后就开始紧张的学习，从宿舍到教室、到图书馆，偶尔也会到当时的中文系办公地点文史楼二楼，但始终没有见过杨晦先生的身影，就这样一年过去了……

1956年秋季开学不久的一个星期天的下午，我因为要去邮局取父亲给我寄来的生活费，又因为学生区的理发馆人太多，就想顺便在邮局附近的理发馆理发。我从宿舍经过大饭厅、文史楼、生物楼，走在博雅塔下那条路上，星期天的校园真静，几乎没有一个人，自己咳嗽一声，也会吓一跳。不知为什么，我的心情也变得有些寂寞，甚至感伤，我多么希望能遇到一个人，随便说几句，以便打破这抑郁的宁静。

跨进理发馆时，我的眼睛突然一亮，一股热流涌上心头，因为我看到系主任杨晦先生正坐在理发椅上理发。我走过去，站在他的背后恭恭敬敬行了个礼，怯生生地叫了声"杨先生！"杨先生也从对面的镜子里发现了我，向我微笑点头示意。我的理发椅离杨先生较远，他什么时候走的，我没有觉察，而当我理完发去付钱时，理发师傅告诉我："不用付钱了，你的老师已替你付了。"一刹时，我怔住了，匆匆地谢过理发师傅，快步走出理发馆，走出小东门，顺着成府路的街道，向燕东园的方向望去，可已看不到杨先生的身影。就是这样一次短暂的会面，虽然我们没有交谈，我却感受到了老师的无比亲切的关怀，体会到了师生犹如父子的情意。一个人的一生有对故乡的依恋，有对亲情的依恋，而我对母校的依恋从此产生，它伴随着我的思想成熟，学业成长，一直到今天。

以后，作为一名学生干部，毕业后作为一名青年教师，我无数次地沿着这条小路去杨晦先生家，有时在杨先生家里开会直至深夜，对于作为学者、教育家的杨晦先生有了更深入、全面的了解和感受，但对四十二年前这段往事，在我心中的记忆始终是鲜活的。杨晦先生1983年逝世后，我不止一次在座谈会上谈过；1994年，我就任新中国成立后的第五任北大中文系主任，第一次对全系教师讲话时，我讲了我对杨晦先生办系思想的理解，又一次谈到这段往事，用以表达我对母校的依恋之情，也借此表示我愿意以杨晦先生为榜样，为北大中文系的发展，竭尽自己的心力。

（原载《青春的北大》，北京大学出版社，1998年4月）

域外访书的惊喜

利用到加拿大探亲的时间，我想写一篇评述游国恩先生学术研究的文章，因为带来的资料不多，就开了书单请在阿尔伯塔大学工作的女儿到学校图书馆找一找。女儿下班回来，带回的两本书让我惊喜不已。

一本是游国恩先生的《楚辞概论》，这是先生的成名作。写作时先生还是北大的学生，1926年出版，这一年先生在北大毕业。初版由北新书局出版，1928年商务印书馆再版，编入《万有文库》的《国学小丛书》中。较早前，我在北大图书馆借出研读过，但不记得是什么版本了，以后《楚辞概论》作为"保存本"，再也不能借出馆外了。二十世纪九十年代后，我多次去香港讲学，学生曾陪我去逛旧书店，意外地发现了游先生1933年由商务印书编辑出版的《万有文库》本的《先秦文学》，由此，我也想再找一本《楚辞概论》，但都没有发现。一次，一位学生送来一本台湾版的《楚辞概论》，署名为游天恩，很像商务印书馆《万有文库》所收的《楚辞概论》，学生问我是不是游先生的著作。我翻阅后确认这就是游先生的《楚辞概论》。将作者姓名或书名稍作变动，正是前些年台湾盗印大陆学术著作的惯用手法。我虽然愤慨于台湾出版商对大陆学者的不尊重，但也因能再拥有一本先生的早期著作而感到欣慰。这次从阿尔伯塔大学借来的竟是《楚辞概论》的初版书，望着封面由胡适题写的书名、发黄的书页，重读陆侃如先生写的《楚辞概论序》和先生自写的《叙例》，先生的学术风范，先生与陆先生作为同窗和学术同好学术上互相切磋和坦诚的友善态度，再次浮现于眼前，让我感到温暖，也受到激励！

另一本是林庚先生于1947年5月由厦门大学出版的《中国文学史》。由于林先生在二十世纪五十年代出版了他的《中国文学简史》上册，八十年代经先生的修订和补写，《中国文学简史》由北京大学出版社出齐，这是年轻的读者们所熟悉的，而对林先生早年的这部《中国文学史》可能就不熟悉了，即使知道这部书，也不容易找到。林先生的这部《中国文学史》是我读的第一部《中国文学史》，当时我还在故乡辽宁鞍山读中学，由于个人的爱好，确定将来要读大学中文系，因此，每逢星期天和假日，我常到市立图书馆去找自己喜欢的书读。那时的图书馆允许读者去书库自由地翻阅各类书籍，我主要是寻找中外文学作品来读，有时也看一些文学研究的书，以确定我读过的文学作品的价值。林先生的这部文学史，那形象生动的章节标题，如用"黄金时代""白银时代"作为文学发展分期的名目，如用"女性的歌唱"来概括《诗经》作品的内容，以"苦闷的醒觉"来说明东汉以来五言诗的发展，以及先生论文特有的诗样的清丽流畅的语言风格，都吸引着我把它读完。尽管当时我还是一知半解，但我已知道中国古代文学这一宝山是值得我用一生的精力去攀登的。1955年到北大读书后，我亲自聆听林先生的教诲，阅读先生的更多的著作，这部书却没有再读过了。五十年后，在异国他乡，能够再次看到林先生的这部书实在是太亲切了。更让我惊奇的是在这部书的内封面上尚有先生亲自用墨笔写的英文题词：

  To Dr J R Hightower

  Sincerely yours

  Lin Keng

这当是林先生送给外国友人的书。半个世纪过去了，林先生正在北大燕南园安详地过着退休生活，而我在太平洋这边的外国的图书馆中重读当年由外国友人带回的先生的书，温馨而激动，也想借此向林先生致以诚挚的问候，希望这篇小文能在先生平静的生活中激起回忆往日生活的一朵浪花。

（2004年6月30日写于埃德蒙顿寄庐。原刊于《北京大学校报》第1034期2004年10月8日出刊。又刊于《化雨集》北京大学诗歌中心北京大学中文系编，人民文学出版社，2005年3月出版）

附注：

这位美国学人中文名字叫海陶玮，因为在林先生赠书的同时，徐嘉瑞先生亦有一书赠给他，在封面的背面写有中文题词："海陶玮先生教正　徐嘉瑞敬赠　民国三十六年二月。"海陶玮也有一枚中文名字的印章，盖在书的封面上。此人在哈佛大学任教，1986年退休，退休后将他的藏书，有偿转让给阿尔伯塔大学。

Edmonton，中文译名有几种：在大陆译作"埃得蒙顿"，港台译作"点问顿"或"爱民屯"，见于当地的中文报刊。

（原载《北京大学校报》，2004年10月8日）

令人怀念的十九斋
——追念徐通锵先生

徐通锵先生猝然离世，我身在外地，未能亲自灵前拜别，悲夫痛哉！当年十九斋的中文系居民又走了一位，那可追忆的岁月渐渐地去远了，消逝在渺不可知的空际。

十九斋是当时学校为男青年教师准备的单身宿舍，二人一间。1960年毕业留校，我住进了十九斋二楼最东头、窗户朝北的一间，与楚辞专家、京戏评论家金开诚先生合住。十九斋大门中间开，大门朝南，楼梯亦在中间。二楼东侧住的全部是中文系青年教师，而东侧最西边靠近楼梯的一间就是徐先生的房间，他与当今著名的汉语方言学专家王福堂先生合住。当年的十九斋，十分安静，一个人走进去，你会不自觉地放轻自己的脚步，生怕脚步声音会打破这楼内的宁静。只有晚饭前后的一段时间，整个楼道会出现一点小小的骚动，有人会在洗脸间洗洗衣物或餐具（大家都吃食堂，有时会将食物买回来，在房间里吃），边哼哼一段歌曲，或唱几句京剧，有人会在房间开着收音机，听电台播放的音乐或曲艺节目，但这声音都放得很低，绝不会有当今公共场合播放的那种震耳欲聋的音乐，让人躁动不安。八点左右，又恢复了安静，但每个房间都灯火通明，直到深夜。我对早我几年毕业留校的青年教师都不熟悉，所以很少去他们的房间。但进出自己的房间，要经过各个房间，如果正巧他们的房门开着，我就会看到各个房间的情形。当时学校为每个房间配备的家具都是一样的，经过我的观察，每个房间都布置收拾得大不相同，有的房间显得混乱而拥挤，被褥常常散乱地堆在床上。书架上的书横七竖八地码放着，书籍、文具、稿纸闹哄哄地堆满桌面，加上房间主人吸烟，烟灰缸也堆满了烟蒂，室内的空气浑浊，尤其是冬天。而徐先生和王先生合住的房间，永远是窗明几净，书架上的书摆放得整整齐齐，书桌上的书籍、工具、稿纸各有固定的位置。这充分体现了他们作为语言学家严谨的治学风格。正因为这样，再加上他们二位看起来很严肃，不好接近，致使我毕业后很长一段时间，都没有同他们正面交谈过。

"文化大革命"期间的生活，拉近了我与徐先生的距离，让我对他有了进一步的了解。在此之前，徐先生和我都参加了由当时的中宣部、高教部联合领导的高等学校文科教材的编写工作。他随高名凯先生进了《语言学概论》编写组，我随游国恩先生进了《中国文学史》编写组，因此我们有了工作上的联系，也彼此有一些了解，知道他虽毕业不久，但在语言学研究上已引起了学界的注意，是极具学术潜力的后起之秀（这为他自二十世纪八十年代以来的学术研究成果所证实）。又因为他少年老成，不苟言笑，但并不威严，因而有了个"老头儿"的绰号。可是当时我还不敢当面这样称呼他。"文化大革命"开始，众多具有高级职称、教过我们的老师不断被揪出批斗。像徐先生和我这样不是"右派"的年轻助教，就有幸成了"革命群众"，而共同听从"红卫兵"的指挥。再下来是"革命队伍"的"分裂"，在北大形成了势不两立的两大派。而作为"革命群众"的我们，在这样的形势下，也自觉或不自觉地选择了支持其中一派的姿态。巧合的是，徐先生和我不约而同都选择了支持在北大非主流的那一派，这使我与徐先生有了更亲密的接触。

"革命队伍""分裂"的起因是路线不同，于是就开始了"谁是正确路线的代表"的不断的辩论。开始的时候，是在会议中或在大字报前展开辩论，大家努力讲道理，以期说服对方。在这种场合，如遇到对方过于蛮横以势压人时，徐先生有时也会一改他不愠不火的性情，而情绪激动地申说自己的认识和理解，对对方的种种论点予以尖锐有力的批驳。这使我看到了徐先生性格的另一面，联系到他曾经说起，在中学、大学读书时，乃至大学毕业留校做老师后，他都是班级或系篮球队的成员，他的身材不高，但却能做如此激烈的运动，可见在徐先生平静的外表下有一颗热烈而奔腾的心。

不久，这样的路线辩论升级了。"愤怒"的群众不能满足仅限于口头上的辩论，开始拳脚相对，继之以棍棒混战，终至于各派组织专门从事武斗的队伍，抢占办公楼和宿舍楼，各据一方，形成对峙的局面。在北大，只有很少的青年教师参与了这些武斗行动，而多数人都变成了所谓的"逍遥派"，天天无所事事地打发日子。当时我已结婚，但没有住房，有的教师虽已结婚，但妻子在外地，而徐先生当时还是独身一人，所以十九斋在北大武斗的日子就成了我们这些青年教师的活动场所。同一派的教师常常会聚在某一个老师的房间，聊聊运动的情况，交换听来的各种"小道消息"，乃至于打打桥牌，以消磨时光。记得北大在"文化大革命"中最激烈的一次武斗的夜晚，我和徐先生是在我的同学、毕业一同留校的侯学超先生房间度过的，我们听着双方广播站的广播，打着桥牌，几乎一夜未眠。大约就在这个时候，徐先生开始了他的木工作业。开始，他在校园内拣拾双方武斗时砸烂的桌面、凳子腿作为原料，用锯、锉等工具加工成台灯。底座是各种形状的木块堆叠，用或方或圆的木棒做支柱，底座用胶水粘上一层厚实的布，而底座的木块和支柱的木棒都用砂纸打磨，使之露出原来的木纹，再涂以清漆，于是一个造型简单朴素的台灯就呈现出来了。有了第一个，就有第二个。当时十九斋中文系居民的不少房间都有了徐先生的作品，后来"工宣队"进校了，实现两派大联合，领导

"斗、批、改"，表面上轰轰烈烈，实际上除了开会，教师乃至广大学生还是无事可做。无奈之中，徐先生一不做，二不休，索性买了一些必要的木工工具和一些木材，真做起家具来了。最突出的是他做的几个书橱。从70年代到80年代，徐先生与丁宁真女士喜结连理，有了家庭，也有了一双儿女。我们这些十九斋的原住民，也从单身宿舍搬到蔚秀园，再搬到畅春园、中关园、承泽园。许多老师都添置了新家具，特别是书橱，而徐先生几次搬家，他的书橱仍旧是自己所做的那一套。徐先生的书橱被漆上深檀色，上面几层有玻璃拉门，下面的则是木质的可以开合的门，沉实厚重，朴素大方，如果不是亲眼所见，人们不会相信它们竟是出自一位中文系老师之手。相信这一套书橱还摆放在畅春园五十六公寓住宅，书橱中是徐先生亲自摆放整齐的他自己的著作和他使用过的各种书籍。物还在，人已去，我已不忍心再去看这些饱含着徐先生心血的遗物了。

当年在十九斋的中文系老师，在徐先生之前，陈绍鹏、赵齐平、石安石、倪其心先生已先后去世，而健在的都已经过了"人生七十古来稀"的时候了，我在这追思徐先生，也想起了走了的几位，想起了十九斋那段平静朴实温馨实在的日子。

2007年4月14日写成于畅春园寓所

附言：

十九斋即现在的十九楼。二十世纪五十年代，北京大学从城里沙滩搬到当时的西郊，沿用老北大的传统，把青年老师和学生的宿舍都称为斋。未名湖北岸的七处宿舍，分别以德、才、均、备、体、健、全为斋名，新建的宿舍以数字为斋名，一至十五斋建在现在的百年讲堂（过去为学生的大饭厅）的东面，是学生宿舍，现已荡然无存。

十六至二十七斋分别排在南校门内的两侧,东侧为女生宿舍,西侧是青年教职员宿舍。"文革"中,未名湖北岸的前六处被改名为红一楼至红六楼,凡称"斋"的皆改为"楼"。于是把宿舍称为斋,渐渐被人们遗忘了。为了怀旧,在这里,我用了我们住在那里时的旧名,特此说明。

(原载《求索者:徐通锵先生纪念文集》,商务印书馆,2008年7月,又载《我们的诗文》,北京大学出版社,2010年10月)

严肃而沉稳的老师
——追念吕德申先生

吕德申先生是当年给我们这个年级（1955—1960年在校）上课老师中较年轻的一位。一年级时，他为我们讲授"文艺学引论"这门课。与另外几位年轻的老师，例如朱德熙先生、吴同宝（小如）先生不同，吕先生的课堂讲授给我留下的记忆是：严肃，沉稳，很少有离开教学内容的引申和发挥。而这一记忆也是我对吕先生为人和做学问的风格的基本认识。

当年吕先生为我们上课时，课堂气氛不太活跃，现在我想，这与当时的大环境和吕先生第一次接替杨晦先生为中文系本科学生讲授"文艺学引论"这门课程有关。先说大环境，囿于当时的国际环境，我们当时的基本国策是"一边倒"——全面学习苏联。北京大学的学习榜样，是当时的莫斯科大学，从学制到教学安排，乃至课程名称都照搬莫斯科大学。当时中国大学的中文系本科学制都是四年，而北京大学从我们那个年级起改成五年，就是学习莫斯科大学的体现。"文艺学引论"是当时莫斯科大学俄罗斯语言文学系的一个课程名称，于是我们的课程表上就以之代替了原来的"文学概论"。我们入学的前一年，北大中文系举办了由当时的苏联专家、列宁格勒大学副教授毕达可夫主讲的文艺理论进修班，各地许多大学都选派教师来听课。这位苏联专家的讲稿的"样板"意义是十分明显的。吕先生给我们上课用的教材，就是这位苏联专家的讲稿。当时发给我们的，还是学校印刷厂印刷的内部教材,几年之后,由高等教育出版社,以《文艺学引论》的书名正式出版。在这样的情形下,吕先生怎能不慎之又慎地对待这次讲课。再说,从我们这个年级开始,吕先生正式接替杨晦先生讲授这门课。杨晦先生不仅是"五四"运动中一位冲锋在前的勇士,而且是长期在文艺战线上坚持用马克思主义作为武器来剖析文艺现象的学者,曾在国民党统治的核心地带——重庆和南京,公开宣布自己的政治理念和文艺主张,在左翼文艺运动和文学青年中有很高的威望。北京和平解放后,经由党组织的安排,杨先生同一大批民主人士从香港转道东北来到北京,参加了第一次中华全国文学艺术工作者代表大会后,就回到母校——北京大学任教,一直讲授"文学概论"这门课。我们刚入学,许多老同学会绘声绘色地给我们讲杨先生的经历,也会介绍杨先生讲课时的生动情景。有杨先生的光环笼罩,又是讲授原来由杨先生讲授的课程,这或许也给了吕先生一定的心理压力,影响了课堂的气氛。虽然我们因为"文艺学引论"不是由杨先生讲授而有点失望,但知道这门课的重要性,因此我们还是认真听讲,认真做笔记。课堂气氛虽然有点紧张,但没有松散、懈怠,这正是吕先生那严肃、沉稳的神情感染了我们。

1960年,我毕业留校任教,就与吕先生接触更多了。那时,吕先生不仅是文艺理论教研室副主任,还是中文系党总支副书记,无论是在各种教学活动中,还是在党组织生活中,我有更多机会接触吕先生。1958年以后,发生了所谓的"大跃进",所谓的"四清"运动,乃至后来的"无产阶级文化大革命"。在当时,都可以用"轰轰烈烈""热火朝天"来形容这些"运动"。人们置身其中,难免晕头转向,也无法预知将来如何发展,我们可以看到运动高潮中许多人激昂慷慨,热血沸腾,也看到了少数人在高潮过后的惶恐不安,失魂落魄。在那个年代里,我们都要参加各种各样的会议。在会议上,常常有人为了表现自己，或为了洗刷自己，有一些近于夸张的陈述，以期引起与会人员的注意。这种场合，吕先生从不这样做。需要发言的时候，他也会尽可能地从容和平静，就像在课堂为同学讲课一样。当时吕先生都讲了些什么，我已不能记住了，以今天的认识来看，也许不都是正确的，但在那个不正常的年代，能够不随波逐流，不随声附和，而保持一种淡定的态度，是难能可贵的。新时期以来，风气大变，过去是政治运动过多，政治压倒一切，使人不敢也不能专心钻研业务，钻研学术。现在好了，钻研业务，钻研学术，受到鼓励，得到支持。人们为此而欢欣鼓舞，兴奋不已。吕先生当然也有同样的感受，自二十世纪七十年代以来，吕先生主持或参与了多种文艺理论教材的编写，他领导的文艺理论教研室，坚持马克思主义与中国文艺实际相结合的大方向，有许多开拓和发展，在文艺理论的教学和学术研究领域中都有重大成果，但吕先生把这一切都看成是自己和教研室应该做的，是一种责任。在会议上或与同行交流中，吕先生会对自己和教研室的工作做说明，但很少甚至不对这些工作作出评价，也不去与别人、别的单位作比较。这与以后越来越强调的竞争意识，并愈演愈烈为排座位、排名次而发生的种种争论多少有些不协调。可这正是吕先生一贯的沉稳、淡定作风，抚今追昔，总是激起我深深的感动。

吕先生给我讲授过"文艺学引论"，是我传道、授业、解惑的老师，虽然我不算吕先生的好学生，也不是他的入室弟子，但他对我的关爱，我们师生的情谊和名分，始终是我向上的重要动力。因此，不管在什么场合，有吕先生在，我会更加小心、谨慎，生怕受到先生的批评，尽管先生从来没有批评过我。在"文革"的不正常的岁月中，我与吕先生在校外反而做了一年多的"同学"——在北京大学大兴"五七干校"养猪场接受再教育，进行劳动锻炼。于是有了这不平常的进一步认识吕先生的机会。

那是1975年的事。北大的"五七干校"从江西鲤鱼洲撤回后，又申请在京南大兴把一个劳改农场划归北大，办起了大兴"五七干校"。吕先生和我去"干校"是1975年的春天，第二年周总理逝世，我们才回学校，结束"干校"生活。当时这个"干校"，除了下放锻炼的北大教职员工，还有一部分工农兵学员，工农兵学员都住在农场的中心区，那里有成排的住房，按照军事编制进行管理。吕先生和我被分别分配到积肥班和养猪班，同种菜班住在农场边缘地带的养猪场。这三个班没有工农兵学员，都是下放锻炼的教职员工，有教师、后勤部门的职员和刚分配到学校各部门工作的初中毕业生，近三十人。那一年，我四十岁，吕先生五十三岁，他是下放人员中年岁最大者，且在不久前动过一次肠胃的大手术。近三十人中，三分之一是女性，她们有幼儿园、北大的老师和刚分配到校的女中学生，每个人都有各自不同的劳动项目，都是从来没接触过的。我负责喂猪，具体管理几头母猪和专门为配种用的三头公猪（种猪），我不仅负责喂养它们，还要为母猪配种，为小猪接生，因为要让公猪膘肥体壮，每天我还要把它们赶出圈外放牧。吕先生负责积肥，具体工作主要是清扫猪圈。先清扫猪圈，把猪粪集中到圈外，一层黄土、一层猪粪地堆起来。事情已过三十多年了，但我还能记起吕先生当年劳动的情形。先生要进到猪食猪粪混杂、脏水横流的猪圈内进行清理，而又担心打开圈门后，猪会跑出去，所以先生只能从猪圈围墙上跳下去。围墙虽然不高，但对年过半百、身体瘦弱的吕先生来说不是易事，他每天要多次跳进多个猪圈，好不容易跳进圈内，圈内的猪会一哄而上挤到你身边，有的猪重达五六十公斤，会把你挤倒，猪蹄踩在脚上，让人钻心地疼。遇到这种情形，其他的"五七战士"（为与工农兵学员相区别，下放的教职员工有一个共同的名字——"五七战士"）会一边大声呵斥，一边用手中劳动工具把它们赶走。吕先生却不这样，他会把劳动工具放在一边,一边用平常的语调说话,一边用手推开它们。清扫猪圈,清扫猪粪和洒在地上的猪食,吕先生也不像其他"五七战士"那样,大刀阔斧、三下五除二,很快就完了,他动作很慢,清扫得很认真,生怕漏掉了什么。当时的积肥班还"引进"了一种猪饲料制作技术,叫做醣化饲料。大致作法是:将喂猪用的玉米秸、麦秸、稻秸等,用粉碎机粉碎,掺入一定比例和温度的水加以搅拌,然后堆放在封闭的屋子里发酵,再拿来喂猪。据说这样的饲料口感较好,还有一点甜味,猪很爱吃。可实际操作时,发现效果并不佳,不久就停止制作了。当时制作过程确实很费事,完全是"土法",要一间空屋,用麻袋将门窗封闭,只留一个喷口,放在屋外的粉碎机直接将粉碎的玉米秸等喷入屋内,再用热水调和均匀,将屋子密封起来。粉碎、搅拌的过程中,粉尘很多,尽管人们把袖口、裤口都扎紧,头部用大方巾包起来,再戴上大口罩,但粉尘还会钻进衣服、脖领中,屋内不透风,又闷又热,出很多汗,一场劳动下来,走出操作间,人都变成"土人"了。在发酵过程中,要保持室内恒温,要有人定时查看。劳动是很艰苦的,积肥班的"五七战士"都劝吕先生不必参加这一工作,可以做些其他事,但他还是坚持同他们一起去做,如同在学校中的教学岗位上一样的认真。而这认真更表现在吕先生对醣化饲料制作的操作程序和要求的严格执行上,体现在先生和其他"五七战士"在此事的"争执"上。制作前,积肥班学习了制作程序和要求,而且每个人都有一份书面的说明。因此,刚开始制作时,大家都还认真,但时间长了,大家觉得这不是在学校实验室里做实验(养猪班、积肥班的"五七战士"中都有理科系的实验员),不必那么精细,特别是到了后期,大家都看到猪对这种饲料并不感兴趣,因此制作上就有些马虎,对水温的控制、水与秸秆的比例,都不严格了。见到这样的情形,吕先生会在班务会上提出自己的意见,在操作过程中,他仍会用温度计测量水温,注意水与秸秆的比例,不管别人怎样做,他会尽可能地自己动手,及时加以调整。这就是我上面说的"争执",没有大声争论,没有对别人的指责,但这认真的态度,这沉稳的神情,却赢得了在养猪场劳动锻炼的"五七战士"的尊敬和爱戴。1975年,那还是在不正常的年代里,但我们大家都把吕先生看成长者,尽可能不让他做那些过重的体力活。每次休息日,当接我们回校的汽车开到养猪场时,我们都会自动让吕先生第一个上车,为他找到一个座位,因为从大兴开车回到学校,还有一个多小时的车程呢。

2008年12月26日,吕德申先生因病医治无效离开了我们。写这篇短文,寄托我们的哀思,也让这些对吕先生的回忆继续鞭策我、激励我努力走好、走正前进的每一步。

2009年4月23日于北京畅春园寓所

附记:

吕先生是我的老师,与吴小如先生同辈份,但吕先生又是我在"五七干校"同学。此篇应家属之请而写,不对先生学术进行评价,是先生的另一面。2015年11月2日

(原载《吕德申先生纪念文集》,北京大学出版社,2009年12月)

故人故情
——忆温小钰

一

1990年4月,我从日本讲学回来,老同学告诉我,小钰病了,而且病得不轻。我感到意外。在我们年级的同学中,小钰年纪最小,身体最好,在每年的校、系运动会上,她的中长跑、跳高、跳远,都为我系、我们年级争得荣誉。小钰是才女,但绝非弱不禁风,她喜欢运动,而且训练有素,各种体育项目的基本动作,做起来都有模有样,特别是中长跑,那步幅,那双臂的摆动,让内行人看,也会惊叹不已。小钰自小生长在西南重镇昆明,那是四季如春的地方,我至今还能记起,她第一次在北京度过冬天,在雪花飘舞的时候,与同学们一起打雪仗时的兴奋神情。未名湖结冰了,她勇敢地走上光滑的冰面,穿上冰鞋,与男同学一起溜冰,摔倒了,爬起来再练,从来没有表现过一丝怯意。这样的人,怎么会被病痛制服呢!我盼望着她能再来到我们老同学中间。这一年的7月,是我们1955级毕业三十周年,我们在燕园举行大聚会,好多外地的同学回到了母校,小钰却没有来,我们都为此感到遗憾,会后由谢冕代表聚会的全体同学起草了一个电文,向病中的小钰表示慰问,并祝愿她早日康复。

再以后,在京的老同学每次去南方,总要绕道去杭州,看望病中的小钰,看望与小钰相濡以沫、给病中的小钰以细心照料的浙成学长。谢冕、陈素琰、吕薇芬、阎国忠和我,都直接或间接地听到他们带来的小钰、浙成的情况，每听到一次，都使我难过好久，但我仍抱有希望。一直到1993年8月15日，张菊玲在电话中，带着哭音告诉我，小钰走了，永远地走了。我才意识到，自从八十年代中期，有一年小钰在中央民族学院修改文艺理论教材，我们曾经在北大校园有过几次聚会外，已经有好多年没有见到她了，而从此再也不能见到她了。但远在千里之外，我们这些在京的校友无法为她送行，孙玉石起草了唁电，希望借此表达我们的不尽的哀思。

二

时间过得真快，小钰走了快一年了。为了写这篇怀念的文章，我又重读了小钰、浙成合写的那篇为庆祝北大九十华诞的文章《永远是大学生》，它唤醒了我对五年同窗生活的记忆，那时的小钰是什么样子呢？

刚到北大，我们这些来自山南海北的姑娘、小伙子，都不免有些拘谨，班主任石安石老师召集我们开第一次班会，每个人都要进行自我介绍，除了北京的同学外，说起话来都带着浓浓的乡音，只有小钰能够用很纯正的普通话来表述她到北京的感受和对北大的向往，不疾不徐，亲切大方，一下子拉近了我们的距离，使本来很沉闷的会场很快的活跃起来，我们五年的大学生活就这样开始了。

我们那时，都喜欢苏联作家奥斯特洛夫斯基的一句名言："赶快生活。"每天早上匆匆洗漱后，就奔向食堂，拿起馒头，夹上一点咸菜，喝上一碗玉米糊或热汤面，就又匆匆赶着上图书馆或教室去了。一直到很晚，我们才各自回到宿舍里，有时回来晚了，看到同学们已熄灯上床了，为了不干扰别人的休息，我们会不做任何洗漱，就悄悄钻到被窝中。我们平时的衣着显得随便，甚至有点邋遢。特别是男同学，衣襟上常有食堂"大战"中留下的痕迹，斑斑点点。我们并不在乎这些，相反有时却把它看成是"勋章"，比赛着看谁的"勋章"多。一件衬衫或外衣，可以穿上一星期，忙起来，十天半月也难得洗换。小钰则不然，虽然那时我们都不富有，不管是男同学或是女同学，都没有几件衣服可供更换，但她总会适时地变换自己衣着，干干净净，清清爽爽。特别是"五一""五四""十一"、新年的时候，哪怕是改变一下发型，换上一条彩色的发带，她也要显出与平时的不同，让节日里增添出一丝光彩来。这个时候，她不仅管自己，也会干涉我们男同学的"内政"，她自己打扮了以后，会跑到我们男同学的宿舍里，一个一个地检查我们的穿着，那神情就好像幼儿园的阿姨检查小朋友的手洗得干净不干净，我与孙绍振，都为此受到过她的"训斥"。也正因为如此，每当小钰，或其他女同学"驾临"我们男同学宿舍时，我们都会忙乱地把房间整理一番。

我们那时，有着过多的集体活动，强调人人关心集体，人人关心他人，小钰则是我们集体的热心人。她虽然不是班级的干部，但她总是把班级的事、同学们的事看成自己的事，为集体、为他人着急。记得1958年，我们年级要进行"劳卫制"体育达标，而我们班上有几个人（包括我）因为腿脚不灵活，一百米总是过不了关。于是小钰自告奋勇当我们的教练，在运动场上为我们纠正姿势，带我们跑，进行测验。她组织班上的同学当我们的啦啦队，为我们助威鼓劲。起跑枪声响了，她在场外同我们一起跑，一边高喊加油，一次不行，再来一次，我们终于达标了，她又笑又跳，似乎比我们更加兴奋。我们那时，也有各种的比赛：文娱的，体育的，宿舍卫生……小钰都是积极参加者。我们班上有几个男同学篮球打得不错，常常与其他班级进行友谊赛，这时她总要到我们宿舍去，把我们这些"懒鬼"轰到球场边，为篮球队呐喊助威，她是啦啦队长，又是场外指导，一定要让我们的球队把球打赢不可。这些情景，当年驰骋球场上的闵开德、黄修已、张时鲁、侯学超和戴钦祥一定还会记得。

我们那时，校园的学生社团很活跃，文学社、剧艺社都是很有名的。小钰喜欢戏、懂戏，她系列地啃过斯坦尼史拉夫斯基戏剧理论，自然是剧艺社的台柱子。她能导，也能演。记得1957年，剧艺社演出柯灵改编的高尔基的《夜店》，演员中既有当时的大学生，也有刚刚留校的助教和研究生，而小钰在这个戏中担任女主角。1958年，"大跃进"开始了，我们年级搞集体科研，这就是后来出版的所谓"红色文学史"。我们还要搞文艺创作，要搞科研、创作双丰收，而文艺创作则非小钰莫属，她与李广才、张炯等同学写剧本，剧本很快写出来了。又是她带着我们几个同学到中国青年艺术剧院，请他们给剧本提意见。记得那是一个晚上，在"青艺"的一个会议室，"青艺"的导演、演员们听小钰读剧本，然后讨论，气氛热烈，不知不觉到了第二天的黎明。回到学校马上进行排练，小钰既是导演，又是主演。其他演员都是我们年级的同学，道具布景也是由我们年级同学动手制作，风风火火，不到几天工夫，一台多幕话剧——《时代的芳香》，竟在大饭厅（即现在的大讲堂）里演出了。虽然这个话剧也无法摆脱那个年代特有的氛围，但也应该说是一个"奇迹"，而小钰是这个"奇迹"的主创者。当年的《文艺报》或《北京日报》是应该有这次演出的报道的。

1960年8月，我们年级同学在集体游览了我们曾经洒过汗水的十三陵水库后，就意气风发地奔向各自工作岗位了。小钰上内蒙与浙成团聚去了。而这一去就是二十多年，我们再次相聚燕园时，我们共和国的历史已经翻开了新的一页。但小钰还是当年的小钰，说说笑笑，打打闹闹。有一次几个老同学聚在房间里聊天，忆往惜今，她说："这多像当年我们在三十二楼男同学宿舍开会的情景。"还有一次，她从南方出差后到北京，告诉我她在苏州见到了孙明惠，说："孙明惠还像当年那么漂亮，还那么迷人，如果我是男人，我还要去追求她！"可见又过去了这么多年，她还是珍惜我们的同学年代，她还是当年的那个大学生。

三

回忆已故同窗的一切，是让人痛苦的，又让我感到激动。那个年代有着过多的政治运动，在无法摆脱的政治风浪中，我们每个人的身上都会有这样或那样的伤痛，但我们的生活中也有着少年的意气，纯真的友情，那是十分珍贵的，让人自省，催人奋进。愿小钰在九天之上安息！

1994年5月5日于京郊畅春园

（原载《温小钰纪念文集》（《精神的魅力》续编），团结出版社，1994年8月出版）

"以不变应万变"

——一次汇报会的回忆和现在的思考

二十世纪八九十年代,在全社会都在搞"创收"的热潮推动下,教育领域也动起来了,北京大学也动起来了。

1994年暑假前,我就任新中国成立后第五任北京大学中文系主任。校领导在主持宣布对我任命的全系教职工大会后,对我和其他系领导同志说:给你们一点时间准备,下学期开学后,找个时间,学校领导想听听你们对今后工作的思路。

在向校领导汇报中文系"创收"情况时,我的心情是颇为复杂的……在汇报的最后,我说,商品经济大潮的冲击,使各行各业的发展变化加快,但也泥沙俱下,鉴于过去的经验教训,我们的上述的考虑,可概括为一句老话——以不变应万变。

一

1994年暑假前,我就任新中国成立后第五任北京大学中文系主任。此前,我在季镇淮、严家炎两先生任主任期间,都曾任副主任,协助他们工作,严家炎先生在任内去美国访问,我也曾作为代理系主任工作一年。1988年4月,我被教育部派往日本东京大学文学部任外国人教师。两年后回国。其时,孙玉石先生任系主任。玉石和我中学就是校友,几位热心的语文老师组织了文学社,我们都是文学社的成员,老师为我们开文学创作、文学欣赏讲座,我们也在老师的指导下,办墙报,开作品朗诵会,这也是我们能一起考进北京大学中文系的重要原因。当我接替玉石做系主任时,虽然我有过多年协助系主任工作的经历,但仍感到责任重大,不敢有丝毫懈怠。

校领导在主持宣布对我任命的全系教职工大会后,对我和其他系领导同志说:给你们一点时间准备,下学期开学后,找个时间,学校领导想听听你们对今后工作的思路。自"四人帮"粉碎开始的新时期,头十年拨乱反正,把被林彪、"四人帮"颠倒的一切恢复过来,让我们的国家,让我们的人民重新回到正常的生活轨道上来。但这又不是简单的恢复,生活在前进,社会在发展,虽然没有"大跃进"时期"一天等于二十年"的豪言壮语,可我们真切地感受到生活的变化,社会的进步,前途一片光明,心中充满阳光。但前进的路并不平坦,有激烈的辩论,尖锐的斗争。同时我们还要看到随着社会的进步,也会有不良的东西顶着新生事物,甚至革命的名义沉渣泛起;当然也有本来是好的事情,如果没有掌握好分寸(或者说"度"),也会产生不好的效果,甚至变成坏事。新时期,我们的党在总结建国以来经验教训的基础上,提出了对外开放、对内搞活的改革方针和今后不再搞大的政治运动,不再瞎折腾的重大决策,受到了广大群众的衷心拥护。可就在广大群众听党的话,一切向前看,一心奔四化的时候,"一切向钱看"的提出,就不是简单的一句社会笑话,它确实起了腐蚀人心,干扰四化进程的作用,不可小看。进入新时期的第二个十年,计划经济与市场经济的争论全面展开,这是党的改革开放方针的进一步扩展和深入,它所给予的震荡是全方位的。1994年我接任系主任的时候,这场争论已趋于明朗,社会主义市场经济的大纛即将祭起,我们国家将在它的指引下,并入社会发展的快车道,国人关切,世人瞩目。领导要听听新上任的基础干部工作思路,我想不能回避对这一新形势的认识,以及在新形势下如何开展工作的问题。

二

向领导汇报我们今后工作思路的会在1994年秋季开学后不久举行，地点在办公楼一楼会议室。汇报采用座谈方式，系里由我作主要发言，其他领导及教师代表作补充，学校及校部各部门领导随时提问并展开讨论。会议气氛热烈而不紧张，认真严肃而又平和亲切，我认为这是一次成功的会议，较好地实现了领导机关与基层单位的相互沟通，虽然我们希望今后还应有这样的机会，但可惜在我五年多的任期内，这是仅有的一次。会议围绕着中文系今后的发展为中心，但并没有事先安排次序作系统发言。我记得会议是由回答校领导询问中文系"创收"情况以及中文系老师个人收入在全校的排序开始的。"创收"是当时最热门话题，也是一个单位中每个成员都关心的话题。一时之间，北京人改变了见面那句"吃了吗"的口头语，而改成相互打听单位创收及个人收入情况。我们的汇报会也体现了这一"时代特征"，但把它作为一个引子，正好可以体现我们中文系百余名教职工，面对时代大潮，是如何想方设法让中文系这只小船，驶入适合它发展的平静的港湾的。

新时期以来，中文系同学校各系科一样，随着高考恢复，1977、1978级同学入学，被"文化大革命"彻底批判、彻底砸烂的正常的教学秩序得到了恢复，教学和科研工作也步入了正常运转的轨道。在中文系，作为一名教师，无论年长的，还是年轻的，他们都知道在上课之外，还要做好科研工作，要在一定的学术范围内（这范围有的是导师、领导划定的，也有自己选择的），勤加耕耘，做出成果。这成果看似与教学无太紧密关系，但它是教学工作的基石，是一名高等学校教师安身立命之所在。他们会按着他们的师长、他们的师兄所树立的榜样，走上这条学术之路，自觉自愿，无怨无悔。那个时候，他们做的科研项目没有某一个等级项目（国家级、省部级）的标牌，他们也没有冠以某种学者、某种教授的称号，他们不需要这样或那样的激励，也不需要领导、旁人的督促，也会在自己已确定的园地上勤勉劳作，细心耕耘。这种把学术等同于自己的生命、也看作是办系的根本的理解是中文系几代学人心血铸造的宝贵财富，也是他们的共识。新中国成立以后，自杨晦先生任系主任起，尽管办系的外部环境有所变化，但我觉得担任系主任的几位先生都十分重视学术的发展，也因此北大中文系在全国高校系统中被看作是中文学科的学术重镇，赢得了汉语言文学专业各学科同行的尊重。我正是秉持着这样的认识和理念走上系主任的岗位的，也正是秉持着这样的认识和理念，我和我的同事向校领导汇报在新形势下我们开展工作的基本思路：重视学术，发展学术，是我们不变的信条和不能推卸的责任；排除各种干扰，让教师们有一个适宜的从事科研、教学的环境，是我们应当做的主要的工作。

在向校领导汇报中文系"创收"情况时，我的心情是颇为复杂的。新时期以来，在对内搞活政策的指引下，不管企业、事业部门，或是政府机关，都在思索改善自己、改变自己，以更好的工作质量服务于社会，服务于人民。与此同时，在不搞平均主义，不搞一刀切，"让一部分人先富起来""不吃大锅饭，砸烂铁饭碗"等诸多口号的鼓动下，不管是单位，或是部门，甚至个人，都在千方百计地挖掘潜力，利用可能利用的条件搞"创收"。所有这些在当时成为各种媒体报道的重要内容，更因为这后半部分与每个人的收入有直接的关系，它自然成为人们交谈的热门话题。就我个人亲眼所见以及从各种渠道听到的，真切地感受到我们的社会正在发生深刻的变化，而这样的变化是深得人心的。人们想到了中华人民共和国成立那天的盛大游行，想到了以后那些阴阴晴晴的日子和不堪回首的"文化大革命",人们也就自然想到了现在,我们正在经历着共和国的第二个春天,"我们的心里充满阳光"。时间过得真快,又二十多年过去了,直到今天,我还能生动地回忆起每天从家骑自行车去学校,走进教室时的兴奋心情。对于新时期以来中文系所发生的变化和前景展望,我和我的同事的汇报是充分的,也是满怀激情的,充满信心的。但同时我们也向校领导汇报了我们的一些忧虑,还有一些疑惑。

二十世纪八九十年代,在全社会都在搞"创收"的热潮推动下,教育领域也动起来了,北京大学也动起来了,他们利用所拥有的技术、设备、人员,办起工厂或企业,为了表示其不同,在工厂或企业前加上"校办"二字。北大著名的"方正集团",最初就是利用北大无线电电子学系电子自动排版的科研成果办起来的。那个时候它成为校办工厂(企业)的典型,受到多方面的宣传、表扬,每年学校的年度报告中都会提到校办工厂、企业(包括"方正"在内)向学校上缴了多少钱,以及对学校办学实力提升的作用。

以上说的都不过是过去了的闲话,而汇报会的当时,"创收"对于做基层单位领导的可以说是很大的考验和思想负担。大学的文科又不同于理工科,没有办工厂、企业必需的技术、设备和人员,"创收"的手段比较有限,中文系在那个时候"创收"的主要方式有:参与有关单位主办的业余学校、夜大学中文专业的教学活动,举办与中文写作有关的短训班(包括为短期来华访问的外国人办汉语短训班),随着来华学习的留学生迅速增长,学校也把所收留学生的一部分学费拨给我们,作为中文系的"创收"。作为中文系,不管是系领导,或是教师都认为我们尽力去做了,可我们中文系"创收"的个人所得,在文科各系排名只是中等偏下的样子。"创收"新的增长点在哪里?我们看不到,我们为此感到忧虑。在我们向校领导汇报时,也介绍了南方有的大学的中文系看到当时办函授班有很好的生源，有"创收"的极大的空间，他们办了很大规模的函授班。他们向学校提出：愿意将办函授"创收"的一部分作为学校修建教职工宿舍的投资交给学校，条件是学校教职工宿舍建成后，中文系教职工有优先入住权。学校答应了这个条件，并且后来也这样执行了。但在当时的办公条件下，函授的联系还是靠邮寄，信件封面的文字还需要手写。由于工作量很大，系里发动全系教职工以及家属都来参加这一工作，每写一个信封有五分钱的报酬，多劳多得。一时之间，引起了不同的议论，有的认为人家中文系领导真能干，会给教职工群众谋福利；有的认为这样干是得不偿失。我赞成后者的意见，我向校领导表述的是：教职工各有自己的业务分工，教师的本职工作是教学，教学的基础和根本是科研，教师要把主要精力放在这上面。"文革"十年，在一个个口号的煽动下，把教师驱赶到工厂、农村，并让他们下决心在那里扎根一辈子，真是荒唐到了极点！"文革"十年之后，受到重创的教育领域，疮痍满目，百废待兴。"创收"固然要搞，但决不能削弱了基础，丢掉了根本。

在表达了我的上述认识之后，我还从我们的具体情况出发，提出了一个系发展规模设想。在此之前，为了"创收"，我系除了开展上述工作外，在上级领导提出要寻求专业发展新的增长点的促使下，我们系办了两个新专业：一个是应学校领导要求，学校行政办公人员严重老化，急需新鲜血液补充，为此我们办了二年专科学制的文秘专业；一个是应中宣部、新闻出版总署的要求，由于出版事业的迅猛发展，编辑人员不足且水平参差不齐，既需要提高又需要补充，为此我们办了四年本科学制的编辑专业。当时我们办这两个专业的初衷是：文秘和编辑，它们的专业性并不太强，它们的基本功是文字写作和文字阅读，以及较好的文化素质。这正是中文系的强项，我们可以以己之所长，有针对性地开设课程，相信能有效地提升学生的写作、阅读能力和文化素质。我们也开设了这两个专业基础理论课程，以加深学生对专业的认识。我们认为文秘、编辑专业，也有其专业理论，但并不深奥，更不像有的专业那样，有不同的理论体系，对于专业的一些问题更有不同学派的不同解读。文秘、编辑专业是应用型专业，它与中文系各专业（1952年全国高等学校院系调整，原燕京大学新闻系合并到北大，成为中文系的新闻专业。1958年后，新闻专业又合并到人民大学新闻系，北大另成立古典文献专业，与文学专业、汉语专业三足鼎立至今）无论在理论上或是在实践上都有许多相通的地方，可以触类旁通，中文系教师为文秘、编辑专业同学讲授该专业的理论或业务课程，不仅不外行，而且还可能有视角新、视野宽的特点。因此我们相信我们教过的文秘、编辑专业的同学，他们的文字写作、阅读能力和文化素养是好的，至于专业实际操作的技能（包括后来的计算机技能的运用），在实际工作中可以很快掌握的。依托中文系，不另立旗号，不增加太多的编制，办好这两个专业，我觉得是多快好省的办法。但实践中也出现了问题，首先是学生有意见（主要是编辑专业的学生，因为文秘专业办了几届，学校认为行政人员老化的问题已得到缓解，文秘专业可不再招生），他们对照中文系其他专业，认为编辑专业的专业课程太少，他们要求多开专业课，例如摄影课等。这样的专业课程的设置，需要购置许多设备，增加许多安置这些设备以及教学实习用房，还要聘用专业人员作教师。如果这样铺张开来，与我们办这两个专业的初衷不符，我们不想扩张中文系的势力范围。其次是担任教授这两个专业的专业课（例如秘书学、档案学、编辑学概论之类）的老师有意见，他们大都是留系不久的年轻教师，留系时相关的教授、领导已看好了他们在某一方面有其特长或发展潜力，为他们确定了专业方向。他们自己也按着确定的方向努力着，不敢有丝毫松懈。他们也知道年轻教师还应该担当一些非专业方向的教学任务和其他工作，这不仅是他们应承担的责任，也在完成这些责任过程中，扩大自己的视野，提高自己的辨识力，对他们的业务成长有帮助。因此他们还是认真对待分配给他们的与自己专业方向稍远的教学任务。但随着这样的教学的深入，他们为此要付出更多的精力和时间，妨害了他们对自己专业方向业务的研修。他们提出分配给他们的课程，离他们的专业方向太远，不愿意为此花费太多的精力。他们也认为如果要把编辑这样的专业办下去，应该请相关的专业人士来讲这些课程。教师的意见与学生的殊途同归。为此，在我就任以后，同系内外有关方面和教师交换意见，形成共识：与其花大力气新建一两个实用型专业，不如退而举全系之力办好已有的三个专业，排除干扰，齐心协力守住根本，发展学术，这才是最最重要的事情。在汇报会上我正式向学校提出停办编辑专业的申请。我还提出，鉴于参加校内外各种业余学校的教学活动占用人员很多，花费时间也很多，担任此项工作的教师花费时间也很多，不利于他们专业的进修提高，我们也准备逐步减少乃至完全退出。而随着国际教育、文化交流的扩大和深入，外国留学生要求到北大学习的人数迅速增长，在本国学习汉语以及从事与中国有关工作的外国人士，也要求来北大进行短期培训。这不仅为我们"创收"提供长远稳定的来源，而且为外国留学生和各界人士讲授汉语和中国文学、文化，是对外交流的重要内容，是中文系三个专业科研和教学内容的扩大和深入。为此我们要认真研究进一步搞好留学生汉语言文学本科专业和包括寒暑假留学生汉语短训班在内的多种短训班的教学工作。在汇报的最后，我说，商品经济大潮的冲击，使各行各业的发展变化加快，但也泥沙俱下，鉴于过去的经验教训，我们的上述的考虑，可概括为一句老话：以不变应万变。我希望在还有许多不确定的因素下，为中文系找到一条健康稳定发展的路子。

三

汇报会的气氛是平和的，虽有一些不同看法，但也是心平气和地说出，没有激烈的争论，没有形成尖锐的对立。校领导在我们汇报和讨论过程中，也不时插话，说说他们的想法，但整个过程，对我们汇报的问题，包括我提及的专业调整和发展的看法，他们都没有表示明确的肯定意见，可也没有明确的反对意见。因此，汇报会后，我们一方面围绕百年校庆的主题开展了多项活动；另一方面，切实做好汇报会上提出的专业调整和发展的各项工作。到了校庆前夕，这方面的情形是：文秘、编辑专业已不再招生，其中编辑专业，其招生指标由北大招生办公室收回，据说当时的信息管理系利用这个指标，改名出版编辑专业，继续招生。在校内外业余教育方面，除了北大自己办的业余文秘专业的教学，以及中央电大中文专业的个别课程的教材编写和教学外，与他们都脱离了关系。个别教师在不影响自己承担的专业科研和教学的前提下，可以继续做这方面工作，但不作为系内分配的教学任务，不作为教师工作的考核指标。对于外国留学生，我们给他们单独编班，为他们单独讲授基础课（学分制之后叫必修课），也为他们单独讲授一部分选修课，他们也可以选修为中国本科生，乃至研究生讲授的课程。为外国人开设的短训班也逐步形成规模，日本、韩国、美国的一些大学，与我们正式签订协议，他们固定在寒暑假期间某一时间派他们的学生来我系学习，他们的领队老师也借此机会进行一次学术交流之旅，而我们也由此开发了与外国高等学校及学术机构的学术交流和合作的渠道。这方面的变化，与"文革"前相比，是一重大进步，也为我系学科建设和学术发展进一步夯实了基础。这方面成绩的取得，固然得益于整个改革开放的大环境，但也与北大传统文科学术的优势有关。也因此，我们不能不重视和发展中文系传统学科的优势。它是自北大建校百年来中文系几代学人努力的心血结晶，保持发扬这一优势，是我们这些后来人不可推卸的责任，失掉这一优势，是我们上对不起前辈、下对不起子孙后代的历史罪过。我在汇报会上说的那句狠话，意在表明我们的决心，也是面对当时汹涌而来的市场经济大潮而发的。

二十世纪九十年代，经过一场大讨论，党中央决定市场经济将主导未来我国的经济、社会发展，一时之间，各行各业的头面人物、理论家，不少人在各种媒体上发表文章和谈话，从各方面来阐述市场经济的优越性，当然也不会忘记自己所在行业多么具有市场经济特征，或与市场经济有多么密不可分的关系。大有不登上市场经济这只战船，就有全军覆没的危险。教育领域情形又是怎样呢？有没有人说教育是商品，事隔多年，我不能指出。但把教育作为一宗产业，要对之进行深度开发，以加大"创收"力度，这样的言论，我以为在当年是很时兴的。也是在那些时候，在高校的一些会议上，我不止一次听到如下说法：欧美国家的大学校长主要工作就是搞钱，不会搞钱的就不是好校长。说这样话的人都是有一定身份的人，不是某一个层次的领导，就是从事教育科学研究的专家学者，好像这一点是他们去欧美各国大学参观访问的主要收获。不知这与市场经济有没有联系？中小学教育，特别是九年义务教育，二十年来有不小的发展，但也有不少的问题，其中小升初、初升高的择校的问题，我以为就是把中小学看成是商品，是产业，极度开发的结果（不看文件上或宣传上怎么说的，而是看他们怎么做的），现在中小学教学水平和设备，不要说老少边穷地区与一般地区，也不要说城市与乡村，就是作为首都的北京城近郊区的学校与一些所谓名校相比，其差别也是不能以道里计的，如果取其两端，那也可以说是一个天上，一个地下。以上是我现在的认识，不一定都正确，但我认为市场经济作为经济运行机制，有它的优点长处，也会有它的局限性。2009年爆发的国际金融危机，首先从美国开始，而且至今还在发酵，就说明市场经济也不是万能的，也不是在各行各业都可以推广的。当时认识更未必这样明确，但新中国发展历史有着许多惨痛教训。许多事情还在进行中，事情本身还在发展，它的优点长处，或缺点短处都还没有充分显示，可只要领导一发话，哪怕是间接又间接听到的，还没有弄清楚事情的来龙去脉，就本着"一万年太久，只争朝夕"的精神盲目紧跟，紧接着是普遍推广，全面开花。什么"深翻地，亩产万斤"；什么"土法上马，大炼钢铁"；什么"人民公社好，吃饭不要钱"，——这些不堪回首的往事，应该让我们变得更聪明。我在汇报会上说"以不变应万变"，应该也有面对市场经济大潮汹涌澎湃的一些思考。任何事物都有它自己独特的发展规律，是不可违背的；普遍真理要与具体情况、实践相结合。这两条马克思主义基本原理，我以为还是正确的，大到制定基本国策，小到我们要办好中文系，都应该遵循它。前不久读到《中国青年报》记者对复旦大学校长的专访，这位校长有些话说得很痛切，我也认为应当有一定的震撼力，对此，我不知现在从事教育工作的人们怎么看？现在担任教育领导工作的人怎么看？

四

　　1998年，北大百年校庆，既轰轰烈烈，热热闹闹，又中规中矩，行礼如仪，在全国上下一片赞扬声中落下了帷幕。1998年国庆过后，我作为香港城市大学中国文化中心的第一位客座教授参与了该中心的创建工作。1999年从香港回北京后，正式卸下系主任的责任，

2000年退休，2002年，我又受邀到广西大学梧州分校，与那里的几位教授中文课程的老师创建中文系汉语言文学本科专业，当年就得到批准，开始招生至今。从那时起，我一年都几乎有七八个月在梧州工作，与那里的师生共同见证了学校"专升本"的全过程（它已正式升格为本科高等学校，更名为梧州学院），体验了升本成功的欢乐，更体验了升本过程的艰辛与无奈，也让我看到我国教育资源分配的不平等与不公正。2009年6月，我脑血栓住院治疗，至今仍在康复中，很难想象我今后还会出现在学校的正式课堂上，可这课堂留下我多少温馨的记忆，我无法忘记它！

也是在2009年的早些时候，中文系为乐黛云、谢冕、温儒敏三位教授新出版记述他们北大生活的书开了一个座谈会，一位老师在发言中提到了与我有关的一件往事。那是在1998年，他和中文系几位老师一同在日本东京大学任教。北大当时的领导到日本访问，在一位老师的住处，同他们会见。在谈话中，这位领导人点名批评我，说我在汇报会上说的"以不变应万变"是拒绝改革。这使我感到有点意外，因为在汇报会上，这位领导对我的发言没有任何评论，更不要说批评、反对的意见。为此我写了如上的有关那次汇报会的回忆和我今天的思考，我不想作任何辩白和解释，只希望能为关心北大中文系历史、关心北大中文系发展的人们提供一个亲历者的体验，也许对描绘它历史的走向和明天的蓝图有一点启迪。到今年，是北大中文系有正式名号的一百年，而我竟在这儿生活了五十五年，我感到幸运，感到幸福！我也要像许许多多北大人那样，守望着北大，愿北大——我们的精神家园永远年青，平安吉祥！

（原载《中华读书报》，2010年10月22日，第5版）

与同学共勉

闻一多先生的《楚辞》研究

闻一多先生研治中国古典文学,以《楚辞》的时间最长,用力最多,成果亦最丰富。近年来,除了由三联书店重印了1948年开明版的《闻一多全集》外,上海古籍出版社又出版了由季镇淮、何善周、范宁先生整理的闻一多先生的《天问疏证》《离骚解诂》《九歌解诂》和《九章解诂》。把《闻一多全集》中有关《楚辞》研究著作与新出版的这四种著作接连起来阅读,可以进一步了解闻一多先生研究《楚辞》工作的过程,从中不难发现,尽管自汉代以来,研究《楚辞》的专门著作、单篇论文、零散见解,汗牛充栋,不可胜记,几乎涉及《楚辞》的各个方面,但闻一多先生则能在前人建树的基础上,有所扬弃,有所创新,有所前进,在《楚辞》研究的各个方面都为我们留下了丰富的遗产,它不仅构成了我们今天研究的基础,而且在研究的途径和方法上给予我们宝贵的启迪。

一

1940年底,闻一多先生经过了十年左右的时间的工作,终于出版了他的《楚辞校补》。这部书以《四部丛刊》洪兴祖《楚辞补注》为底本,采取的校勘书目达六十五种,采用古今诸家成说之涉及校正文字者凡二十八家,取材之广泛,校勘之精审,这在抗战时期研究条件极其困难的情况下,实为罕见,因而引起了学术界的极大重视,获得全国学术审议会的奖励。他在《楚辞校补·引言》中提出了对于整理古籍的看法：

> 较古的文学作品所以难读，大概不出三种原因。（一）先作品而存在时代背景与个人的意识形态，因年代久远，史料不足，难于了解，（二）作品所用的语言文字，尤其那些"约定俗成"的白字（训诂家所谓"假借字"），最易陷读者于多歧亡羊的苦境；（三）后作品而产生的传本的讹误，往往也误人不浅。《楚辞》恰巧是这三种困难都具备的一部古书，所以在研究它时，我曾针对着上述诸点，给自己定下了三项课题：（一）说明背景，（二）诠释词义，（三）校正文字。

我们准据着这段说明可以知道，闻一多先生《楚辞校补》以前所发表的有关《楚辞》研究著作，大抵可以说是他提出的课题最下层，也是最基本的第三项——校正文字的工作，同时也正如他自己所说"尽量将第二项——诠释词义的部分容纳在这里，一并提出"。而最近出版的《天问疏证》等四种著作，正如它们整理者所说是"属于《楚辞校补·引言》中所定第二项研究课题，即'诠释词义'"。在这四部著作中，闻一多先生利用了校正文字的成果，又有所发明，着重于词义的解释和文章脉络、大意的疏通，细密新颖，达到了他所说"替爱好文艺而关心我们自己的文艺遗产的朋友们，在读这部书时，解决些困难"的目的。这四种著作的稿本，闻一多先生在西南联大讲授《楚辞》时曾使用过，它们与新中国成立以来出版的各种《楚辞》新注本相比，更注意于旧有资料的征引和辨析，我以为也适合于今天大学文科青年学生修读《楚辞》专题课时学习。对于闻一多先生在这些著作中所表述的意见，学术界对其中的个别论点可能还有不同看法，或许其中也有一些论证不足的地方，但就整体而论，学术界是肯定的。以至郭沫若认为："他那眼光的犀利，考索的赅博，立说的新颖而翔实，不仅是前无古人,恐怕还要后无来者的。"①

在《楚辞校补》出版以后,闻一多先生投身于民主运动,使他没有可能全力去做他定下的第一项课题——说明背景的工作,但在《闻一多全集·神话与诗》若干文章中,阐述了他的见解,特别是在《屈原问题》《人民的诗人——屈原》等文章中,围绕着屈原的社会地位,从社会发展史的角度阐述了屈原生活的时代特征,以及屈原成为"人民诗人"的条件,很值得重视。闻一多先生遇难后,延安《解放日报》在1946年7月20日转载了《屈原问题》,并加了如下的按语:

> 一多先生这篇很有学术价值的文章,二十三年(1943)发表于《中原》。关于屈原的身份问题,由于成都某大学教授孙先生提出屈原是"文学弄臣"之说法后,曾引起文化界极大反响,郭沫若先生也曾撰文表示异议。闻先生的说法,一面承认屈原是一个"弄臣",一面则指出屈原的"人"的价值,加以推崇。这个问题是社会史及艺术史上一个重要问题,尚待专家研究,才能解决。一多先生的说法,自然不是定论。不过从这篇文章,我们也可以看出一多先生在抗战之后的思想一斑,其向往民主自由的精神尤使人钦佩。

按语指出了从这篇文章中可以看出闻一多先生政治思想的转变,但我认为从这篇文章中还可以看出闻一多先生学术上可贵的探索精神。在《屈原问题》中,他把作家、作品的产生置于更加广阔的社会背景上去考察,论证了文艺和文人在奴隶制度下的情形,他既不同于封建时代学者把屈原看成是"忠君爱国"的典型,也不同于"五四"以后进步学者仅仅强调屈原是变革时代站在时代前列的思想家、政治

---

① 《闻一多全集·郭沫若先生序》,《闻一多全集》,开明书店1948年版。

家和爱国诗人。他接受孙次舟提出的屈原是弄臣的结论而加以发挥，指出"摧残屈原的动机是嫌恶奴隶，救护屈原的动机也还是嫌恶奴隶"，是出于个人的爱憎而不是认真地去探究事实的本身。他认为身份的卑贱并不等于人格的卑贱，屈原是在战国时期的混乱中，"从封建贵族阶级，早被打落下来，变成一个作为宫廷弄臣的卑贱的伶官"，是"一个孤高激烈的奴隶"，而"被谗，失宠和流落，诱导了屈原的反抗性。在出走和自沉中：我们看见了奴隶的脆弱，也看见了'人'的尊严"。既是奴隶，又是文艺家，这是人类进入阶级社会初期相当普遍的现象。在阶级社会中，文化本来掌握在奴隶主手中，但"肉食者鄙"，他们都不能给予文化的发展以有力的推动，而"屈原的功绩，就是在战国时代进步的艺术效果之基础上，恢复了《诗经》时代的教育意义，那就是说，恢复了《诗经》时代艺术的健康性，而减免了它的朴质性。……奴隶不但重新站起来做了'人'，而且做了'人'的导师"。新中国成立以后，我们在屈原研究时，充分注意闻一多先生的研究成果，但对闻一多先生指出的文化发展的迂回性，屈原是文化奴隶的看法，却很少有人提及。我以为如《解放日报》指出的闻一多先生的这一说法，自然不是定论。但他再现文学历史发展的实际情况的努力，以及他在论述这一问题时，所表现的不拘泥于传统因袭的观念，不为自己的爱憎所左右的探索真理精神，还是值得我们学习的。

闻一多先生由于国民党反动派的暗杀，过早地离开了我们，他没有完成他为研究中国古代文学所拟就的恢宏计划。以《楚辞》研究而言，他提出的三项课题，他只基本完成了第二、三两项，而对第一项——说明背景，还没有充分展开。但综观他现存的成果，在现代研究《楚辞》的诸大家中，无论就数量或质量来说，都堪称见解独特，贡献丰富的一位。

二

闻一多先生"是以文学史家自居的",在《楚辞》研究中,有许多议论是发前人所未发,使人瞠惑,以至一些正统学者认为这些议论是"非常异义,可怪之论"。但这并不是他主观的臆造和杜撰,也并不是为哗众取宠而故作惊人之论,他的认识,他的结论,都是建立在事实的基础上,都有细致周密的论证,力求对研究的对象有确切的理解。正因为这样,闻一多先生在《楚辞》研究中,以十年左右的时间对《楚辞》的文字进行校正和词义的诠释。闻一多先生做学问的博大精深正是在这些细微的地方体现出来,他在《天问释天》中,举出十一项证据来证明"顾菟"即蟾蜍,纠正了自东汉王逸以来把"顾菟"分别作解释,以为顾即顾望、菟即兔子的错误,考订的细致,论证的周详,为学术界一致公认。下面再举一例来说明:《离骚》"謇朝谇而夕替""既替余以蕙纕兮",闻一多先生在《楚辞校补》中说:

> 案谇当为綷,两替字并当为縰,皆字之误也。綷,缚也(《荀子·正论篇》"詈侮捽搏",捽亦搏也。《晋语》一"戒夏交捽",犹交搏也。搏与缚,捽与綷,并义相近。以手曰搏,以绳曰缚,搏谓之捽,则缚亦可谓之綷)。縰即薬字。《说文》曰"薬,小束也,读若茧",《广雅·释诂》三曰"薬,束也",《齐民要术》二曰:"薬欲小,缚欲薄。"字一作縰。《集韵》曰:"縰,起辇切,缩也"。《尔雅·释器》郭注曰:"缩,约束之。"薬縰音义不殊,而从茾与从犮之形亦复同(《说文》枺为薬之篆文,犮即犮之讹变,是从犮与从茾同),是薬縰确为一字。篆书自(𦣹)与心(心)略近,故縰或误为繐。《韵篇》有繐字,音贱(云出释典,未详是何经论,待检),即繐字也。今本作替,即繐之省。綷繐并训缚束,"朝綷""夕繐",

谓朝夕取芳草自缚束其身以为佩饰也（上文曰"擥木根以结茞兮，贯薜荔之落蕊，矫菌桂以纫蕙兮，索胡绳之纚纚，謇吾法夫前修兮，非世俗之所服"，又曰"余虽（唯）好脩姱以鞿羁兮"，皆谓以芳草饰身，如后世之缨络之类）。"既缪余以蕙纕兮"，犹言我以蕙草之缥带也。缪古音在谆部，与上句艰字正相叶。今本缪误为替，相承读为替废之替（他计切），则既失其义，又失其韵矣。

又，上海古籍出版社出版的《离骚解诂》中，闻一多先生除重申替即缪之省外，又对谇字作进一步考证：

"朝谇""夕替"承鞿羁为文，谇替之义当与鞿羁为近。谇讯古同字。《诗经》"执讯"字金文作韓（𥎦），像人手足受缚形，隶变作讯。名词受缚者曰讯，动词缚亦曰讯。疑此谇字当读为执讯之讯，而义则训缚。缚束与鞿羁近也。一说谇读为捽。捽，持也，《翻译名义集》九引《名义指归》曰："持者，执也。"《诗经·周颂·执竞篇》笺曰："执，持也。"执持与鞿羁义亦近。以上二说均通。而义亦相表里，故并存之。

在同书中以"擥木根以结茞兮"至"九死其犹未悔"十六句为一段，闻一多先生说："以上一段言服饰异于众人。"自东汉王逸以来，注家多把"谇"作谏解，"替"作废解，"謇朝谇而夕替"，释为：朝谏謇于君，夕暮而身废弃也。意虽可通，但就上下文来说构思较为零乱破碎，而闻一多先生的解释从构思来说前后一贯，艺术形象是完整和谐的。此类例子，我们还可举出许多。看起来这些仅是一字一词的训释，但贯穿于其中的是闻一多先生对于研究对象的确实真切的把握，并在此基础上形成他对作家、作品的基本评价，以及对文学历史发展的认识。朱自清先生说:"在青岛大学任教的时候,他已经开始研究唐诗;他本是诗人,从诗到诗是很近便的路。那时工作的重心在历史的考据。后来又从唐诗扩展到《诗经》《楚辞》,也还是从诗到诗。然而他得弄语史学了。他于是读卜辞,读铜器铭文,在这里找训诂的源头。"①朱自清先生的结论是:尽管闻一多先生是诗人,从事古代诗歌的研究,对于他是十分方便的,但闻一多先生没有走近便的路,作为研究的第一步,他走的还是"正统的道路,就是语史学和历史学的道路,也就是还得从训诂和史料的考据下手"。②当前古代文学研究中,不少同志在热心介绍国外流行的新方法,力图从不同角度和不同侧面开展工作。改变过去那种仅仅从社会历史角度研究古代文学的单一模式,这无疑是正确的,但无论如何,对研究对象作明白透彻的了解,是研究工作的基础,还是应该加以强调的。闻一多先生研究《楚辞》的历程,正是从这方面给我们以宝贵的教益。

三

闻一多先生《楚辞》"说明背景"的研究,除了《屈原问题》等,《神话与诗》中《什么是九歌》《怎样读九歌》《九歌古歌舞剧悬解》和1980年第4期《中国社会科学》发表的《九歌的结构》,值得注意。闻一多先生对中国古代神话的研究也有着重大的贡献,他认为中国古代神话也有一个系统,他要进行综合的研究,把这个系统重新恢复起来,但他说:"我走的不是那些名流学者,国学权威的路子。他们死咬定一个字,一个词大做文章。我是把古书放在古人的生活范畴

---

① 《闻一多全集·朱自清先生序》,《闻一多全集》,开明书店1948年版。
② 《闻一多全集·朱自清先生序》。

里去研究；站在民俗学的立场，用历史神话去解释古籍。"① 而他的《九歌》研究正是这一段话的实践，也是他《九歌》研究的特点。

在《什么是九歌》中，闻一多先生论定了"九歌"作为原始歌舞的含义以及它的发展，《九歌》所记各神的起源和他们与人民生活的关系，是从民俗学、社会学的角度对其进行说明的。闻先生在手稿中指出，《九歌》中"有诸神、原始巫术之外，又有有势力的神——太一，这是进步宗教一神论的神（思想统一文化统一）"。"《九歌》是一套完整的宗教歌剧""大概在一个什么重要典礼的纪念日，才表演这伟大的歌剧"。近几年来在《九歌》的研究方面有了很大的进展，主要表现在把《九歌》摆到古代文化风俗特定的背景上去认识，结合古籍记载和有关文物以及现代少数民族风习进行综合考察，对《九歌》所蕴含的文化意义有了较为具体的说明，从而对中华民族的文化渊源及演变也有了不少新的认识。在这一类论文中，相当多的是对闻一多先生看法的进一步发挥和补充，也有是对闻一多先生的看法提出批评，但都可以说是沿着他开创的道路发展的，影响是巨大的，我们正从这方面看到闻一多先生作为"文学史家"所具有的广阔视野和深邃的洞察力。

关于《九歌》的结构，闻一多先生主要吸收了王夫之《楚辞通释》中认为《礼魂》是《九歌》其余各篇的送神曲，以及现代学者郑振铎等人以《东皇太一》为迎神曲的说法，并进一步发挥说："被迎送的神只有东皇太一"，而"其余各章皆为娱神之曲"。娱神曲的神"之出现于祭场上，一面固是对东皇太一'效欢'，一面也是以东皇太一的从属的资格来受享。效欢时是立于主人的地位替主人帮忙，受享时则立于客的地位作陪客。作陪凭着身份（二三等的神），帮忙仗着伎

---

① 转引自陈凝《闻一多传》，民享出版社1947年8月出版，第3页。

能（唱歌与表情）。"正是由于这种构想，闻一多先生在《楚辞校补》《九歌解诂》中把《东君》由原在《河伯》前提至《云中君》前，他认为"诸娱神之曲，又各以一小神主之，而此诸小神又皆两两相偶，共为一类。今验诸篇第，《湘君》与《湘夫人》相次，《大司命》与《少司命》相次，《河伯》与《山鬼》相次，《国殇》与《礼魂》相次（洪兴祖曰'或曰《礼魂》，以礼善终者'。案此说得之……然《礼魂》之曲，实有目无辞。其'成礼兮会鼓'章，本全歌之送神典。后人以求《礼魂》之辞不得而径题送神曲曰礼魂，妄也），都凡四类，各成一组。此其义例，皆较然易知。惟东君与云中君，昔天神之属，宜同隶一组，其歌词宜亦相次。顾今本二部县绝，无义可寻。其为错简，殆无可疑。"

他的《九歌古歌舞剧悬解》也是基于上述构想，而把《九歌》当成原始歌舞剧而加以具体发挥的。这些尽管有主观的推论成分，现代学者中有着不同的看法，但对于我们认识《九歌》的性质及其在当时社会生活中的作用，都是有帮助的。闻一多先生还把《九歌》作为原始歌舞剧与现代生活中神庙前演戏的情形，加以比较。他说：

> 这九章之歌（按指除《东皇太一》《礼魂》外的九篇作品）的主角，原来他们到场是为看"效欢"以"虞太一"的。这些神道们——实际是神所"凭依"的巫们——按着各自的身份，分班表演着程度不同的哀艳的，或悲索的小故事，情形就和近世神庙中演戏差不多。不同的只是在当时，戏是小神们敬给大神瞧的，而参加祭礼的人们是沾了大神的光而得到看热闹的机会；现在则专门给小神当代理人的巫既变成了职业戏班，而因尸祭制度的废弃，大神只是一个"土木形骸"的偶像，并看不懂戏，于是群众便索性把它撇开，自己霸占了戏场而成为正式的观众了。

正是由于这一认识，闻一多先生在肯定了苏雪林以"人神恋爱"解释

《九歌》说法后,又着重指出:《九歌》"是扮演'人神恋爱'的故事,不是实际的'人神恋爱'的宗教行为"。人们"在领会这种气氛的经验中,那态度是审美的,诗意的,是一种 make believe,那与实际的宗教经验不同"。他的结论是:"'人神恋爱'许可以解释《山海经》所代表的神话的《九歌》,却不能字面的 literally 说明《楚辞》的《九歌》。严格地讲,二千年前《楚辞》时代的人们对《九歌》的态度,和我们今天的态度并没有什么差别。同是欣赏艺术,所差的是,他们是在祭坛前观剧——一种雏形的歌舞剧,我们则只能从纸上欣赏剧中的歌辞罢了。"近几年《九歌》的研究着重阐释的是《九歌》所潜藏的原始意义,追溯《九歌》神话故事的源头,这完全是必要的。而作为文学史的研究,对于一种文学现象既要追溯其源头,又要指出其现实状况和预示未来的发展,闻一多先生的论述,正在这方面给我们以提示,以使我们恰如其分地估量以《楚辞》为代表的战国时代的文学产生的土壤及其在文艺上的表现。闻一多先生所提到的神庙中演戏的情形,也启发我们在民俗中发现古代文艺发展的轨迹,扩大我们的研究领域,努力在更广阔的社会背景下展示文学的历史发展,这也是很有意义的。

闻一多先生在《楚辞校补·引言》中说:"最后,我应该感谢两位朋友:游泽承(国恩)和许骏斋(维遹)两先生。泽承最先启发我读《楚辞》,骏斋最热心鼓励我校勘它。没有他们,这部书是不会产生的。"在《凡例》中又说:"及门诸君,时发新意,有起予之功,本书就其说之近确者,甄录一二,以志平论难之乐。"在闻一多先生《楚辞》研究著作中,可以发现多处引用游国恩先生的说法,如在《天问释天》中说:"女歧即九子母,本星名也。余友游国恩引《史记·天官书》'尾如九子'以释此文,最为特识。"并特别注明这出自于游国恩先生的"近著《楚辞集证》，有油印稿本，未刊行"。在上海古籍出版社出版的《离骚解诂》中也有两处引用了游国恩先生的说法。以上游国恩先生的说法，现在均可以在中华书局出版的《离骚纂义》《天问纂义》中找到，但当时均未刊行，所以闻一多先生要特别标出。在《楚辞校补》中引用了季镇淮先生的说法："季君镇淮云：《离骚》语法，凡二句中连用介词'於''乎'二字时，必上句用于，下句用乎。……按季说是也。"闻一多先生这种对他的学生见解的赞许，还可以从《七十二》《怎样读九歌》中多次看到。闻一多先生为人之坦诚谦逊，师生、朋友之间学术上互相切磋的欢愉，由此可以想见。太史公曰："诗有之：高山仰止，景行行止。虽不能至，心向往之。余读孔氏书，想见其为人。"这是我读闻一多先生著作时，常常会使我想到司马迁在《孔子世家》中所说的这段话。我也正是以这样的心情，略书我读闻一多先生《楚辞》研究著作的心得如上，以就正于前辈学者和同志们。

（原载《古籍整理研究学刊》1987年第1期。又载《闻一多研究四十年》，清华大学出版社，1998年版）

附记：

　　这三篇（指本文及收入《守望》中的《闻一多先生的〈诗经〉研究》和《闻一多的中国文学史研究》），再加上《守望》中所收《〈古瓦集〉读后》，以及经我整理后发表在其他刊物上的闻先生的八篇《诗经新义》，可见我对闻先生的尊重。2015年11月2日。

辞与赋的区分

多年来未做楚辞的专门研究，但由于多年来为研究生开设"汉赋研究"专题课，要确定课程的研究对象，必须对辞与赋作一区分，讲述多年，不敢自信，借此盛会，就正于专家、同行。

两汉时代，虽然有辞赋并称，或以赋该辞的情况，但我以为那时的人似乎认识到辞与赋是两种不同的文体，《史记》不仅出现了"楚辞"的专有名词，为大赋家司马相如立传，收录其代表性的赋作，又在《屈贾列传》称："屈原既死之后，楚有宋玉、唐勒、景差之徒，皆好辞而以赋见称，然皆祖屈原之从容辞令，终莫敢直谏。"我认为司马迁这里所谈的"辞"，指的就是作为文体的楚辞，"赋"指的就是作为文体的"赋"。楚辞作为文本，最早的是西汉刘向所辑，称《楚辞》，现存最早为之作注的是东汉王逸，称《楚辞章句》。他们收录作品也是有选择的，例如宋玉，收《招魂》《九辩》，而不收《高唐赋》《神女赋》等赋，贾谊只收《惜誓》，而不收《吊屈原赋》《鵩鸟赋》，这样的区分，其中肯定是有理由的，但可惜他们没有说出。揣摩古人之心，根据有关文献，我提出如下的区分的理由。

首先，作为一种文体，楚辞具有强烈的地方文化色彩，正如宋代黄伯思所说："屈宋诸骚，皆书楚语，作楚声，纪楚地，名楚物，故可谓之'楚辞'。"[①] 同时他又指出："自汉以还，去古未远，犹有先贤风概。而近世文士，但赋其体，韵其语，言杂燕粤，事兼夷夏，而亦谓之'楚

---

① 见《校定楚词序》，（宋）黄伯思《东观余论》卷下，宋刻本。

辞',失其旨矣。"在这里,黄伯思认为脱离了楚文化的具体背景,汉以后那些仅模仿楚辞形式的作品,就不能称之为楚辞了。马克思在《政治经济学批判·导言》中论及神话的消失,他说:"任何神话都是用想象和借助想象以征服自然力,支配自然力,把自然力加以形象化;因而,随着这些自然力之实际被支配,神话也就消失了。"依准马克思这一论述,我们来考察楚辞的盛与衰。作为楚文化土壤中孕育生长的楚辞,在战国时代得到了迅速的发展,并很快达到了它的鼎盛时期,屈原的创作标志着这一文体的完全成熟。但随着战国时代的结束,出现了中央集权的大一统的封建国家,经济、文化的交流进一步发展,楚文化逐渐融入到统一的文化中而失去了它的特色,而与楚文化相依存的楚辞的衰歇是不可避免的。在中国古代文学众多的文体中,楚辞的生长形态是独特的。赋则不同。从现存的作品看,虽然辞与赋都先后产生于战国时代的楚国,但赋作为文体,显然没有楚辞那样对楚文化的依赖性,因而它没有随着战国时代的结束而衰歇,相反它适应大汉帝国的需要得到了进一步发展,与诗、词、曲等文体一样,虽有其高潮、鼎盛时期,但一直是中国古代文学的重要形式,而不是一个时期独有的文化现象。

其次,楚辞作为古代文学的一种文体的独特还表现在:它的存在几乎和屈原相始终,甚至可以说,楚辞的内涵与外延与屈原作品是完全重合的。刘向所辑的《楚辞》虽然也收有宋玉及汉代作品,但这些作品有一个共同的倾向,即作品的抒情主人公几乎都不是作者自己,而是屈原。宋玉无疑是屈原之后的优秀的楚辞作家,他的《九辩》,虽然有仿效《离骚》《九章》的明显痕迹,但无论是思想感情的开掘、表现手法的创造,都有自己独特的贡献,故后世屈宋并称。我们今天读《九辩》,自然是认为是作者抒发自己志不得申的苦闷,但汉代人并不是这样看,王逸在《楚辞章句》中认为《九辩》是作者悯惜屈原,以屈原的口吻，来叙说屈原的志向和遭遇。刘向所辑的《楚辞》收录的汉代作品有贾谊之《惜誓》、淮南小山之《招隐士》、东方朔之《七谏》、严忌之《哀时命》、王褒之《九怀》以及刘向本人之《九叹》，以后王逸为《楚辞章句》又加入他本人之《九思》。这些作品除《招隐士》稍有不同外，其余的都照宋玉的办法，模仿屈原的口气，是代屈原去抒发他的那种"信而见疑，忠而被谤"的怨愤情绪。这些作品虽然如黄伯思所说"去古未远，犹有先贤风概"，但由于时代、文化的变迁，个人的遭际的不同，也正如朱熹所说，其"词气平缓，意不深切，如无所疾痛而强为呻吟者"，①成就是不高的，现代楚辞的研究者也大都不把它们作为自己的研究对象。汉代作家写有所谓"骚体赋"，尽管也采用楚辞的形式、语言、手法等，但他们以赋名篇，表明他们认识自己写作的这类文体与楚辞不同，并在写法上完全摆脱了代屈原立言的模式，而是以诗人自己的身份去抒发个人的感受。以贾谊为例，他的《惜誓》是代屈原立言的，而他的《吊屈原赋》则完全以诗人自己的身份表达了对屈原的倾慕和同情，并于其中寄托了个人身世的感慨，情意是深切的。他的《鵩鸟赋》，采用主客问答的方式，托物言志，与楚辞的区分更加明显。武帝以后，骚体赋从未间断，在形体和表现上有着不少变化和发展，表明它是一种全新的文体。由于我们可以从刘向编辑《楚辞》收录作品情况，看出他的收录标准，进一步清楚了辞与赋，特别是与所谓骚体赋的区分，正是从这个意义上，我们一方面可以说，楚辞的形制在骚体赋中得到了延续，另一方面则可以认为，《楚辞》出而楚辞亡。

再次，辞与赋的区分，还与其各自来源有密切关系。从我国文学

---

① 出自《楚辞集注八卷辨证一卷》所引朱熹语，(宋)晁公武《郡斋读书志》卷五下，《四部丛刊》三编本。

发展的历史来看,任何一种文学体裁,都是在民间孕育、发展,而后在文人作家手中成熟,使其体制、表现手法臻于完善,我国早期的诗,与音乐、民歌关系密切,我国第一部诗歌总集《诗经》各篇就是周民族在各种场合配合音乐、舞蹈的唱词。楚辞是在楚民族文化中形成的,与楚国人民特有的风习有着密切关系。许多研究者都已指出楚辞的主要来源是楚国民歌。屈原的《离骚》《九章》是否可以合乐歌唱,前人已不能指出,但它们的"乱曰""少歌""倡曰"等名目,可以说明他们的原型是具有合乐性质的。屈原的《九歌》是在民间宗教歌舞的基础上创作的祭祀乐章,它具有合乐演唱的特征是很明显的。赋与辞不同,它"不歌而诵",不是由民歌发展变化而来的。现存的最早的赋是荀子的《赋篇》,是采用当时流行的"隐语"的手法写成的。我们虽然不能由此得出赋来源于隐语的结论,但它们之间存在着互相影响、互相承接的关系是可以肯定的。隐语以及后来的谜语,主要是描叙性的文字,大多数是短小精悍的韵语,不过这些韵语,只是为了便于记忆和诵读,与诗歌为了歌唱不同。荀子的《赋篇》以描写为主,行文亦用韵语,是沿袭隐语而来的,《赋篇》在末尾附有"佹诗""小歌"各一首,表明他们与前面的文字不同,是诗与歌,可以歌唱,这从另一方面证明《赋篇》主体是"不歌而诵"的。荀子的《赋篇》与后来的赋,在体制上有着许多不同,但《赋篇》上述的特点,以及刘勰所说的"遂客至以首引,极声貌以穷文"的结构方式和写作手法,[①] 奠定了赋的基本形态,为后来赋家所继承、发展。正是由于辞与赋的渊源不同,决定了它们各自不同的艺术格调,并在其后的发展中,逐渐形成不同文体的特征。

最后,还应该指出不同的文体在其发展过程存在着相互影响和

[①] 《诠赋第八》,(南朝梁)刘勰《文心雕龙》,《四部丛刊》本。

前后继承的关系。辞与赋都是最早在战国时代的楚国兴起，赋的兴起在楚辞之后。楚辞作为"一代之文学"，在战国时代已达到它的光辉之顶点，而赋距离它的光辉时期还有近二百年的路途。正是由这一原因，在这种文体并行发展的时候，正在生长的赋，不断地向楚辞吸取营养以充实自己，以至在楚辞衰歇之后，在汉赋中仍有所谓骚体赋的一个分支，人们可以把它看成是楚辞生命的延续。虽然如此，但就辞与赋的主流来说，二者的区分仍然是主要的，它们各自有其独立发展的轨迹。

（本文系2000年8月在北京语言文化大学召开的楚辞国际学术讨论会暨中国屈原学会第八届年会的论文，《淮阴师范学院学报》2000年第5期以《五学人论楚辞》为题刊载。又载于中国屈原学会编《中国楚辞学》第六辑，学苑出版社，2005年1月）

汉赋概说

一

赋作为中国传统文学的一种样式,产生于战国时代,特盛于汉代,而在整个封建时代,不断有人写作,绵延不绝,向来诗、词、歌、赋并称,足见它是中国古代文学创作中的重要文体之一。正因为赋特盛于汉代,是两汉四百年间的主要文学现象,故有"汉赋"的专名,以至后人把它与楚辞、唐诗、宋词、元曲并列,作为一个时代文学的代表。如清人焦循说:"一代有一代之所胜,欲自楚骚以下撰为一集,汉则专取其赋,魏晋六朝至隋则专录五言诗,唐则专录其律诗,宋专录其词,元专录其曲。"(《易馀龠录》)近人王国维在《宋元戏曲史序》中也表达了同样的见解,他说:"凡一代有一代之文学,楚之骚,汉之赋,六朝之骈语,唐之诗,宋之词,元之曲,皆所谓一代之文学,而后世莫能继焉者。"对于焦、王的看法,不少现代学者是不赞同的,因为无论是思想内容,或是艺术表现,汉赋所达到的高度,都无法和楚辞、唐诗、宋词、元曲相比。但作为一种文体的产生和发展来说,焦、王所论仍有一定的道理。两汉文人大多致力于这种文体的写作,不少人为此耗尽了毕生的精力,造成一时文坛的繁盛景象,还是值得我们注意的。

就汉赋来说,似乎从它形成以后,对于它的评价就存在着不同的看法。封建时代,人们习惯把汉赋与《诗经》《楚辞》相比较,以决定其价值。由于各人所持的立场和观点、角度的不同,他们的认识也就产生了分歧。西汉末年的扬雄，早年热心于辞赋的写作，是汉赋的代表作者之一。而到了晚年，由于他看到汉赋作者"竞为侈丽闳衍之词，没其风谕之义"，对汉赋予以否定，提出了所谓"诗人之赋丽以则，词人之赋丽以淫"的评价标准。东汉前期的班固，不仅是历史学家，也是汉赋的代表作家之一，他认为汉赋"或以抒下情而通讽谕，或以宣上德而尽忠孝，雍容揄扬，著于后嗣，抑亦雅、颂之亚也"。他对汉赋是完全肯定和赞扬的。魏晋以下对汉赋的评价，大抵是扬雄、班固不同认识的继续和发展。"五四"前后，文学史作为文艺学科的一个分支，在中国正式形成并得到迅速的发展，出现了中国文学史的专门著作，文学史家除了作为文体研究，描述汉赋体制上的特点和源流演变外，对汉赋的评价则多从社会作用的角度，沿袭了扬雄的看法，是贬多于褒的。特别是二十世纪五六十年代，由于特定的社会环境和学术空气的制约，在大多数的文学史著作和论文中，对汉赋的思想内容和艺术成就都是持否定态度的。近十多年来，随着整个社会的变化，学术气氛比较活跃，几乎所有的文章都不满意过去那种简单否定的做法，而做了较为具体的分析，对于汉赋的思想和艺术都有不同程度的肯定；对汉赋的形成及其流变，对汉赋在中国文学发展中的作用和影响，也有了较为深入的论述。但就总体来说，汉赋研究在中国文学史研究中还是一个比较薄弱的环节，汉赋作品分散于各书，也使人们难于看到它的全貌。

正是由于如上所述的这种对汉赋研究历史和现状的认识，我们编辑了这部书，希望它能像自清代《全唐诗》编纂以来出现的各种分类断代文学总集一样，为中国文学的研究者提供一个汉赋的完整资料，以有助于汉赋研究的深入发展。

二

司马迁在撰写《史记》的人物传记时，收录了有关人物所写的奏疏、政论和辞赋，以后班固撰写《汉书》、范晔撰写《后汉书》时，承袭了这一做法，而且收录的文章更为全面。魏晋以后，出现了各种文学总集和作家的别集，但《隋书·经籍志》所记载的汉代作家的别集，都已亡佚，现在看到的一些汉代作家别集，是明清时代重新编辑的，都不是原来的面貌，与汉赋有关的总集，只剩下《文选》一部了。它也收录了相当数量的汉代赋作。现在我们看到的比较完整的汉赋，大都见于以上四部书。魏晋六朝时出现的杂记，如《西京杂记》，唐宋以后出现的文学总集，如《古文苑》，唐宋两代编纂的几部大型类书，如《北堂书钞》《艺文类聚》《初学记》《太平御览》，以及各文学总集、别集的笺注中，也保存了相当数量题为两汉作家所写的赋，但大部分为残篇、断句乃至仅存题目，极少有完篇者。到了清代，出现了陈元龙编纂的按内容分类的《历代赋汇》和严可均编纂的以时代为序的《全上古三代秦汉三国六朝文》。特别是后者，由于严可均未得参加《全唐文》编辑工作，心有不甘，决心编纂这部自上古迄隋的总集，作为《全唐文》的前接部分。编纂工作进行了二十七年，据其总叙称："广搜三分书，与夫收藏家秘籍、金石文字，远而九译，旁及释、道、鬼、神，起上古迄隋，鸿裁巨制，片言单辞，罔弗综录，省并复叠，联类畸零，作者三千四百九十七人，分代编次为十五集，合七百四十六卷。"网罗的面是相当广泛的，唐以前的单篇文章（包括赋），大都可以从中找到。其中《全汉文》六十三卷，《全后汉文》一百零六卷，收有汉代赋作者约七十人，作品二百五十余篇（包括残篇、断句），这是现在能够看到的题为两汉作家所写的赋的绝大部分了。严氏以文为主，虽然凡题目中有"赋"者都编在该作者文章的最前面，但也有一些未以赋名篇却是赋的作品，编入了该作者的非赋类作品中（详下节）。加之该书部头颇大，翻检不易，同时还有由于所据传本而产生的异文及文字错讹等问题，为此，我们在充分吸收前人整理、研究成果的基础上，仿自《全唐诗》以后出现的各种分体断代文学总集的体例，将两汉的赋单独编辑成书，加以标点、校勘，将校记附于作品。我们期望这部书不仅成为一本收录完整、文字准确的汉赋校勘本，而且也为研究者进行选择、比较、取舍提供方便。

三

辞与赋先后产生于战国时代的楚国，两者在语言和形式上有相通之处。《史记》《汉书》中，大多数情况是把辞包融于"赋"之中的。《汉书·艺文志》诗赋略，把以屈原为代表的楚辞作家的作品统称为赋。正是由于这些原因，出现了辞赋不分的情况。但从文体来说，辞是辞，赋是赋，两者有明显的区别，为此，我曾写过一篇题为《辞与赋》的短文（刊于《文史知识》1984年第十二期），提出了自己的看法。以汉代作家而论，他们之中的许多人是辞赋兼作的，但他们的楚辞作品有共同的特点，这就是这些作品不仅都采用楚辞的形式，作品的抒情主人公也都是屈原，是模仿屈原的语气，代屈原抒发"行而见疑，忠而被谤"的怨愤情绪。而汉代作家写的赋，其中有一些是抒情赋，借鉴了楚辞的形式，故有"骚体赋"之称。但这些作品与楚辞不同，它们大部分不仅以赋名篇，而且在写法上完全摆脱了代屈原立言的模式，而是以作者自己的身份去抒发个人的感受。《楚辞》作为书的专名，始自刘向，他在编辑《楚辞》时似乎意识到了辞与赋的这种区别，所以他在《楚辞》一书中，贾谊只收其《惜誓》一篇，而不收他的赋。《楚辞》一书所收汉代作家的作品,在写法和格调上都与《惜誓》相类似,它们是楚辞,而不是汉赋。根据这个理由,本书不收汉代作家的这类作品。区分文体的不同,汉代已见端倪,而详加辨析则始于魏晋,这与文学自觉意识的增强颇有关系。曹丕的《典论·论文》、陆机的《文赋》对不同的文体特点已有明确的认识,而刘勰的《文心雕龙》、萧统的《文选》,对文体有较细致的区分。特别是《文选》的文体划分,对后世各种文集的分类具有重大影响。但《文选》把辞、赋、诗、文分为三十七类,未免过于烦琐,而且也未必尽妥。他在"赋"之外另设"七"这一文体。其实,枚乘的《七发》以及后来仿作的如傅毅的《七激》、张衡的《七辨》("七言"除外)等,都是赋。《文选》还把司马相如的《难蜀中父老》、东方朔的《答客难》、扬雄的《解嘲》、班固的《答宾戏》分别编入"檄""设论"等名目中,这也是不确切的。这些抒情言志的作品,虽然不以赋名篇,但实际上也是一种赋。因此本书对汉代作家上述两类作品均予收入。《文选》还有"颂"一体,如王褒的《圣主得贤臣颂》。有人认为,"颂"与"诵"通,"诵"与"赋"在词义上亦有相近之处,因此这类作品也是赋。我们认为,汉代的"颂",写法上虽与《诗经》的"颂"不同,但前者却是从后者发展而来的,是一种专门用于颂扬某种事物的文体,与作为文体的赋是有区别的,因此本书没有收入这类作品。

鉴于对文体的赋有不同看法,而本书作为一部文体断代的总集,不能不对收入的作品有所限制,因此将收录作品的取舍标准作如上说明。是否妥当,深望得到方家指正。

四

本书编纂工作从1987年春开始,但1987年10月以后,我就开始为来东京大学讲学做准备工作，1988年3月来到日本。因此，主要工作是由胡双宝先生和宗明华先生担任的。宗明华先生做初稿，由胡双宝先生核校、补充，最后定稿。我仅在开始阶段一起确定了本书的编纂计划，审阅了部分初稿。

本书的编纂工作得到了高等学校古籍整理委员会秘书处和北京大学出版社的大力支持，在此谨向他们表示诚挚的谢意。

1989年5月10日深夜于东京弥生寓所

附记：

这篇文章本来是1993年北京大学出版社出版的《全汉赋》的《前言》，现改名作《汉赋概说》，今收录于此，以向读者介绍它的编撰过程，表达我对《全汉赋》的理解。《全汉赋》出版后，获得了学术同行的认可。但由于当时电子排版刚起步，工人操作不熟练，加之校勘不够仔细，错误很多，也招致学术同行的批评。特别是广西师范大学的力之先生，发表多篇文章批评《全汉赋》各方面的错误。力之先生也曾和我面谈过，意气勤勤恳恳，让我十分感动！他的来信和一本标出问题的《全汉赋》，我仔细的读过，珍藏至今，它是在学术道路上催我不断自省、奋力前行的动力之一。2005年广东教育出版社《全汉赋校注》的出版，就是一个证明。2009年6月3日突发脑中风，限制了我的行动，但没有影响我的思维，我仍在工作着。由于有了新资料的出现，我希望在北大出版社出版增补版《全汉赋校注》，高校古委会、北大中文系在资金上提供了支持，又有两位博士愿意参与，我希望它能成为更新、更全面的汉赋研究资料和读本。2018年10月7日写于故乡辽宁省鞍山市千山区大孤山镇对桩石村福兴公寓。

《乐府古辞词典》序

2010年春节前，广西大学文学院已故教授陈海伦先生的爱人唐群女士打电话给我，她告诉我海伦的一部书稿即将出版，希望我能为之写一篇序。抚今追昔，悲从中来，她的话不时因抽泣哽咽而中断，我努力安慰她，竟然没有问她，海伦书稿写了些什么，书名叫什么；也没顾得上考虑自己能不能写，就答应她我会尽力而为的，只提出了给我一件书稿复印件的要求。五月中旬，我收到了书稿的复印件，方知是海伦生前编著的《乐府古辞词典》。这使我想到我与海伦相识是在我们共同编著《汉赋辞典》的时候，那是在二十世纪八十年代。《汉赋辞典》与《乐府古辞词典》就性质说都可以称之为断代专书词典。这两部书的异同、《乐府古辞词典》与相关著作的比较，似可以显现《乐府古辞词典》的特点，而介绍作者、介绍著作的特点，都是书序应有的内容。因此，我的这篇序就结合自己的亲历和感受，把我对《乐府古辞词典》的编著者及作品的认识介绍给读者诸君，希望能对阅读这部著作有所帮助。

二十世纪八十年代初，在广西河池师范专科学校（今河池学院的前身）任教、北大中文系语言专业1962级校友仇仲谦先生回母校进修，他选修了我开设的"汉赋研究"专题课，完成了《汉赋赏析》的编选注释（这部书于1989年由广西教育出版社出版），之后他回归到语言专业的老本行，提出了编著《汉赋辞典》的设想，并希望我跨行（我是文学专业的）与他共同完成这一辞典的编著工作。考虑到它的工作量较大，他想请刚刚大学毕业分配到河池师专工作的四位年青老师参加我们的工作，其中就有海伦，由此我们相识。改革开放的头十年，生活条件、工作条件还十分困难，但海伦和同事们对未来充满了希望，干劲十足，这也是当时我对海伦的第一印象。因为《汉赋辞典》的编著，我曾两次去河池师专，其中有一次是在冬天，一间空房里放上一张床，就成为我临时生活、工作的地方。房间大，东西少，显得很空旷。当时河池房屋建得十分单薄，门窗也欠严密，夜晚或遇阴雨天，就极为阴冷，手脚在潮湿的被子里热不起来，夜不成寐。海伦等四位年青老师的居住条件更差，房间低矮狭窄，放上一张双人床后，再也放不下大家具了。没有堂屋和书房，一间更加简陋的灶屋紧挨着卧室，一张矮桌、几个木凳放在灶前，是餐桌也是读书、备课、写作的地方。我们就是在这样的环境中开始了《汉赋辞典》的编著工作。白天，海伦他们有繁重的教学任务，爱人也有工作，孩子又小；晚上，夫妻二人安顿好了小孩，才开始编著工作。限于当时的条件，我们的编著工作完全采取传统的、手工的方式进行，在尽可能占有材料之后，阅读材料（汉赋作品）、确定词条；然后分工制作卡片，撰写条目。二十多年过去了，每想到当时的情景，想到海伦他们持久的工作热情，认真的工作态度，既有酸楚，又有温馨，倍感亲切，催人奋进。二十世纪初，我从北大退休，到了当时叫作广西大学梧州分校（现已升为本科学院，更名为梧州学院）工作，参与他们中文本科专业的创建和"专升本"的申报，因而也知道了海伦的一些近况——他读了汉语史的研究生，已经调到广西大学工作，他将计算机应用技术引入汉语研究，是该校文学院汉语言学科的学术带头人。后来，我与海伦通过几次电话，但一直没有见面。2006年春天，我到分校后招收的第一届中文系本科生即将毕业，他们毕业论文的写作和答辩，要由广西大学文学院的老师指导和主持，为此，我随同分校的校系领导去南宁，向广西大学有关方面汇报我们的教学和学生毕业论文准备情况，就在汇报会上，我同海伦见面了，并在会下和聚餐时有过多次交谈。二十多年过去了，我发现海伦持久热情不减的同时，又多了一些沉着和稳重；在细心认真的同时，又多了几分坚定与自信，是又一代学者成熟的体现，让我感到振奋，感到鼓舞。但没有想到这竟然是与海伦的最后相见！现在读着海伦的遗稿，我感到伤心，但我认为海伦的生命会在他的著作中得到延续，后来的学者会沿着他的著作继续走下去，就是对他的最好的纪念。

《乐府古辞词典》和《汉赋辞典》同属专书词典，它是对某一部专书或者特定时段的某种文体如"乐府古辞""汉赋"的语辞作考释的词典。我已故的老师、著名的语言学家朱德熙教授认为专书词典的编著是汉语史的基础研究，是考察汉语词汇、词义产生发展的必要步骤。为同一时段的每部专书编著词典，把它们汇总在一起，可以展现这一时段词汇、词义的生存状态。这是一个平面的展现，而将此时段与上下时段同类词典作对比分析，就构成一个立体，展现了词汇、词义的产生和发展，这正是汉语史所要反映的。正是基于这样的理念，我们编著了《汉赋辞典》，但由于种种原因，它一直拖到2002年才由北京大学出版社出版。《乐府古辞词典》与《汉赋辞典》性质相同，后者限于当时种种主客观条件，存在着不少缺陷和不足，海伦参与了《汉赋辞典》的编著，再加上他计算机应用技术的特长，《乐府古辞词典》能更加突显专书词典的特点，后出转精，是可以肯定的。

二十世纪八九十年代，有三部与"乐府古辞"同一时段的语词研究著作出版，它们是《魏晋南北朝小说词语汇释》（江蓝生著，语文出版社1988年5月出版）、《魏晋南北朝词语例释》（蔡镜浩编著，江苏古籍出版社1990年11月出版）、《中古汉语语辞例释》（王云路、方一新著，吉林教育出版社1992年7月出版）。《乐府古辞词典》与这三部著作研究的是同一时段的语词，但各有侧重，在各自领域有其建树,对于已出的三部著作,读者和学术界已有认识,《乐府古辞词典》还未出版,作为汉魏南北朝时期词语的最新工具书,它有什么特点,我愿以先读者的身份说说自己的看法:

(一)体例的科学性

词典的编著体例是由所编词典的性质和规模两方面的因素决定的。其中性质的差异决定了收词、注音、字(词)频、释义、举例、词性、校对、编排环节的有无或详略,而规模的大小又影响着这些环节的设置方式。词典的共性要求在设计词典的体例时,遵守规范性原则和考查需求原则,这就既要求在收词时认真辨析,收录合乎词汇规范的词语,排除和限制不规范词语的渗入;同时,又要最大限度地满足查考的需要,避免漏收的情况。《乐府古辞词典》从其性质来看,主要不是对语言应用进行规范,而是满足读者定向阅读、研究的查考需求,因此,其收词既有仅限于乐府古辞部分的词的严格限定(有限性),又打破了不同学科之间的约束,凡在限定范围内无所不收(穷尽性)。这种对词典共性要求的调整和收词有定性和穷尽性的设计,突显了其作为专业词典的特性,也符合词典的编著原则。

(二)释义的明确性

我已故的老师、语言学大师王力教授在《理想的字典》中,回顾了我国字书编纂的历史,分析了其中的成就和问题,在此基础上,他提出应当从"明字义孳乳""分时代先后""尽量以多字释一字"三方面入手编写理想的字典。这三个方面就要注意词义的本义与引申义的联系、词义的时代性、释义的明确性。从这三个方面的要求来看,《乐府古辞词典》对一些词义的处理是妥当的,是对词义释析的深入和细化。由于《乐府古辞词典》是断代作品的词语工具书,其跨越的时段有限,词义与引申义相当不易确定,所以作者没有从这两者的联系着手,这是实事求是的作法;又因其是断代作品词典,其词义鲜明的时代性是不言而喻的,因此,三者之中作者专注于解决释义的明确性。例如"体"字,作者列出"(1)身体;(2)形体,体态;(3)人;(4)手脚,四肢"四个义项,其中"人"这个释义,就是其他词典未曾明确解释过的。关于"体"字的义项,《辞源》列出十一个;《汉语大词典》列出三十九个,但均无"人"之义。今人的古代作品选注在涉及这个义项时就采取回避、模糊处理的办法。《焦仲卿妻》中"不嫁义郎体,其住(一本作'往')欲何云"两句,朱东润主编《中国历代文学作品选》、鲍鹏山选注《中国古代文学作品选》均未在注释中提及"体"字,给人以字未落实意未安之感。而作者在《乐府古辞词典》"体"字下有"人"这个义项,其例证就是上引的两句诗。据此,若将这两句诗译成"你不嫁太守儿子这样的人,以后想怎么办呢",似更到位些。

(三)信息的丰富性

衡量一部词典资源是否丰富,文字信息资源始终占有主导地位。字、词、语、文四者之间的关系,字是基础,是信息处理的基本信息单元。在特定的批量语料中,文字使用频度即字频的高低,直接反映了一个字的使用价值和生命力。以往,对于中国古籍用字频度的统计,因条件所限一直未能进行。近年来,由于计算机技术的发展,中国古籍的数字化成为可能,而海伦正利用他计算机应用技术的特长,在词典编著之前,先建立乐府古辞语料数据库,这样在编著过程中,能精确统计并标示出每个字(词)的使用频率。由于字(词)频来自于真实的语言材料的精确统计,因此它是一个客观变量,其中含有的极其丰富的乐府古辞的信息,可供读者和研究者参考。词典正文后有多个附录,它们有的给读者以检索的方便,有的则具备了资料汇编的功能，研究者可据此查找有关材料，对相关问题做进一步的探讨。这实际上又扩大了词典的信息含量，一改词典单纯解字说词的单一面貌，满足不同层次读者的需要，这样的做法值得提倡。

接到这份书稿后一周，我同老伴飞往加拿大，去看望两个女儿，也希望自己在大病之后，在女儿家里得到好好休息。一个多月来，在老伴和两个女儿的精心照料下，颇感身心安逸，生活在慢车道上匀速前进。在这样的情况下，我读着书稿，回忆着二十世纪八十年代的那段生活，思考着两本词典编著的相关问题，拉拉杂杂在电脑的键盘上敲了如上的话，作为《乐府古辞词典》的序。我对汉语史研究情况所知有限，如有不妥和谬误之处，希望读者与方家指正，也希望海伦的在天之灵能够谅解。

费振刚
2010年7月9日写于加拿大卡尔加里简庐

数码时代的人文研究

一

几年前，内地的一些作家开始用电脑写作，当时被称为"换笔"，由于电脑商家的炒作，曾是一时的热门话题。与此同时，高等院校、科研机关从事人文、社会科学教学和研究的教师、研究人员也开始用电脑作科学研究，虽然不像作家"换笔"那样引人注意，但他们也不同于作家"换笔"，在最初阶段不仅仅是利用电脑的文字处理功能，而是认识到把电脑引进科学研究工作中，不仅是记录表达方式的变化，而且是科学研究的手段、方法的改进和更新。而随着电脑的普及和网络技术的进步，它们已经不顾人类的主观愿望，闯进人们生活的各个领域，几乎无所不在。现在我指导的研究生每个人都拥有个人使用的电脑，他们上网的时间比读书时间多得多，他们的论文从材料的搜索整理、储存到写作、修改、编辑，都是在电脑中完成的。近两三年来，我审阅的博士学位论文，绝大部分都是博士生自己制作的。我个人虽然不用电脑写作，但在教学和科学研究中，也会利用电脑进行资料的搜寻和检索，而感叹它们的方便、快捷乃至"竭泽而渔"的功能。正是因为这样，近一两年来，电脑、网络是我和我的学生们在课堂上下常常提及的话题，我个人的看法是：电脑和网络技术的发展给予我们人文研究的影响是重大深远的，有其积极的方面，但也有些问题需要注意。针对我的学生的论文写作，我常常会指出由于他们使用电脑及网络所造成的某些失误和缺陷。我常常说，对电脑及网络技术的作用要有充分的估计，但它不能完全取代传统的研究方法。前不久，我阅读了我的年轻的同事陈平原教授的《数码时代的人文研究》一文，我认为，他的文章从理论和宏观的角度，对在电脑及网络技术的笼罩下的二十一世纪人文研究走向提出了自己的看法，很有见地，我都同意。在展望二十一世纪学术的时候，我愿意将陈教授这一文章推荐给各位，同时借用他的这一题目说一点个人的具体感受和认识，以求教于各位同行。

二

1999年下学期，我为研究生开汉赋研究专题课，讲对司马相如的评价，我根据自己平日阅读的印象，觉得宋人对司马相如的个人政治品质、道德修养贬损过分，而唐人则把他看成大文学家，很少涉及对他的品格、道德的评价。为了验证后者，我请我的学生利用刚刚由我系主持完成的"《全唐诗》电子检索系统"进行检索，凡诗句有司马相如的名、字的作品，都下载下来，其结果是《全唐诗》中含有"相如"二字的诗作有一百五十九首，含"长卿"二字的有四十一首。这些资料印证了我的结论，这里我就不提了，我要说说我的另一些感受。首先，阅读这些材料，我有了一个小小的发现，给了我意外的惊喜。司马相如赋作除了今存的《子虚》《上林》《哀秦二世》《大人》《长门》《美人》六篇外（后二篇有人疑为伪作），另有三篇赋作的篇名被保存下来，其中《梓桐山赋》见于《玉篇·石部》，在"碨"字下注："司马相如《梓桐山赋》云：'碨'。"这次在阅读有关"相如"的诗作中，有晚唐人徐夤所作的题为《休说》的七律，全文如下：

休说人间有陆沉，一樽闲待月明斟。时来不怕沧溟阔，道大却忧溃潦深。白首钓鱼应是分,青云干禄已无心。梓桐赋罢相如隐,谁为君前永夜吟。①

《梓桐赋》当为《梓桐山赋》的省称。如果我的这个论断不错的话,这首诗为我们提供了如下的信息:《梓桐山赋》在晚唐时尚存,参照新旧《唐书·艺文志》还有《司马文园集》的著录,它的亡佚也许在宋元之间。"梓桐赋罢相如隐",参照《史记·司马相如列传》"相如既奏《大人》之颂,天子大悦,飘飘有凌云之气,似游天地之间意。相如既病免,家居茂陵"的记载,可以认为司马相如于上《大人赋》后作《梓桐山赋》,表达了他连续上《哀秦二世赋》《谏猎书》《大人赋》,不仅没有起到讽谏作用,反而因此受到汉武帝冷遇的怨愤心情。《全唐诗》卷七〇八徐寅小传称:"徐寅,字昭梦,莆田人。登乾宁进士第,授秘书省正字。依王审知,礼待简略,遂拂衣去,归隐延寿溪。"② 正是由于徐寅读《梓桐山赋》产生了同病相怜之情,才用了"梓桐赋罢相如隐,谁为君前永夜吟"来表达自己的因礼遇简略、拂衣归隐的心境。

对于有"相如"二字的一百五十九首作品,也要有具体分析,否则也会出错。从数目来说,这一百五十九首中,有六首是"乐府歌诗"。根据《全唐诗》凡例,除分见各集外,"仍汇编一集,以存一代乐制",又出现在"乐府"中;又有两首诗,分别见于许浑、杜牧集中,因此,这部分作品总数要减去八首。再有,我国历史上以"相如"为名的名人,先有蔺相如,后才有司马相如,因此这组含有"相如"二字的作品中,我认为有六首是写蔺相如的。这些作品有的从诗题上可以看出,

---

① 《全唐诗》卷七百八,中华书局标点本,北京:中华书局1960年4月,第21册8148页。

② 《全唐诗》卷七百八,中华书局标点本,北京:中华书局1960年4月,第21册8139页。

如胡曾《咏史诗·渑池》，①有的如李白《自广平乘醉走马六十里至邯郸登城楼览古书怀》中"相如章华（台）巅，猛气折秦嬴"、②元稹《说剑》中"高唱荆柯歌，乱集相如缶"，③它们无法通过题目来确定。还有两首作品，我认为诗中的相如是一般的词语，而不是作为人名的专有名词。它们是窦牟《缑氏拜陵回道中呈李舍人少尹》中"却愁新咏发，酬和不相如"④和孟郊《题林校书花严寺书窗》中"昭昭南山景，独与心相如"。⑤这样，这组诗中，专写司马相如的，须再减去八首。

现在一些年轻学人由于电子版图书及学术资料网站大量出现，他们把自认为对自己研究有用的资料，尽可能地输入自己的电脑，当问及他们读过某部书没有，他们会不直接回答你，而是说，我的电脑中有。在他们看来，储存于电脑中，就等于自己拥有了这些书。这实在是很危险的。占有资料，不仅需要广泛、认真地阅读，而且还需要在此基础上有综合分析和判断的能力。这是无法借助电脑和网络来完成的。

三

近一两年来，审读硕士、博士论文，总觉得有些论文冗长、粗糙，

---

① 《全唐诗》卷六百四十七，中华书局标点本，北京：中华书局1960年4月，第19册7429页。

② 《全唐诗》卷一百八十五，中华书局标点本，北京：中华书局1960年4月，第6册1891页。

③ 《全唐诗》卷三百九十七，中华书局标点本，北京：中华书局1960年4月，第12册4460页。

④ 《全唐诗》卷二百七十一，中华书局标点本，北京：中华书局1960年4月，第8册3035页。

⑤ 《全唐诗》卷三百七十六，中华书局标点本，北京：中华书局1960年4月，第11册4220页。

结构松散，文章风格不统一，内容前后重复，甚至还有互相抵触的。我不止一次向我的学生提出：我不反对用电脑写作，但更要用自己的头脑写作，不能把自己的学位论文混同于网络文章。网络文章的随意性，是以损伤内容的准确严谨为代价的。论文写作出现这些问题，固然与人们当前的浮躁心理有关，但也与用电脑写作这种方式有关。当研究生一旦确定其学位论文选题后，他们会把看到的资料中有用的部分输入电脑，也会把自己的读书心得体会乃至一些具体论点的论证过程记录保存下来，而论文的写作很可能就是上述有关材料的整理和排列。当然，如果有时间，它们是可以反复看几遍，进行修改和润饰；但如果时间不允许，那就难免会出这样或那样的问题。有时一时不慎，甚至可能把别人的某些观点乃至成段的文章写进自己的论文中。这种情形使我想起了早年言情小说家张恨水和当代武侠小说作家金庸先生，他们的小说都是先在报纸上连载，由于时间紧，又同时给几家报纸写作，因此他们的小说常常会出现人物形象前后不一致、故事情节雷同、重复乃至前后不连贯等种种毛病。张恨水和金庸都是用笔写作，由于同时应付几家报纸，出现这样的问题是可以理解的。而学术论文的写作与小说创作不同，需要的是求实、求是，而用电脑写作要比用笔写作更快捷简单，难道我们不应该更加用心、认真吗？

与上述情况相联系的是，内地学术界出于学术规范的考虑，提出了"克隆文章"的问题，这是指某些学人把自己的一篇文章稍加变化就在不同的刊物上发表，或者把一本书的内容分成若干篇文章，再重复发表。在现实生活中，我也见到这种情形，在一些会议上，报刊编辑向一些当红的"写家"约稿。这些写家会说，我电脑里有现成的，回去后我调出来用 E-mail 发给你。可以想象他们电脑中会有如同儿童玩的积木一样，有各种各样的零件，遇到需要时，调出几个稍加组合即成。"克隆文章"不是一稿两投，作者似乎没有道义上的责任，但其不良作用比一稿两投更严重。像不能表现经济繁荣的"泡沫经济"一样，这样的文章虽多，也可以称为"泡沫学术"，它们也不能代表学术水平的提高和学术的发展。这种问题的出现，不是电脑的问题，但电脑的使用使"克隆文章"的制作更加便捷，也是我们应当给予关注的。

四

以上我所谈论的，基本上是个技术层面上的问题。而更为深层的问题则是，做学问的基本方法也有可能会改变。人们对网络产生依赖之后，检索、引用的便捷，将会使很多人不再乐于苦读原著，传统人文学科最看重的"含英咀华"的涵咏功夫会面临巨大危机，甚至有失传的危险。拿古代文学研究作例子，如果过多地依赖计算机，在论文操作的技术上或许会大为方便；但是高声朗诵、熟记背诵原文，以及在此基础上的深入古代作家内心的那种"知人论世""以意逆志"的省察、品味的功夫，却会做得越来越少。这样，作论文的速度或许是快了，但是离研究的对象却远了。没有了与古人心灵的沟通，没有了孟子"于我心有戚戚焉"的那种交流的快乐，面对的只是一台冷冰冰的机器，也就偏离了人文学科研究的宗旨。这种论文不是自然而然的长出来的一个鲜活的有机体，而是一块一块地拼接、安装起来的模型和积木。传统学问的研究，在或多或少的程度上，就被现代科技异化了。

科技的发展，是不以人们的意志为转移的。我们只能去适应它，而不应该、也不能够去阻碍它的发展。我们的责任是，在促进它的健康发展的同时，让计算机和网络更好地为科研服务。在近现代科技发展的初期,由于我们没有充分意识到相关的问题,结果造成了诸如环境污染之类的后果。我希望,我们在利用计算机和网络给我们带来巨大的便利的同时,也要预防在先,及早消除它们可能带来的负面作用。

(原载《南阳师范学院学报》,2002年第1期)

附记:

这是为世纪之前后参加香港的研讨会而写的,稍晚在2002年初发表在《南阳师范学院学报》上。当时我还不会电脑写作,凭我观察所写,今天读还觉得有点意思。2015年11月30日。

《恒言集》序

2011年8月，我在北京，寿恒给我打电话，说他想把他毕业后所创作的部分诗词作品结集出版，希望我能为此写一篇序，随后他寄来了作品，并附有一封给我和我老伴的长信。信中谈到我和老伴同他们同学在广西大学梧州分校（现在的梧州学院的前身，"申本"成功梧州学院正式挂牌，是在寿恒所在的年级毕业之后的事）生活的情景，以及他毕业后工作的经历、感受，意气勤勤恳恳，让我很是感动，也让我联想起我与老伴同寿恒以及他的同学共同度过的那段值得回忆的时光。

2002年4月，我接受广西大学梧州分校的聘请，要和在这个学校从事中文教学的几位老师一起为学校创建一个中文系。我们的申报，当年即获批准，当年即可招生。于是在2002年金色的秋天，我们迎来了寿恒所在的年级——2002级40多名同学入学。他们是现在的梧州学院中文系汉语言文学本科专业首届学生，因此他们的到来也标志着梧州学院中文系的正式开张。由于原来的教师人手不够，除了我担当了中国古代文学基础课和一些选修课的教学外，我还请了我大学的同学——现北京大学中文系谢冕、侯学超，中山大学黄修己三位教授分别担当中国当代文学、现代汉语、中国现代文学的基础课教学。这样教师的组成，对于一、二年级本科生来说，在任何一个本科高等院校中文系都是一个相当豪华的阵容。当时的学校处在一心为了"升本"、一切为了"升本"的火热的气氛中，我也感受到当地政府、普通百姓对于发展教育的期盼。而在寿恒和他的同学们报到时，面对当时的学校环境，听到我们的介绍，他们所产生的种种反应，使我更加感受到了自己的责任。对于考入北京大学等重点大学中文系的同学来说，他们拥有十分丰富的教学资源，加之他们对自己的专业有相当的了解，如果他们没有学好，主要的问题出在他们自己身上。而对于寿恒和他的同学来说，除去教学和生活设施简陋可以不去计较外，他们拥有的教学资源实在是少得可怜，再加上他们对于自己所学的专业，除少数同学外，大部分同学是缺乏准确的理解的，这是我在北京大学所没有碰到的问题。作为教师，我们没有能力去改变我国在教育资源分配上的不合理现状，我们能做的是充分利用各种渠道争取得到尽可能多的教育资源，与此同时，我们要不断的、有针对性地对同学进行专业教育，提高他们的认识，要他们尽可能充分利用学校现有的教学资源，要他们尽可能充分利用大学四年的宝贵时光，努力学习，充实自己，完善自己，以应对将来走上社会的各种挑战。这就是我所说的到了西大分校后"更加感受到了自己的责任"。好在中文系刚成立，只有一个年级、四十几个同学，师生之间很快就熟悉了。加之我就住在学校内，校园又不大，同在一个食堂用餐，住处也离同学的宿舍不远，随时处处都有与同学见面的机会。因此在这里我给同学"答疑、解惑"又何止在课堂上，这又使我与同学的联系比在北大密切了许多，这也让我更具体地知道了他们成长的环境，以及为了使他们能进入本科大学学习，他们的亲人所付出的加倍的辛劳。为此，我也会在学生因为外部环境造成的种种困扰而采取不同的方式来发泄时，向他们提出如下的劝告：个人无法改变客观环境，但可以改变自己；要有所为，也要有所不为；我们不可以随波逐流，不可以同流合污，不可以趋炎附势；我们要努力做自己应该做的事，不可懈怠，要不断地充实自己、完善自己，以期更好地服务社会，回报亲人。当他们思想情绪稳定、学习生活走上常规之后，谢冕教授第一次到梧州，在西大分校中文系引起了轰动，他的演讲会、他的座谈会都会因为同学的热情的提问而无法按时结束。当时中文系办了一个发表同学习作的刊物，叫《晨曦》，同学提出请谢冕教授为之题写刊名，也希望给他们写一句鼓励的话。谢冕欣然同意了，刊名写完后，"鼓励的话写什么？"他一时想不出合适的话，转过头来问我。"心存高远，脚踏实地"，我说出了到梧州后，和同学谈话时说过多次的劝勉他们的这八个字。谢冕思索片刻，点头说好，提起笔就写，笔走龙蛇，一气呵成，十分酣畅。以后这八个字就随同"晨曦"出现在中文系的学生刊物上，似乎可以表达了我们四个外聘教师的恒久的祝愿。

四位外聘教师中，谢冕、黄修己、侯学超三位采取集中授课的办法，把课程集中在短时间内讲完，课程一结束，他们即同夫人离去。我的课程则按正常教学进度进行，一讲一个学期，我和老伴每年都会在梧州住上大半年。从2003年至2008年，我和老伴每年4月离开梧州回北京小住，然后去加拿大看望我们的两个女儿，在那住一个夏天。9月我和老伴回北京小住，即去梧州，正好是一个新学年的开始。如此往复，直到2009年6月，我因脑中风病倒。其间，学校因"升本"的需要，实现了与梧州教育学院、梧州师范专科学校的合并，教师队伍扩大了，许多课程有老师可以上了，因此谢、黄、侯三位教授来了几次后，就不再来了。

我和老伴作为西大分校的常住户，几年下来，对于学校里外、上下，不管是人员，还是环境，我们都熟悉了。看到中文系入学学生数目每年都在增加，学校"升本"的气氛越来越浓，形势大好，作为已退休的人员，还能为西部地区的教育发展尽一点力，我和老伴都感到很高兴。我们已融入了同学中间，不仅为他们上课、开讲座，也参加他们的许多课外活动，深深为他们的蓬勃朝气所感染，在我们身上也多了一些生气和活力。当我们站在讲坛前，看到同学们全神贯注的神情和期待的目光，我们感受到师生间的精神、思想的交流。我以为这是作为教师生活最为美好的一种状态，我经常感到它的珍贵，值得永久珍藏。

从寿恒他们2002级起，在广西大学梧州分校以及升本后的梧州学院期间，我连续为七个年级的同学上过课，而2002级同学听我的课最多，我为他们开了五门课，依次是：中国古代文学作品选（先秦两汉部分）、中国文学史（先秦两汉部分）、《论语》《孟子》导读、《史记》《汉书》导读和毕业论文写作及指导。正因为如此，在梧州学院开头的七个年级中，我对2002级同学最熟悉。孟子说："颂其诗，读其书，不知其人可乎？是以论其世也，是尚友也。"本文是为寿恒诗词集所作，我本应对寿恒的诗词创作谈一些读后的心得，但当我拜读了陈道平先生的序后，很受教育。陈先生是古典诗词创作的行家，他对寿恒诗词创作的评论十分到位，我完全同意，我不想再说什么了。在学校，寿恒是我的学生，但寿恒已工作多年，现在我与他的关系应该说是在师友之间。我引孟子的话，所要表达的是：作为寿恒的师友，我愿意介绍他的一些成长的环境，以及我对他的一些印象，也许对读者"知人论世"地阅读本书有一点帮助。

我的印象中，寿恒是个和善的、乐于助人的人，虽然他不是系干部，但是全系几乎每个同学都认识他、信任他，同学们有什么事情都常常愿请他帮助。寿恒是个好学生，四年下来，是能够坐下安静读书的好学生，是班上最有文学细胞的两个男同学中的一个。如今有一些文学青年，喜欢张扬，容易冲动，有的显得很浮躁；寿恒则不同，课堂上他能静下来听讲，课下他能留在教室里，或回到寝室里读书，这种情形我多次见过。我知道他会过一段时间，就把自己写的作品整理、打印出来，装订成册，有封面，有的还有目录，传统的三十二开大小，虽然只有二三十页，但它像是一本书，或一本杂志，可见他的写作态度是认真的。毕业后，同学们多懒得动手写东西，便说他是"硕果仅存"。他写的作品的体裁、题材是多样的，有的还有模仿的痕迹。但这是任何一个写作者都会经历的成长过程，他们会在这一过程为自己所要表达的内容找到合适的表达方式。寿恒在田林的恩师陈道平先生称赞的那篇"放入《聊斋志异》中，或可乱真"的《蛙神》，可以说是一篇模仿之作，但它何尝不是寿恒为自己所要表达的内容找到了合适的表达方式。

  寿恒工作后，有了陈先生的鼓励和指导，写作水平有了很大的提升，这也才有了这本诗词集的出版。为此，我向寿恒表示祝贺，我更要向陈道平先生致以衷心的敬意，为中国传统文化得以在人民大众中延续、发展，您花费了太多的心血，愿您健康长寿！

  寿恒来信还说：今年九月某日是他三十岁的生日，将自己写作的诗词结集出版，是想以此给关怀他、信任他、赏识他的田林县留个纪念。我想这不仅是留给别人，更是留给自己。孔夫子云：三十而立。这是人生的一个关口，在此之前，寿恒的路走得很平实，没有什么起伏跌宕，还算顺畅。我也很知道现代的年轻人的生存环境并不太好，我希望寿恒还能像走过来的那样平实地走下去，走好每一步，光明在前，我相信他不会让他的亲人、师友失望。2009年9月，我已经病倒了，他从田林寄诗给我说："痴儿愿理雩坛草，再沐春风二十年。"这里我也不顾平仄，和他两句："但愿天从你我愿，同修杏林到永远。"今年也是他和我到梧州学习、工作十周年，我们的学校——梧州学院中文系也十岁了，"十年树木，百年树人。"让我俩共同祝愿它枝繁叶茂，万古长青。

2012年5月28日写于加国卡城哈马屯简庐

（黄寿桓《桓言集》，大众文艺出版社，2012年9月出版）

《舞在桥上》序

2013年元旦后不久,鲁进通过我的大女儿燕梅给我发来了她编辑的一本文集的初稿。她是这本文集的两位作者之一。鲁进与燕梅1981年同时考入北京大学西语系法语专业,又被分配到同一个宿舍,同学兼室友,关系很是亲密。那时,她曾到过我家,在北大校园也会偶然相遇,印象中,她是聪颖灵秀的女孩。大学毕业后,我没有再见她,只偶尔在与燕梅闲谈北大的一些旧事时,断续知道她的一些消息。大学毕业后,鲁进没有像有些人那样匆匆走出中国,而是在中国取得了北京大学与法国巴黎三大联合培养的法国文学硕士学位,然后去美国,于1995年在波士顿学院取得了法国文学博士学位,其间又被派往法国巴黎高师留学。从2000年起她已经是美国普渡大学西北分校法国语言文学终身教授了,2005年升为正教授。她的著作涉及18世纪法国文学和思想史、宗教与启蒙、跨语言法语文学和跨文化研究。因为书稿的事,我与鲁进有了电话的直接联系,电话中她的话音清脆明晰、流利顺畅,让我联想到的是在未名湖畔匆匆行走、在图书馆专心读书的小姑娘。而我无法想象,在研究室中,沉潜于学术研究中的鲁进,以及在教室讲课时,在白皮肤、黑皮肤、黄皮肤的学生眼中的鲁进,是怎样的一个形象?这本文集的另一位作者是我从未谋面的法国文化学者魏明德先生。看书稿、听鲁进的介绍,知道他出生于北非的阿尔及尔,出生不久即回法国,从阿尔卑斯山到巴黎市郊。大学毕业后,他分别取得美国耶鲁大学政治学硕士学位和法国巴黎政治大学哲学博士学位;又分别在中国台湾辅仁大学神学院取得神学硕士学位和在法国耶稣会学院取得神学博士学位。二十世纪九十年代初，魏先生到过中国台湾和大陆的许多地方，他以台湾和四川为自己的"应许地"，在那里长期居住并从事田野调查。1996年起任台北利氏学社主任，现任复旦大学宗教系教授、徐光启——利玛窦文明对话研究中心学术主任。

从二位的经历看，他们出生于不同的国家，但成年以后大部分时光是在异国他乡度过的。在这一过程中，时间、次序虽然不同，但他们走的大致是同一条路线，对沿途的文化有着同样的体验。他们又同样走到了对方出生的国家，并都在那里做了长时间的停留、深入细致的耕耘，作为文化学者，因而他们拥有了对对方国家文化一定的话语权。他们相遇于2012年10月，那时他们都出席了在加拿大魁北克拉瓦尔大学召开的"传教士、萨满与中国、西方及土著社会文化交流"国际研讨会。随着会上讨论、会下交谈以及会后通信的深入交往，他们发现双方不仅在不同的时段曾经生活在同一国家，而且因为走到了对方出生的国家，他们更学会了用对方的语言思考和写作。在异国他乡的长期游走中，他们有研究对方哲学、历史、文学艺术的系列学术论文和专著发表。这些论文和专著，作为研究成果，着重于理性思维，也渗透了他们在异国他乡游走的观察和领悟。与此同时，他们也有诸如散文、随笔、诗歌等文学作品，表达他们对游走中具体场景的感受和观察，以及他们面对现实、人生，面对历史、社会，以及面对学术研究的一些思考和认识。作为文学的写作，这些作品更多的是感性思维，虽也反映了作者学术研究的方向和重点，但主要是作者对游走过程中具体情景的描述，会引来人们更多的目光，他们的思考和认识，也会引发更多人的共鸣。他们已相遇，且分享阅读这些作品的快乐。他们就决定将这类作品选编成这本文集，想借助这本文集与更多的人相遇，分享快乐。"伐木丁丁，鸟鸣嘤嘤。——嘤其鸣矣，求其友声。——神之听之,终和且平。"(《诗经·小雅·伐木》)鲁进让我知道了编辑这本文集的过程、用意,并让我在书出版之前,阅读了文集的全部作品,作为一个年近八十的老人,在这里与二位作者相遇;书出版后也会在这里与读者相遇,录《诗经·小雅·鹿鸣》首章,表达我的心声并向二位作者,也向未来的广大读者表示谢意!

由于研究方向的不同,以及二十世纪以来意识形态纷争所造成的隔阂,我对于鲁进在她所涉及的研究领域所达到的深度、广度和特点,都不能评判。读过这本文集中她的作品,我觉得我还有些话要说,虽然不一定专业,但也许与专业有关,有助于理解她研究的特点。我想这也是跨文化交流、研究的应有之义。

《寂寞:漫游者的园地》,这是她"从故乡到他乡"的第一篇文章,主题是关于跨文化的思考,但作者却选择了这样的开头:一天,她下班开车回家的路上,从车窗向外望去,一边夕阳西下,一边一轮明月正在升起,她想起了张九龄的名句:"海上生明月,天涯共此时。"接着她写道:

> 我大概就是那么一个喜欢自讨苦吃的人,细想又觉得不对。中国的古人没有想到,尽管世人拥有同一个月亮,地球另一边的人,不可能和自己同时看到。古人对着月亮已经发出了无数感慨:望月怀古,月下思亲,举杯邀月,明月寄愁,春江月出,边关夜月,似乎能说的都说尽了,但现代人的怀想,比他们更无奈,更寂寞,你会走得那么远,不但有空间的距离,还增添了时间的错位,以至于不能拿"共此时"这种话来安慰自己。

这样的情景,中国成千上万的海外游子都曾遭遇过,但你有没有过鲁进这样的联想?现在你读过鲁进的解读,你是否有孟子"先得吾心"

的感觉呢？它是否引起了你阅读作者所写的文章的愿望呢？

我们的前辈学者中有不少人不仅学贯中西，而且会多种语言（包括方言），例如赵元任先生，据说他在中国各地调查方言，到一个地方，用不了几天，他就可以用当地的方言与当地人进行交流；再如钱锺书先生，他的《管锥编》，除了广泛引用中国（汉语）文献，还引用了西方多种语言的文献，而译文大都是他自己翻译的（其中有的是中国还没有人翻译过，有的是有中文译本，但他对译文不满意而不采用）。我一直想知道他们是如何学习这么多种语言及实际运用的过程，但没有找到这方面资料。而《穿越在多种语言之中》一文则让我知道了鲁进的"跨语言的心灵世界"，也知道了她如何驾驭语言之舟作时间和空间的穿越，"在他乡找到了故乡"。文中叙述在一次集会中，她同家乡人说家乡话，同北京人说普通话，因而得到了北京人的赞扬，说她的中文讲得真不错！下面是她的说明：

> 我生长在中国，这样的恭维多么奇怪！北京人解释说，他见过不少像我一样定居国外的人，他们讲中文时都不大流利了，甚至时常夹带英文词，很让人别扭。我告诉他，在美国和那里的华人说话时，我也会夹带英文词，因为那属于我们生活的环境，但是在中国我不会，因为环境和对象都不同。再说，即使夹带外文，对我来说也未必是英文，还有在我思想、工作和生活中都很重要的法文，甚至有正在学习的西班牙文。如果我把它们都混在一起，别人能不能听懂先不说，自己就该去精神病院了。

多么幽默风趣！这一席话，既气定神闲，表现了她运用多种语言游走四方的自信，又含蓄委婉，表现了她对自己母语和他人母语的尊重，让我笑中有泪，很是感动。

就这样鲁进带着她的自信和尊重，走入了他乡，走进了对方的世界，经过悉心培育和深入耕耘，在无数次的相遇和对话中，形成了自己多方面的成果。它应该主要体现在她的学术论文和著作中。在这个文集中鲁进的作品，我以为更突出地表现了她在文学、历史研究、文化考察、思考上跨文化的广阔视野、新颖奇特的视角和犀利流畅、深入浅出的论述风格，每读一篇都让我受益匪浅。

《目光：跨文化的解读》是鲁进针对朱自清先生在他的著名散文《白种人——上帝的骄子》中所表达的认识的探讨。《白种人——上帝的骄子》说的是朱先生自己在上海坐电车时，看见一个十一二岁长着金黄色长睫毛蓝眼睛的西洋小孩和父亲在一起，引起了朱先生"长久的注意"。这个西洋小孩最初让他"自由的看"，但临下车前，突然伸过脸恶狠狠地瞪着朱先生。这场冲突中，谁也没有说过一句话，一切都在目光中进行。朱先生认为小孩的目光里有话，说的是："黄种人，黄种的支那人，你——你看吧！你配看我！"他认定小孩是因为人种和国家优势，在欺负黄皮肤的中国人。鲁进在她的文章中对西洋小孩的目光提出了另一种解读：

> 这件事的当事者只有朱先生和那个小孩。我们知道朱先生是怎么想的，但不能确定小孩到底有什么思想活动。当然，种族歧视不但在1925年相当普遍，到今天也还远远没有绝迹。但是，在各种不同的因素中，恐怕有一种我们未必能够完全排除：根据自己国家的礼节和习俗，那个小孩认为陌生人盯着自己看是很不礼貌的，对自己是一种冒犯。

接着鲁进用自己在游走他乡过程中的观察以及和外乡人交往中的体验，对她的解读做了翔实具体的论证，我以为是有说服力的。它不仅纠正了当年朱先生的误读，而且在今天还具有一定的指导意义。改革开放，中国人在自己的国家接待较之1925年更多的外国人，中国也有更多的人到外国去读书、工作、旅游。双方在交往中，又因为目光乃至笑脸相接，产生了不少误读而相互指责，时不时地见于不同的媒体报道中。我相信鲁进的这篇文章有助于消弭这些误读，而促进各国人民的友好交流。与这一篇类似的写作者通过自己观察、体验，看不同民族、不同国家人们对同一事物的不同解读的，还有《海阔天空话浪漫》《难以调和的差异》《散点透视异国情调》等，读起来饶有兴趣，也让我长了不少见识。鲁进的学术随笔，如《马若瑟为什么翻译了〈赵氏孤儿〉》《安德烈·谢尼耶与中国诗歌》《昆德拉与18世纪法国文学传统》《马利沃与伏尔泰：穿越世纪的竞争》《矛盾的遗产：卢梭与革命》《时代的理想人格：18世纪法国哲学家》《幸福的作家孟德斯鸠》等，从题目就可以知道文章的内容，我也借此了解鲁进学术研究的广度和深度，以及她学术继承和突破的用心。对此相信读者诸君会有各样的解读，不消我在这里费词了。

  这本文集的结构是在每一个小标题下，两个作者的文章穿插推进，并不完全是一人一篇，而是根据文章的长短和节奏，有时会用两篇对一篇，文体也并不一定一样。之所以如此，我认为与二位作者出版这本文集的初衷有关。在相遇对话、交换文章的过程中，他们发现对话和文章中有他们相同的体验和认知。而他们决定共同出版这本文集时，这些体验和认知就成了文集的名字和各类标题，组成了文集的架构，二位作者从他们已发表或待发表的作品中挑选出来一部分充实其间，成了文集的血肉。我相信收入文集中的作品大部分是他们相遇以前写作的，而不可能是在有了文集的架构后的"命题作文"。但这样的"穿插推进"却起到了相互映衬的作用，凸现了主题，如"异乡的接纳"标题下，一方是《我的美国恩师》，另一方是《我的应许地》；在"寻求和谐的世界"标题下，一方是《布列塔尼的薄饼店》，另一方是《海格立斯与七头蛇——思索人类生存的七大危机》；在"悠远的对话"标题下，一方是《马若瑟为什么翻译了〈赵氏孤儿〉》，另一方是《郎世宁的和睦骏马》《没有徐光启就没有利玛窦》，等等。鲁进说过她与魏先生"曾经在不同的时间生活在同一个国家，说不定可能永远不相遇，但是一旦相遇，就会有深刻的交流"，"体会到对话和分享之乐"。他们出版这本文集就是要通过它扩大这种相遇和对话，与更多的人分享这样的快乐。

本来根据文集的构想，似乎在上面我说完鲁进一篇文章的体会后，应该接着说对在同一标题下的魏先生文章的体会，但我没有这样做，原因有二：一、我嘴笨笔拙，怕不能用简洁的文字说清楚，说多了，喧宾夺主，会影响了我对读鲁进文章体会的表达；二、更重要的是：文集这样安排的用意，作者没有说，不同的读者也会各有各的理解，我不必强作聪明，去误导读者。下面我就说一说我读魏先生文章的体会。先要声明的是：由于接受教育的背景不同，特别是我的老师游国恩、季镇淮先生的影响，我的学术道路在中年以后走的是"形而下"的路线，思维的方式接近于儒家。因而我读魏先生的文章会有一定"陌生感"，就如我年轻时读老庄文章的感觉，我把这些理解为老庄描述事物、阐释事理与儒家不同，走的是"形而上"的路线，有高远、空旷、神秘的特点。魏先生的有些文章我的确一时无法找到理解的切入点。但在读过文集中魏先生的全部文章，并了解了他的一些经历后，我也从他的文章中受到启发，得到教益。

魏先生的文章风格与鲁进的不同，鲁进的文章多从具体的事情入手，通过具体的描写和生动的对比，让读者自行领悟作者的写作目的，似清风徐来。魏先生的文章则常常是面对全局，从宏观的角度提出问题，并提出自己的论证和分析，高瞻远瞩，据理力争，鞭辟入里，掷地有声。在《海格立斯与七头蛇——思索人类生存的七大危机》一文中，魏先生以叙述希腊神话《海格立斯与七头蛇》作引子，在如何战胜七头蛇的众多方案中,他说自己最喜欢的一种是:海格立斯用大刀一次把七个蛇头都割下,使之不能再生。他也用海格立斯这一最终战胜七头蛇的方案来解释人类应如何迎战现今遭逢的众多的挑战和危机。魏先生提出的具体办法,可能被一些"高明"人士斥之为"书生之见",但我读起来堂堂正正,义正词严,令人震撼,表现出作者对人类前途和命运的真真切切的关心。借用中国老百姓常说的一句佛家语,这就是普度众生的"菩萨心"。魏先生这篇文章与鲁进的《布列塔尼的薄饼店》并列组成"寻求和谐的世界"这个标题,有鲜明的对照,有相互的衬托,我觉得凸现的也是作者的"菩萨心"。魏先生这种针对人类的生存、人生的困惑、青年的成长等问题进行论说的文章还有许多,如《启动进步的一星烛火》《在进步与退步之间》《走过生死间》《呼吸着诗意》《读书或工作——不断更新的选择》等。魏先生还用自己的行动来实践他的"菩萨心",推动社会的进步。他在担任欧洲议会和法国比利牛斯省议会政治顾问期间,曾到亚非的冲突点如以色列、安哥拉等地研究当地政治与人文发展。1992年来到中国,他以台湾和四川作他的应许地,长期在那里居住,从事田野调查。在以色列、安哥拉,他的生活状况在文章中没有提及,但我们知道那里由于民族、宗教的矛盾而演变成的流血或不流血冲突随时都会发生,但这正是他要考察的,由此可知他在那里的生活不可能是安定的、舒适的。在台湾和四川进行田野调查的具体情形,魏先生也没有提及,但我们从他的文章中可以知道那些地方都是少数民族或原住民聚居的地方,由此我们可以想象他在那里生活的具体情形,下面是魏先生在《一盏声音的灯》中描写自己在四川凉山地区生活的感受:

有次彝族年,大约是11月底的时候,我和友人在中午时分拜访他叔父家。虽是中午，但这里的传统房屋都以木、土筑成，没有对外窗，只有几个透风口，屋里的光线因而显得特别暗。依照彝族人招待朋友的习惯，我照例被邀请坐在火堆旁，火堆就在地上挖土而成。有人添加柴火，火焰逐渐转热、发亮、跳跃、燃烧，火舌里冒着蓝黄绿红的光，闪动交错……

有人也许去过彝族聚居地区，有人也可能在电视、图片上看过彝族生活情景，即使没有去过、没有见过，我们也可以在类似经历中进行联想，由此知道在魏先生温暖、光明、热烈、斑斓的感受背后的真实。由此我敬佩魏先生，感念魏先生，在如今这喧嚣纷乱的现实中，他不把个人的安危、冷暖放在心上，他的心在地区冲突受难者、弱势族群这一边。

让我感动的还有魏先生为了在中国实践他的"菩萨心"，他学习了汉语，不仅可以用汉语同中国人交流，而且也能用汉语思维和写作，文集中他的文章有大半是他用汉语直接写成的，不仅如此，他还研习了中国的书法和水墨画艺术，而且有着自己独特的领悟，《追随自由的风》是一篇长文，共用11个标题记录了他的这些领悟，最后的一个标题是："解放记忆，新光照亮过去的深邃不可知"，作者在其中说：

> 当我开始画中国山水时，我才明白法国的景色是怎样活在我的记忆里，也才明白法国对我是多么充满怀旧与亲切的色彩。当我试着去画中国的景物时，我解放了我的记忆，我重新发现一个隐藏在记忆中的法国。

本篇是文集的最后一篇，它与鲁进的《美的显现》并列置于"跨文化的相遇和随想：灵与美的合一"标题下，鲁进在《美的显现》中说她一直喜欢屈原的《橘颂》，而结合她的经历，从下面的话可以看到她的无奈和坚持：

> 尽管这一生曾经想作橘树而不得，虽有"深固难徙"之感，却不敢以"受命不迁"自居。但是不管走到哪里，还是可以想象心里一直有一棵橘树。

我不一定能完全读懂二位作者所表达的一切，但我愿意把它们看作二位作者对过去漫游异国他乡，跨文化相遇的一个总结。问：你从哪里来？还到哪里去？回答是：我从故乡来，走进你的世界，又回故乡来。但这不是他们漫游的终止，他们又从这里出发，不，他们正在再出发的路上，等待与我、与你、与他、与更多的人相遇，共同迎接美好的明天。

就这样，二位作者又上路走在故乡—他乡、他乡—故乡的路上，读他们的这本文集我深切地感受到他们的行者的脚步越来越坚定，越来越有力量。这坚定、这力量既来自他们行走中与越来越多的人相遇、相识、相知；这坚定、这力量也来自他们感受到的历史的回声的推动，他们从17、18世纪中西方在故乡—他乡相互行走的先贤们的实践中得到了启发，看到了希望，受到了鼓舞。魏先生《没有徐光启，就没有利玛窦》，表现的就是作者对先贤的这一认识。用这样的文题则表现了他对于邻人文化的尊重，也表现了他要"低下身向他者学习"的谦虚态度，实际上利玛窦是这次文化相遇的主动者。我以为这是一篇《利玛窦—徐光启颂》：

> 徐光启和利玛窦两人皆如百科全书般知识渊博，对万事万物皆感到无比好奇：科学、科技、形而上学、神学、治国之术、人道文化……两个人都试图探凿人类本性的深度，以及蕴藏在人类心中的奥秘。他们同样因为冀望帮助邻人而处处忧心，并

设想树立更为正义及理性的秩序……就今天的眼光来看,他们抱持乐观主义的理念似乎带着些许天真,但其中寓含雄浑的价值:相信对方;透过与异于己身的邻人缔结的友谊,对于异于己身的文化资源抱持研究兴趣,不时进行"翻译"的工程,使得对方的资源转为自身文明遗产的一部分……这样的行动计划值得我们投注一辈子的生命。

虽然作者认为先贤们保持的理念"带着些许天真",但他们为实现先贤们的理念仍愿意"投注一辈子的生命"。魏先生的《郎世宁的和睦骏马》没有写郎世宁与中国画家如何交流、切磋绘画技艺,也没有写郎世宁画的"和睦骏马"具体是什么样子。作者只用一句话交代"郎世宁笔下的骏马是西方的马,也是东方的马"之后,就主要写这些骏马对于我们今天的启示和教训:

今日的国际交流因文化与宗教上的冲突显得低迷不振,但这些骏马提醒我们,文明与文明之间,或是国与国之间的交流质量,并不是科技进步的结果,而是来自好奇心、智识上的谦卑,以及基于意识所做出的清楚决定,探索他方的语言、信仰与审美观,品味与己相异的事物,同时怀抱信心。

郎世宁的骏马告诉我们文化交流是人性的先锋。若我们被困住,身陷猜疑、自以为是,或是笃定自己拥有优于他族的文化,我们将变得不通人性,难以成为普世价值的先驱。更进一步来说,物质的进步往往成了陷阱:银行账户的满溢,并不代表精神层面的提升……

对学习的渴望,对他方传统的关注,在21世纪的今日是否依然活跃呢?我觉得很怀疑。某种程度上来说,沟通的便利与高量降低了沟通的价值与严谨度。我们"消耗"各国生产的文化产品,很多时候却谈不上真正的欣赏……

在全球化的时代,对他者的尊重是实践文化交流的首件要务。曾几何时,世界上抨击与猜忌早已超越了互重与信赖。难道大家必须无止境地编列军事预算,而忘了增加人道的援助,正如现今居主导地位的国家——美国的所作所为吗?美国不反省自身的固执,对于那些饱受恫吓的国家,是否想过如何向他们学习?

读魏先生这两篇论文,我也听到了历史的回声,也感受到作者在抚今追昔时候的那一份感动,以及他和鲁进对自己的选择以及所走的道路充满信心和薪火相传的自豪。

现在我想借助魏先生在《郎世宁的和睦骏马》中对现居世界主导地位的一个国家的批评,引申发挥一下,说一点与跨文化相遇、对话不大相关的话,但也是我想说的话,作为结束。

现在的世界并不安宁,还有不少地方正在发生流血的冲突,即使远在千万里外也能听到它的枪声,闻到它的血腥。我的两个女儿在大学毕业并在中国工作几年后,先后移居加拿大,并在同一个城市里安了家。因此在我退休以后的近十多年,我和我的老伴有相当多的时间住在加拿大我的女儿家。前几年的一天,我乘公共汽车从城北大女儿家到城南小女儿家。就在快到小女儿家附近的路上,看到街道两旁的树上及房屋的门窗上挂了许多白花和白纸条。后来女儿告诉我:这里的一家的孩子在阿富汗战死,遗体被运回。为此他们的街坊邻里用挂白花、白纸条来表示他们对这位不幸死者的哀悼心情。我的第一个反应就是本段文章开头那句话,而且至今不忘。加拿大地广人稀,也因此吸引了亚洲、非洲、南美洲,乃至欧洲、美国的大量移民来此定居,加拿大政府公开宣称它是"移民国家""提倡多元文化"。它在国外没有军事基地,也不必派兵到别的国家、地区去掠夺本不是自己的财富。那么加拿大的公民为什么会被派到阿富汗去送死?这难道不值得我们深思吗?

这件事,加拿大政府当然有责任,但加拿大政府不是罪魁祸首,真正要谴责的是现今居主导地位的"一个国家"。但说"一个国家"也不够准确,因为"一个国家"的政府的决策,绝大多数的人民并不知情,老百姓是不应受谴责的。但其中的来龙去脉亦非几句话可以说清楚的,在此,我也不想细说。但我想说说对加拿大公民在国外战死的联想。进入21世纪以后,美国发生了"9·11"事件,从此后"反恐"成为一面"伸张正义"的大旗,被"一个国家"高高举起,但在非洲有一些国家和地区,确因民族、宗教、政府腐败,发生了战争、血腥屠杀,不仅恐怖,而且野蛮,但"一个国家"的政府却并没有给予应有的关注,尽力去解救、帮助那里受害的无辜百姓。它在"反恐"名义下发动的战争,不仅将自己国家的儿女送上了死亡的前线,还胁迫了一些国家,将他们的子弟也送上了死亡的前线,造成对方无数人民的无辜惨死,也使自己的儿女亡命他乡,在他们亲友的心灵上,留下了永久的创伤。付出如此惨痛的代价之后,却并没有让世界更加安全。

现今的世界,有的人崇尚实力,以为拥有实力,掌握现代科技,就可以改变一切,可以为所欲为。但我认为这可以得逞于一时,但不能坚持到永远。"公道自在人心。""善有善报,恶有恶报。不是不报,时候未到。"这都是百姓口中说的佛家语,也是一切真诚的人们的善良愿望,其中也蕴含着一切事物发展的必然。但"公道"何时显现、"报应"几时应验,我亦认为无法预知。与崇尚实力相比,我相信后者,因为它与圣洁、博爱相连。这样的境界的实现,需要千千万万的人,乃至几代人的努力。我虽年老且病,亦愿为此尽我绵薄之力。也许我不能看到公道显现、报应应验的那一刻,但只要我一息尚存,这将是我永远的追求。古代诗人悠远的歌声在我耳边响起:"蒹葭苍苍,白露为霜。所谓伊人,在水一方。溯洄从之,道阻且长,溯游从之,宛在水中央。"(《秦风·蒹葭》的首章)也许它可以表达此时此刻我的心情。

2013 年 9 月 24 日于加拿大卡尔加利

在《历代赋学文献辑刊》出版座谈会上的发言稿

主席、各位同行、各位先生：

《历代赋学文献辑刊》的出版，我以为是赋学研究、乃至中国古代文学研究的一件大事，一定会大大推动赋学、中国古代文学研究。因此，我认为出席这样的会议，聆听各位的发言，一定会使我受到深刻的教育，我是十分的愿意的。遗憾的是，由于身体的原因，我不能出席，而踪凡、郭英德两先生又再三动员我说说我的意见。"恭敬不如从命"，我想就刚刚读过的《历代赋学文献辑刊序》所产生的一点感想，写在下面，"抛砖引玉"，敬请踪凡、郭英德两先生及与会的同行先生们批评。

第一，我想先说说这篇序的本身。一般来说，不管是作者自序，或是为别人的著作写序，都会有一些这样或那样的考虑，或说得有些过火，或有意回避一些东西，不够实在。但这篇序则不是这样，二位作者充分利用编辑团队所占有的资料，对"赋学文献"作了明确的定义，对历代赋学文献的存佚有清楚的交代，对这次所刊出的赋学文献的价值及现代研究状况，都有精要的评述。这无论是对研究者或初学者，都是免走弯路的重要指引。日前新闻报道中"精准"一词用的颇多，我想说用"精准"一词来形容他们的工作编辑所达到的水平，也许是合适的。感谢踪凡、郭英德先生和他们的编辑团队！

第二，《历代赋学文献辑刊序》开头对什么是赋，有如下的论述：

"赋是中国古代特有的文学体裁,是根据汉字的形体、音义、语法特点而精心组织的华美艺术品,具有鲜明的中国特色。传统赋体文学对于韵律、对偶、典故的追求,使其成为古代最高雅的文体之一。"赋的形成有一个漫长的发展过程,这样的定义、评价不能概括自先秦至近代所产生以赋名篇的全部作品,也对我国其他各体文学的发展和互动,缺乏关照。这是我的一隅之见,不当之处,请批评。但接下来《辑刊序》的介绍更引起了我的兴趣,"在西方文学中,找不到与'赋'相对应的文体,因而欧美汉学家魏德明、海陶玮、康达维等在研究中国赋体文学时,便直接使用汉语拼音'fu'来表示。"欧美汉学家的这种表述,正表明赋这一文体的独特性,我们对赋给予特别的关照是有充分理由的。我国汉语文学历史应该是这三种文体先后发展、相互影响、相互交融、贯彻始终、共同前进的历史。我们的文学史家对此也应该给予关注。我在《全汉赋校注序》曾提及,但语焉不详。这里稍作发挥:文学的最终表现形式在电子科学没有发达之前,主要是用文字记录,虽内容各异,在汉语流行的地区主要方式,就是诗、文、赋三种。唐以后各个封建朝代(明代除外),赋被用作朝廷科举项目,评价或有不同。但诗、文、赋三种文体是始终相互依存、共同发展的。宋元以后,小说、戏曲有了迅猛的发展,但就其文体本身来说,有的也是说说唱唱,似乎也可以称为"赋体"。北方的评书,南方的评弹,特别是长篇,大都如此。《三国演义》流行的是说的,也有说说唱唱的。戏曲的文本,除掉给导演看的部分外,其戏文本身也是说说唱唱的。因此,我们研究赋,不仅研究赋的本身,而且,如同研究诗、文一样,把它摆在中国文学发展的大环境中去研究。只有这样,才能更突显赋本身的特点,也有助于理清中国文学发展的特点:中国文学本体来说,就是诗、文、赋三种文体形成、发展,相互影响,相互吸收,不断进步、走向成熟的过程。

第三，说一点离会议主题稍远的话题，但也与学术研究有关。我想说点世纪之交提出的"重写文学史"的话题。那时的批评的重点是新中国成立后，由于"一边倒"的偏颇，学术界在运用马克思主义方面所存在的简单化、庸俗化的倾向。二十年过去了，作为中文系主干课程"中国文学史"教材，确有多部《中国文学史》出版，但无论是作者，或是书评人都没有把新出的《中国文学史》和"重写文学史"的话题联系起来。这值得我们深思。我想，文学史的写作应该是多元的，学术不同于政治，在求实、求真的前提下，不必过分要求统一，允许有不同的声音，允许有不同的写作方式，并通过教学实践和学术争鸣，会有好的《中国文学史》教材出来的。对此，我坚信不疑。（文学史写作与深入赋的研究有密切关系。将来如有机会，我身体还好，我愿意对此作具体说明，请原谅！）

谢谢！祝会议圆满成功！

费振刚

2017年11月1日

《年华留韵》序

文学是语言的艺术,与绘画用线条、色彩,音乐用声音、旋律和节奏来表达艺术家对客观世界的感受不同,文学作品是用语言来表达这一切。语言是人类的交际工具,人人都会运用,但人们常常会发觉对客观世界的丰富多彩、日新月异,自己无法用语言恰当地表现出来;人们都会因为客观的触发而产生喜怒哀乐的情感变化,同样也会发觉自己无法用语言真切地抒发出来。而文学家、诗人则与我们不同,他们能够运用语言来表达我们自己感受到而不能表达出来的感受,从而使我们产生"与我心有戚戚焉"的愉悦和惊喜,[①] 这正是我读廖怀伟先生创作的古典诗词的第一个印象。

廖怀伟先生长我一岁,在华南师范大学外语系毕业后,长期在梧州从事中学、大专学校的俄语、英语的教学工作。除了专业不同外,这与我个人的经历大都相同。正因为如此,我对于廖先生在其古典诗词的创作中所表现的个人经历和感受,都是很熟悉的、亲切的。不仅如此,它还不时给我以惊喜,使我感到强烈的震撼。廖先生在1976年9月写了四首七绝句来哀悼毛主席的逝世,其第三、第四首是这样写的:

领袖英魂上九天,忧思留下在人间。
前程漫漫知何去?谁是神州大恶奸?

---

① 戚戚:心动貌。见《孟子·梁惠王》上:"夫子言之,于我心有戚戚焉。"

漫去百草尽含悲，八亿人民心未灰。
祈望神州来大圣，澄清玉宇播春晖。

1976年，在毛主席逝世之前，周总理、朱总司令先后逝世，而在周总理逝世后，清明节前后，广大群众自发地在天安门广场举行的悼念活动，同年夏天发生了唐山大地震。这一连串的事件，引起了广大人民尤其是知识分子的思考，心情沉重。在北京，在北京大学校园内，更由于"四人帮"及其爪牙的恣意横行，人们已不能公开表达自己的心意，我真切地感到了"国人莫敢言，道路以目"的氛围。[①] 毛主席的逝世更使人们陷入了巨大的悲恸和前途未卜的迷惘之中，内心的忧虑和愤怒无由表达，而廖先生诗中的"前程漫漫知何去？谁是神州大恶奸？"的考问和"祈望神州来大圣，澄清玉宇播春晖"的心情真切道出了广大人民的心声，它所表达的正是当时人们所想表达而不能表达出来的感受。三十多年过去了，这样的诗句，仍能使我清楚地回忆当时的处境和心情，让我兴奋不已。同样让我感到兴奋的，是廖先生在"文革"年月中写的一首七律《为学言志》。"文革"十年是我们中华民族又一次大劫难，科技、文化、教育更是备受摧残，到了廖先生写这首诗的时候，广大从事科技、文化、教育的知识分子，正在所谓的"接受工农兵再教育"的口号下，已有八个年头没有开展自己的工作了。但知识分子痴心不改，仍旧在暗中磨砺自己的学问，从不轻言放弃。1972年，周总理曾有一次关于重视基础理论研究的谈话，消息传出，给予广大知识分子以极大的鼓舞，于是他们又开始摩拳擦掌，准备大干一番了。

钻劲莫因霜鬓改，雄心岂为皱纹捐。

[①] "国人莫敢言，道路以目"：形容国人慑于暴政，敢怒而不敢言。语见《国语·周语》。

精神当效漓江水，一路春光到海边。

写这首诗时，廖先生正在桂林的广西师范学院（即现在的广西师范大学）英语系师训班学习，这是很难得的重拾旧业的机会。正是如此，我们可以想见当时他站在漓江边，面对滔滔江水，心潮起伏，是何等的兴奋！我手写我口，此心似我心。它不也正是当时我们这一代知识分子的心声吗？对照"春蚕到死丝方尽，蜡炬成灰泪始干"的悲怆，"精神当效漓江水，一路春光到海边"，更突显了我们时代的知识分子开朗乐观、充满信心、相信未来的精神面貌。

中国的知识分子关心国家的前途，关心人民的疾苦，与民族同命运，为祖国的平安、繁荣竭尽自己的心志。与此同时，他们也会用自己熟悉的诗歌形式来表达自己的感受，体现了知识分子与时代同步、同人民共休戚的不懈追求，从而形成了中国文学的"诗言志"的优良传统。廖先生以诗作史，借物抒情，写的是自己的感受，也可以看作我们这一代知识分子的心史，是"诗言志"优良传统的继承和发扬。廖先生的古典诗词创作，能唤起人们的种种回忆，引人思考，催人奋进，这也是廖先生执教于杏坛，培育了无数桃李之外，为我们的社会奉献的另一笔精神财富。

廖先生在古典诗词创作艺术上也有自己的追求，他在创作中以词和律诗绝句为主，古体诗写得较少。我以为这正是体现廖先生在创作中要用更严格的诗律要求自己，以便更好地展现汉语音韵、排比、对仗的诗律美，这是汉语所独具的，但他都能运用自如来表现今天的新事物。他的《咏商潮》《观商海有感》，写于新时期的20世纪90年代，就很好地体现了这一点。与诗相比，廖先生的词作更具特色，因词律比诗律更严格，但他都能熟练掌握，游刃有余。他的《清平乐·怀旧》《忆秦娥·秋日怀旧》和《望海潮·月夜怀故人》用婉约词风格来表达个人的细腻的感情；而他的"满江红"词《超鲲鹏赞》《记第28届奥运会中俄女排争冠赛》和《念奴娇·人民解放军陆海空三军联合演习》，高昂、大气，用豪放词风格写出了作为中国人气势如虹的豪迈。廖先生有诗句云"词能越宋宜师宋，诗欲超唐先识唐"，这正好表现了他的创作特色，也是他创作的心得之言，应对于今天的古典诗词写作者有启发作用。

廖先生在将自己的古典诗词创作付梓之前，让我先行阅读，并希望我写序，我深感惶恐。我虽从事文学教学多年，但我不能诗，更不能写古典诗词，写了如上的感受，权以为序，请鉴谅。

丁亥年正月初一日写于梧州学院桃花岛畔

（廖廓《年华留韵——廖廓诗词选集》，作家出版社，2008年10月）

附记：

改革开放以来，古典诗词曲赋形式的写作，很是兴旺。由此引起学术界的注意，学者们认为以"五四"运动为起点的中国现代文学应该有现代人以古代文学形式创作的文学作品的评述。为此，有的学者在自己现代文学史的著作中增加了这部分内容，有的学者则搜集现代人创作的这些作品，已出版的有《文言百年》。当时，我并没有想到这些，只是因为与廖先生年龄和经历相仿，为他的古代诗词写作能力所折服。作品主要反映了"文革"十年和改革开放初期他的经历和感受，我在文中引用了孟子的"心有戚戚焉"来表达我的共鸣。但历史的写作，仅以个人的感受来评价一个人、一部作品，是远远不够的。年老体衰的我，已不能参与其事了，但我仍愿意以我的这些感受推荐《年华留韵》入选中国现代文学史。2018年9月3日写于故乡辽宁省鞍山市千山下对桩石福兴老年公寓。

喜读《香港赋》 老树发新枝

在喜迎我国政府对香港恢复行使主权的日子里，每天都可以在报刊上，在电视上看到许多表达中国人民、海外华侨、华人对香港重新回到祖国母亲怀抱兴奋心情的文学作品、文艺节目，花团锦簇，异彩纷呈，使人目不暇接，深受鼓舞。正是这个原因，当我看到颜其麟先生发表在香港《文汇报》上的《香港赋》时，眼睛为之一亮，细读之后，又深为作者丰厚的文史功底、创作才能和爱国热情所感动。

赋作为中国传统文学体裁的一种，它产生于战国时代，至两汉时代而极盛，故有汉赋之专名，与楚辞、唐诗、宋词、元曲，被称为"一代之文学"。尽管在汉代，它的体制也不尽相同，在以后的发展中也有许多变化，但后世的人们一提到汉赋，他们首先想到的是司马相如的《子虚上林赋》，扬雄的《甘泉赋》《羽猎赋》，班固的《两都赋》和张衡的《二京赋》。这类赋以描写帝王贵族的宫殿、苑囿、都城为主，且以文章的气势恢宏、词采富丽见长，故又称为"汉大赋"，是汉赋的"正宗"。颜其麟先生的《香港赋》正是以这种"正宗"的体式来写香港，既是对它的继承，又是对它的变革和发展。《香港赋》不同于汉赋里对事物作平面的描写，而是以香港的历史发展作为描写的主线，在有限的篇幅中，写香港的百年屈辱史，写国人的百年抗争史，写香港的兴衰变化，写华人的甘苦贡献，写旧政权外交的无能，写新中国为恢复行使香港主权的方略，内容十分丰富，读过之后，好像把人提升到时间和空间交汇的制高点上俯瞰一切，香港的百年沧桑，香港的过去和今天，历历在目，如在眼前，这是很不容易的。赋虽以"体物写志"为其特点,但以赋体写历史的兴衰,过去并不多见。《香港赋》不仅以写历史为主,且其时间跨度有百年之长,是以弥足珍贵,而更难能可贵的是作者把历史故实化为俪辞骈语,以抒情之笔总结历史经验,把作者爱国拳拳之心情融入写作之中,引发读者的共鸣,使人受到感染,回顾昨天,痛心疾首,遥看未来,心潮澎湃,充分发挥了文艺创作的特有功用,也体现了作者对祖国,对社会的庄严的责任感,让人敬佩。

"五四"新文化运动以来,我国的文学创作以白话文为主,但还是有人以传统的诗、词、曲乃至"古文"来表达自己对现实的感受。近年来,也有一些报刊、杂志发表了相当数量的传统诗词作品,也出现了专门刊登传统诗词的刊物,也有少数人尝试用"古文"写随笔、小品乃至小说,但很少见到有人运用传统的赋体写作的;五六十年代,我看到一些作家写有以赋名篇的散文作品,虽也以描写为主,但使用白话文写作,只能说是"师其意,而不师其辞",与传统的赋并非一类。追究起来,我认为主要的原因还是赋作为传统的文体有其局限性,它的结构单一而缺少变化,语言又以古奥典雅为主,难于出新,不好掌握,使人不敢问津。颜其麟先生知难而进,犹如带着枷锁跳舞,愈见其功力,《香港赋》在汉赋原有框架之中,以传统的铺张扬厉的笔法,层层推衍,展现香港百年史,写得有声有色,整齐中有变化,排比中见流动,自然酣畅;在语言运用上,在"古文"中化入许多新语汇,既有"古文"之精粹,又有"白话"之鲜活,既接近于汉赋的原有风貌,又贴近于现代的生活实际,可为更广大的读者所接受,使古老的文学样式显现出勃勃生机,令人兴奋。

颜其麟先生的创作实践,让我们又一次看到了传统文学形式的潜在的巨大的能量,但它有待发掘,有待培育,才能在今天的社会中发挥应有的作用。我也期待着颜其麟先生在《香港赋》之后,有更多更好的赋作问世,让赋这一古老的大树,发出更多的新枝,给人以清荫,给人以滋润。

(原载《颜其麟赋鉴赏》,北京团结出版社、香港大学出版印务公司,1998年7月)

赋伍班张歌盛世　文宗屈宋咏枝江
——评颜其麟先生《枝江赋》

《诗经·鄘风·定之方中》第二章《毛传》说:"故建邦能命龟,田能施命,作器能铭,使能造命,升高能赋,师旅能誓,山川能说,丧纪能诔,祭祀能语,君子能此九者,可谓有德音,可以为大夫。"孔颖达《毛诗正义》对"升高能赋"的解说是"升高能赋者,谓升高有所见,能为诗赋其形状,铺陈其形势也"。我的理解是《毛传》所说的是对当时能成为大夫的文士应该具有的才能的概括,而孔颖达对"升高能赋"的解说,是对当时文士写作诗赋内容的具体要求。正因为如此,刘勰《文心雕龙·诠赋》在论述赋作为文体的特征和起源时,又引用了"升高能赋"作为论据,只不过将"升"改为"登",其义云:

> 《诗》有六义,其二曰赋。赋者,铺也,铺采摛文,体物写志也。昔邵公称公卿献诗,师箴赋。《传》云:"登高能赋,可为大夫。"《诗序》则同义,《传》说则异体,总其归途,实相枝干。刘向云明不歌而诵,班固称古诗之流也。

刘氏所论除了强调"登高能赋"是可以为大夫的文士必有的一种才能外,更指出了作为文体的赋与《诗》的关系。他引用《汉书·艺文志》的"不歌而诵谓之赋",意在说明作为文体赋与《诗》的不同特点,但我们细读《艺文志》相关论述,又可了解《艺文志》所强调的是赋是《诗》的延续,强调"春秋之后,周道寝坏,聘问歌咏不行于列国,学《诗》之士,逸在布衣",于是有了赋这种文体的产生。为此,刘氏还引用班固《两都赋序》"赋者，古诗之流也"的议论，认为赋"或以抒下情而通讽论，或以宣上德而尽忠孝，雍容揄扬，著于后嗣，抑亦雅、颂之亚也"。这是从社会作用上强调赋是《诗》的继续和发展。由此，刘勰在《诠赋》中得出了"赋自《诗》出"的结论。班固《两都赋序》还有一点值得我们注意，即他在强调作为文体的赋的社会作用的同时，也指出赋在汉代发展的社会条件：

> 昔成康没而颂声寝，王泽竭而诗不作。大汉初定，日不暇给。至于武、宣之世，乃崇礼官，考文章。内设金马石渠之署，外兴乐府协律之事，以兴废继绝，润色鸿业，是以众庶悦豫，福应尤盛。《白麟》《赤雁》《芝房》《宝鼎》之歌，荐于郊庙；神雀、五凤、甘露、黄龙之瑞，以为年纪。故言语侍从之臣若司马相如、虞丘寿王、东方朔、枚皋、王褒、刘向之属，朝夕论思，日月献纳。而公卿大臣，御史大夫倪宽、太常孔臧、太中大夫董仲舒、宗正刘德、太子太傅萧望之等，时时间作。……故孝成之世论而录之，盖奏御者千有余篇，而后大汉之文章，炳焉与三代同风。

在两汉四百年间，赋是当时众多作者运用的一种文体，为我们留下了一笔宝贵的文学财富，以至在中国文学史上有了"汉赋"的专名。而班氏所论，既是分析评论汉赋的理论指引，也为我们今天观察文学艺术的发展提供了一种视角，即：文学创作虽以社会生活为源泉，可以取之不尽，但文学艺术的发展和繁荣仍要以社会的发展为一定的条件。

观今宜鉴古。观察我国文学艺术的发展，也正是同国家的发展息息相关的。我们的国家在发展的途中，在经过一九四九年以后十七年追寻和探索，特别是经过十年所谓"文化大革命"的浩劫之后，终于迎来了改革开放新时代。近三十年来，广大文艺工作者目睹社会经济、科技的突飞猛进,体验政治环境的适度宽松,抚今追昔而一致欢呼:文学艺术的春天真的来到了,文艺的百花园万紫千红,群芳竞秀,而就其主流,乃是对祖国面貌日新月异变化的赞颂,是对炎黄子孙为实现"小康""强国"理想而努力奋斗精神的张扬,突显了文艺的熔铸品格、陶冶情操的特有作用。这正是班固所谓的"兴废继绝,润色鸿业"也。正是处于这样的背景,我开始了与颜其麟先生的文字交往。

颜先生与我同龄,自我拜读他的大作《香港赋》起,算来也有十年了,但多为文字交,见面的机会极少,难得谈谈过往的经历。仅从很少的交谈中,可以体会他新时期以前的经历颇为困顿,如果没有改革开放,不仅不可能事业有成,更不可操巨笔,以赋这一古老文体,浓墨重彩地抒写祖国大好山河。而我,作为一名从事中国古代文学教学和研究的大学教师,如果不是新时期,我也很难把汉赋研究作为自己的工作重点。正因为如此,我很珍惜与颜先生的交往,有同气相应之感。1996年,当我读完颜先生的大作《香港赋》,我是又惊又喜,真不知何方神圣能将赋这一古老文体运用得如此精熟。以后,2002年在河南洛阳辞赋研讨会上得以一睹颜先生的丰采,也得以当面向他求教辞赋写作的甘苦,受益匪浅。以后,又拜读了颜先生更多歌颂祖国河山、名城的赋作,随着他的笔锋所向,使我虽足不出户,也能领略了黄山、庐山之气韵清丽,三峡、威海之形势煌煌,而今天《枝江赋》又将引至这鄂西名城,使我了解它的过去和现在,为它深厚的历史文化内涵和恢宏的现实巨变所激动,而萌生要飞越山川亲临长江之情,切实感受颜先生笔下这一名城的壮丽和辉煌:《枝江赋》同颜先生其他赋作一样,体现了颜先生古典文学的深厚功力,更体现了他对桑梓故里的一片深情!

作为文体的赋,起自先秦战国时代,而特别盛行于汉代,这一时期描写贵族田猎、宫苑、都城的赋,如司马相如的《子虚上林赋》、扬雄的《长扬赋》《羽猎赋》、班固的《两都赋》、张衡的《二京赋》都是汉赋的标志性作品,而后人称这四位作家为"汉赋四大家"。司马相如在回答他的友人如何作赋时说:"合綦组以成文,列锦绣而为质,一经一纬,一宫一商,此赋之迹也。赋家之心,包括宇宙,总览人物,斯乃得之于内,不可得而传。"① 所谓"赋之迹"指的是赋作者所应具有的文学、语言的修养和运用它们能力的表现——赋作的艺术效果。所谓"赋家之心"指的是赋作所体现出来的作家深邃的思想和广大的胸襟。正因为如此,汉代著名赋家写作赋时都十分严肃认真,乃至于殚精竭虑,赋写成后,就如大病一场:

  司马相如为《上林》《子虚》赋,意思萧散,不复与外事相关,控引天地,错综古今,忽然如睡,焕然而兴,几百日而后成。②

  余少时见扬子云之丽文高论,不自量年少新进,而猥欲逮及。尝激一事而作小赋,用精思太剧,而立感动发病,弥日瘳。子云亦言成帝时,赵昭仪方大幸。每上甘泉,诏令作赋,为之卒暴,思虑精苦,赋成遂困倦小卧,梦其五脏出在地,以手收而内之。及觉,病喘悸,大少气,病一岁。由此言之,尽思虑,伤精神也。③

而张衡写作《二京赋》时,因为有班固《两都赋》这一范本在前,为了超越它,使张衡不得不"逐句琢磨,逐节锻炼",以至"精思傅会,十年乃成"。汉以后的历代,不管是诗人,或是散文家,他们也会有赋作传世,但他们的赋作成就难与汉赋作家相比,也不能与他们各自

---

  ① 《西京杂记》卷六,《四部丛刊》本。
  ② 《西京杂记》卷六,《四部丛刊》本。
  ③ 清·严可均《全上古三代秦汉三国六朝文》,《全后汉文》卷十四,民国十九年影光绪刻本。

擅长文体的作品相比,可是他们的文集,不管自己编辑的,或别人编辑的,大都会把他们写作的赋,如萧统编辑《文选》一样置于卷前,可见赋在他们心目中的地位。"五四"新文化运动一个重要标志,就是用"白话"代替"文言"成为文学写作乃至一切文体写作的"表现工具",由于它是历史发展的必然和时代变革的需要而取得了完全的成功。自此以后,就我见闻所及,人们在专业工作之余,有人以"文言"写作古典诗词的,但没有见有人会运用赋这一文体写出一系列作品的,更没有见过以"文言"为"表现工具"的专业文学家。我之所以引用如上的古今事例,意在说明颜先生的写作,是多么的难能可贵,他文学视野的高远,文学修养的厚重,以及他写作赋付出的巨大的心智,实在是令人敬佩的。

　　刘勰《文心雕龙·时序》说:"文变染乎世情,兴废系乎时序。"刘氏所论明确指出了文学的写作,要随着时代的变化而变化,随着时代的发展而发展,一成不变是没有的,也是行不通的。考察中国文学发展过程的文体变化,许多学者都指出其有共同的特点:以复古为革新。但这不是古代文章体制重复,而重在革新,重在超过,韩愈倡导古文运动,他非先秦两汉之书不读,文章写作完全以先秦两汉文为典范,但我们今天读韩愈文,而不是先秦两汉文。对于颜先生的赋,我以为也应作如是观。颜先生写赋不是发思古之幽情,而是站在今天的时代高度,以现代人的心态去观察我们所处的世界的风云变幻和日新月异的发展,将古人完全没有看到、想到的事物和人的精神状态,艺术地、形象地再现于赋中。因此,颜先生的赋不是那种毫无生气的古器物的仿制品,他的赋充溢着时代鲜活的气息和作者对祖国、故乡的挚爱,而能与现代的读者产生强烈的共鸣。颜先生的赋之所以能产生如此艺术效果,还在于他十分重视赋的形式的特点,不能因为求新而使赋变形,使赋不成其为赋。一般来说,这是很困难的,它的活动空间是极有限的。但由于颜先生对赋这一文体的特点和表现手法有准确而全面的把握，使他能在极有限的空间内，移步而不换形，做到了既将时代的新因素灌注其中，而又保存了赋原有的形质。这在《枝江赋》中有突出的体现。

上下数千年，枝江之名不易，赞以地灵非妄誉；纵横几百里，周祚之迹犹在，许为人杰岂虚张。

北达燕赵，不回觐京之路；南走湖广，何碍出国之航。高速路通八经九纬，机航线达异国他邦。

这是《枝江赋》描述枝江地理形势的两个段落。前者本是"自古枝江人杰地灵"的简单速句，经过作者骈化和添加，形成有若干分句的排比句，散文句型转化为辞赋句型，可以说是传统手法的沿用。后者写枝江交通的新变化，作者把"高速路""机航线"这样的新名词嵌入骈句，熨帖平稳而新鲜自然，使读者产生似古非古、似今非今的奇异感受。《枝江赋》后半着重表现社会的发展、枝江的巨变、经济的腾飞。怎样用传统的说法来表现这一切，难度增大了，但颜先生或巧用古代典故以比况，或骈化新名词而成新排句，或将日常口语提炼改造成"文言"，而达到雅俗共赏的社会效用：

疏之以河渠，如大禹之治水；控之以堤闸，如汉武之射蛟。沼洼之陂，突成良田美地；蒹葭之湖，忽变沃野珠皋。筑新堤于滩濑，频添稼穑之亩；植秀林于江沪，力制洪流之涛。以致涝有闸泄，旱有渠浇。夏有麦穗之歧，秋有棉产之超。无不慨之安惟今日，富唯今朝矣。

于是皮棉高产名擅全国，国务院因之而授奖；沙梨远销誉许南亚，央视台因之而宣扬。沙梨之逢春也，翠干交错而缀雪，绿枝纷披而缒霜。……常惊当代鸿儒,诗吟文属歌大有;年产万吨金果,足食丰衣庆小康。柯棉之遇秋也,青桃累丸而凝碧;白花绽蕊而骈绸。……屡喜一洲农户,陆运水输逶而迤;日蓄千张钞票,延年益寿慨而慷。

这两段描写枝江的水利利民、农业富民。从严格对偶排比、音韵谐和的要求来说,这两段或许有可斟酌之处,但大体整齐,开阖有致,收放自如,琅琅上口,而将众多社会上流行的新名词、百姓的口头语融入其中,一洗传统赋语言的生涩古奥而又不失深沉典雅,能为大众所接受,这实在是不容易。

最后,愿借此表达对颜先生的敬意,祝颜先生身体健康,笔健常青。祝颜先生的故里——枝江市发展 路顺风,前途无限!

(原载颜其麟《枝江赋》,香港文学报社出版公司,2006年12月8日)

评《云阳赋》

日前收到颜其麟先生的新作《云阳赋》，此前我接到他的电话，他说：又写了一篇赋，即将发表，现在先将文稿寄给我，让我阅读后，将自己的看法和意见写成文章寄给他。这样，他的赋和我的文章就可同时发表。凭我与颜先生十多年文字之交的方式和由此结成的友谊，我知道是不能也是不应该拒绝的，尽管我目前的身体健康状况并不适合承担这一重托。

十多年前，我与颜先生并不相识，但由于二十世纪八十年代以后，我的研究重点放在了汉赋上，发表了一些相关论文，并先后在北京大学、日本东京大学、香港树仁学院开设汉赋研究专题课，得到了学术同行认可，颜先生也许由他喜好古典诗赋的写作而扩展到了解古典诗赋的研究，因此知道我的姓名和研究情况。在全国上下都欢欣鼓舞地迎接香港回归的日子里，颜先生将他精心写作的《香港赋》寄给我，并附有一封意气勤勤恳恳的亲笔信，他希望我能为《香港赋》写一篇评论给他。我与颜先生虽未谋面，但我从他写的赋和来信读出了作者的传统文化的素养和他对今人写作古典诗赋的理解，实获我心，因此不揣冒昧以"老树发新枝"为题写成一篇评论，表达我对传统文学形式利用的一些浅见。寄给他后，结果是拙文与颜先生的大作同时在同一刊物上发表。写作的实绩、读者的领会一起刊出，是一种交流，一种对话，这是我与颜先生订交的开始。在以后的日子里，颜先生不时把他的新赋作诸如《三峡赋》《桂林赋》《少林赋》等寄给我，然后通电话，在电话中交换意见，2006年，颜先生为他的故乡撤县改市十周年写了《枝江赋》，我又应邀写了一篇评论，同时刊出。这篇评论中，针对《枝江赋》中出现了一些新名词，我表达的自己的看法是：利用传统文学形式表现现代生活，今人感受时，适当融入新词语，会增加时代感，写作时刻意不用，是不应该的。支持了颜先生的做法。我与颜先生就这样交往了十多年。虽很少见面，但"以文会友"，相互切磋，加深了理解，加深了友谊，也如前面所云这正是本文写作的动力。

《云阳赋》作为颜先生众多以山川名胜为题材的赋作中的一篇新作，相比之下，它的描写对象相对而言规模、体制都比较小，作为沿长江的城市，虽有张飞庙、龙脊石刻等古迹，但与重庆、大足、三峡等著名风景名胜地在旅游资源、知名度诸多方面有较大的差距，但所有这些都没有削弱《云阳赋》作为赋体文学作品所应具有的风格和气度，同颜先生的同类题材的赋作一样具有艺术感染力。能如此，我以为与颜先生对作为文体的赋的特质认识有关，更与颜先生深厚的传统文化修养有关。描写的效果好，也是赋作者匠心独运的地方。这样的例子在《云阳赋》以及颜先生同类赋作中还可以举出许多，限于篇幅，不再一一列举。不过我要重复表达十多年前表达过的一个想法：老树可以发新枝，愿有更多像颜先生这样的有识之士参与，让赋以及其他的传统文学形式也能在新时代的文艺百花园中绽放艳丽的花朵。今年6月3日，我突然中风，先是住在医院治疗，现在在家康复疗养，虽身体已无大碍，但右腿仍不良于行，右臂不能高举，右手不能动箸，因此五个多月来，我基本没有看书写字，头脑昏昏沉沉。一周来拜读颜先生的大作，翻阅与之有关资料，思考与之有关问题，思路还算顺畅，看到自己的想法变成文字从电脑屏幕上显现，不管它是否高明，但有了向颜先生、专家同行以及广大读者"交差"的材料，我就很高兴了。由此我想起《汉书·王褒传》的一段记述："太子体不安，苦忽忽善忘，不乐，诏使（王）褒等皆之太子宫，虞侍太子，朝夕诵读奇文及所自造作，疾平复，乃归。太子喜褒所为《甘泉》及《洞箫》颂，令后宫贵人、左右皆诵读之。"颂即是赋，去掉记述中人物的身份和性别，这记述表现的是：诵读著名赋家王褒所创作的《甘泉赋》《洞箫赋》及其他奇文，可以治好身体不安、忽忽善忘等诸多疾病。我写作本文的经历，似乎也可为这一记述提供一个现代版的事例，我也因此对身体康复疗养平添了一分信心。为此，我要诚挚地感谢颜其麟先生，感谢他写的赋。

2009年11月14日

时大雪初晴，写于京西畅春园寓所

颜先生：遵嘱，将小文寄呈。如不用，可掷还；如可用，增删修润，任由君便。又文中郑公乡之郑公是郑玄，见《后汉书》本传，而谢傅墅之谢傅，疑是谢灵运，请核。代老伴问您和夫人好！费振刚11月14日晚9时10分。

冬游湛江　喜读《特呈岛赋》

一

十一月中旬，北京已是万木萧索、黄叶飘零的初冬景象，可我们到达我国大陆最南端的港口城市——湛江，漫步在湛江湾中特呈岛上时，所感受的则是另一番景象：草木葱茏，艳阳高悬，这里仍然是夏天。这里有温润和暖的海风，澄净洁白的沙滩，碧蓝透澈的海水，枝繁叶茂的红树林。还有成群的海鸟，或翩翩起舞、引吭高歌飞向晴空，或静谧安详、相依相伴休憩于滩涂上、红树林丛中。此情此景，不仅让我洗尽旅途奔波的疲劳，更让我有回归大自然的惬意、游子返回故乡的激动。由于时间紧迫，我们只能坐在电动车上沿着游览路线参观，让沿途的风光，在我们的眼前匆匆而过，重点的地方虽可以下车，但限于时间，无法深入，也不能细品。当我们走下电动游览车，带着遗憾的心情准备离开这美丽小岛的时候，大家都不约而同把目光投向路边的一方巨石上，那上边镌刻的正是再现这里美丽风光的《特呈岛赋》，而这篇赋的作者、镌刻在巨石上的赋文的写家，正是带领我们游览特呈岛的湛江市委宣传部长邓碧泉先生。当我们站在这刻有赋文的巨石前，听邓先生朗声诵读《特呈岛赋》，我有了一种重游故地、又见故人的感觉，尽管我是在前一天晚上才到达湛江，与邓先生也是在前一天晚上才认识的。

这次南下湛江的活动，是北大中文系 1960 级文学专业一个班的校友发起组织的，除了班上的同学和同学的爱人，还有两个是他们入学那年，刚毕业留校当助教的老师：黄修己先生和我，以及我们的爱人。我是在他们三年级的时候，成为他们的级主任兼党支部书记，一直到他们毕业；黄修己为他们讲授中国现代文学史，而他的爱人就是这个班上的同学"大姐大"陈丽芳。到湛江活动的设想和具体安排是该班黎照同学提出的。黎照，这个出生在湛江地区最南端的、也是我国大陆最南端的县份——徐闻的农家子，五十年前依靠自己的努力，考进了北京大学中文系。毕业时被分配到人民日报社工作，直到退休。他的儿子，从小跟着爷爷、奶奶在徐闻生活，长大了才到北京去读书。到了二十世纪八九十年代，他应该考大学了，以他当时的实际情况，也能考上一个不错的学校，这也是当时绝大多数做父母的所希望的。不知是幼时在故乡的记忆，或是广东人那种敢为天下先性格的影响，黎照的儿子不想考大学了，他要回故乡，去找他幼时的玩伴，要和他们一样，经过自己的打拼，过一种不同于大城市孩子所向往的生活。黎照的儿子成功了，他现在成为当地一名有一定实力的海产品养殖场的场主。我想这也是黎照同学提出去湛江倡议的基础和保障。黎照是从人民日报社退休的，他作为一个媒体人，他关心自己家乡的建设和发展；自己的儿子回家乡了，他更把关心家乡的建设和自己儿子的发展联系起来了，或因公或因私，每年都会回到自己的家乡，也因此与湛江市、县党政主管宣传、媒体人士有交往。我想这就是我们到达湛江的当晚就能得到邓碧泉先生接待的原因。事先黎照同我和黄修己说，邓先生也是中文系出身，对于我俩从事的业务工作的情形是了解的；从政以后，邓先生仍喜欢舞文弄墨，既有文学研究、文化建设理论著作的出版，也喜欢古典诗词的创作，有多本诗词创作集面世。正因为如此，到达湛江当晚，同邓先生一起吃晚饭，比较随便，我们没有像参加一些会议时，同当地领导同志同桌吃饭那种拘束。而当我们在特呈岛，听邓先生诵读他的大作，我想到了古代文人的"以文会友",想到了我们青年时代热情澎湃的诗歌朗诵会和作品讨论会。这就是我所说的"重游故地,又见故人的感觉"。我作为一个长期从事古典文学教学和研究而且把汉赋作为研究主攻方向的人来说,看到镌刻在巨石上的《特呈岛赋》,听邓先生的诵读,更特别感到亲切和激动。

二

刘勰在《文心雕龙·诠赋》中说:"诗有六义,其二曰赋。赋者,铺也,铺采摛文,体物写志也。"他所强调的是作为文体的赋的重要特征,就是要以最有表现力的文字凸现所描写事物的特征,使读者有深刻的印象,以此去打动读者的心灵。汉魏六朝以来许多赋的名篇都具备这一特点,所谓"惊心动魄,一字千金"。现代人写赋也应努力突出这一特点,以此来吸引读者。《特呈岛赋》作为一个现代人写作的传统文学样式的文本,把镌刻有这篇赋文的巨石摆放在这篇赋文所描写的特呈岛上,这本身就让人感到惊奇,而把赋文上描写的与现实的特呈岛相对比,也让人对特呈岛有了不同感受。现实中的特呈岛是湛江湾内的一个距离陆地只有2.8海里、面积仅为3.6千米的小岛,可赋文不这样去描写特呈岛的小,而是以"抱大洋于一怀,背良港于双肩。吞东海而吐硇洲,负南山以数中原"这样夸张的文辞,让旅游者脑海中想象出特呈岛的位置的独特、气势的恢宏,再加上旅游者初上岛参观的印象,他们一定会认同赋文开头"神秀特呈,小岛桃源"的论断,因而进一步拉近了旅游者与旅游目的地的距离,引导他们去同旅游目的地亲近。旅游者登上特呈岛所见到的、所感受到的是一时一地的风物和氛围,而赋文让旅游者见到的是特呈岛一年四季、全岛各处的风物和氛围:

> 片山多情，缀以茂林修竹；寸土有韵，绕以碧波银滩。繁花覆地，杂树蔽天。春雨绿透兮歌雁，熏风红遍兮杜鹃。三秋金黄兮禾谷地，四季常青兮香樟园。木麻黄岸，红树林间。叹造物之诡异，慨景观之天然。泥水胎生，见生命之神奇；屈曲传神，赏造型之经典。盘根错节而层层分合，铁干虬枝而依依聚散。任凭鱼鸟逗戏，笑看风云变幻。风淡淡，雨轻轻，遥指奇树吐翠；阳艳艳，海浅浅，围观怪石流丹。临海湄，抬望眼。游鱼沉浮兮，船来船去；飞鸟俯仰兮，云舒云卷。

赋文的这些描写扩大了旅游者的胸襟，升华了他们的体验，它不仅诉诸理智，更诉诸情感，直击读者的心灵，产生了孟子所说的"与我心有戚戚焉"的共鸣，心灵上感受到另一样的愉悦，这就是文学的魅力，它积累的是精神上的财富，是任何一种文字说明所不能代替的。

赋作为一种古代文体样式，它"不歌而诵"，是在诗歌、散文成熟后才产生的，它萌发于战国，于两汉时期大盛，故有"汉赋"之专名。它不是诗歌，它没有古典诗词写作那样严格的押韵、平仄、对仗的规定，行文没有太多的约束；它也不同于散文，历代赋家，特别是汉赋的作者，他们在写作赋时，没有写作散文那样随意，在结构篇章时认真严肃，在选词练句时反复斟酌，既让后世读者了解他们写作的甘苦，也使我们了解赋这种文体的独特的品格。《西京杂记》记有司马相如创作《上林子虚赋》（即《子虚上林赋》）的过程和他创作的体会：

> 司马相如为《上林子虚赋》，意思萧散，不复与外事相关。控引天地，错综古今，忽然如睡，焕然而兴，几百日而后成。其友人盛览尝问以作赋，相如曰："合纂组以成文，列锦绣而为质，一经一纬，一宫一商，此赋之迹也。赋家之心，苞括宇宙，总览人物，斯乃得之于内，不可得而传。"

《西京杂记》中还有不少司马相如以及扬雄等汉代赋家写作情形的记载，他们在写作赋时，对诗文写作的手法都有吸收，但又都有舍弃，因而形成了赋非诗非文、亦诗亦文的特色。汉代赋家以散文的手法写赋，他们的赋中虽有一些对仗整齐的句子，但都不是作者有意为之，我们称之为散体赋。东汉末至魏晋，文人的创作意识更加自觉，"文章者，经国之大业，不朽之盛事"，是他们的共识，使他们更加注意文章写作的整饬和锤炼。这个时期的赋中骈化的句子逐渐增加的趋势，应该是作者写作自觉的表现。文章写作到了六朝，无文不骈，以至有了骈赋的专名，六朝以后，散体赋、骈赋有各自发展的轨迹，这就是赋作为文体发展的大略。从文学发展的角度看《特呈岛赋》，其写作的特点和文章风格，我以为介于汉魏至六朝之间，表现了作者的艺术追求。《特呈岛赋》有汉代赋作的散文化的结构，整个铺叙过程不着重于语句的整齐，但注意于各分句上下两句的两两对仗：

> 若夫时逢既望，潮平浪浅。人上观景台，船停浮桥边。海风徐徐，渔火点点。波迎渔歌而来近，风送潮声而去远。望断隔岸银河，痴数接天星汉。听水牛嘶月于村后，闻斑鸠唤雨于林前。把酒临风醉于海月，低吟俯唱漾于波澜。客必曰：不是神仙，胜似神仙哉！

上引的段落，除首句和末句，一起一结，其余均两两相应，是骈偶诗化的对句，工整谐和，很有韵律感。汉代赋家写赋不注意于骈偶，更不注意于押韵，魏晋以后文人写作对于骈偶、声韵有了自觉的注意，写赋也是如此。《特呈岛赋》的作者借鉴于此，不仅注意用韵，而且一韵到底，中间不换韵，有助于韵律感的增强。这是对传统文体写作的继承和发展。

三

　　这次在湛江,除了观美景、品美食,也有了几天的清闲,读邓碧泉先生创作的古典诗词,特别是他的赋作,同他交换现代人写作古典诗、词、赋的看法,居然我们的认识有一致的地方,例如古典文学诗词赋的创作虽然有许多作者,也有许多读者,它不会灭亡,但相对于现代文学的创作来说,它也不能繁荣。推而广之,我也认为京剧,包括一切地方戏曲,虽然有许多专业人士,也有许多观众,甚至还有党和政府的大力支持,它不会灭亡,但相对于现代的娱乐方式,它也不能繁荣。"以文会友",相互切磋,使我很高兴,也因此,我也不嫌自己的浅陋,对于碧泉先生的大作说了以上的意见,不知碧泉先生、方家、读者以为如何?

　　12月初,我回到北京不久,就开始起草本文。中旬,碧泉先生因事来京,我们再一次见面,我对他说:就湛江之行,我正在写一篇小文,希望年底完成,届时请他批评。现在是2011年12月31日午后5时30分,距辞旧迎新之时尚有6小时30分钟,小文就此搁笔,并借此感谢碧泉先生和他的同事在湛江对我们的悉心照顾,也对碧泉先生对于中国古典文学样式写作的不懈追求表示敬意,愿在新的一年里,他有更多的大作问世。

(原载《湛江日报》,2014年1月14日)

初读《若水斋赋》

一

《若水斋赋》的作者是邓碧泉先生,我认识他是在2011年尾,当时他还在湛江市委常委、宣传部长任上。我获得他赠送的《若水斋赋》,当时尚未正式出版,在装订成册的内封上标有"二〇一一年"字样,正文目录前有作者写的《自序》,文末标明其写作时间为"2011年春",有作品四十八篇,想是作者在此之前创作的;另有十二篇作品是尚未装订的打印稿,当是作者2011年春以后写作的,二者合起来共六十篇。同还获赠的还有他正式出版的古典诗词创作专集和文化、文学研究专著多种。如此分量的创作、学术成果,有的专门从事创作或研究的人士几年、十几年未必能做到,而这些是碧泉先生成为一位地方党政领导干部后,在从政之余完成的。无论是创作,或是研究,除了个人天分外,还在于个人的努力。面对如此分量的成果,其中有多少是个人天分的表现,我无法指出,但我能理解这其中碧泉先生所付出的辛劳。我个人专门从事汉赋研究几近三十年,亦小有心得,深知汉代诸多赋作者写作的情形,因此读《若水斋赋》时,就有亲切之感,更能在其字里行间体会到作者的写作的勤奋和他追本寻源,努力将赋这一"涓涓之水"汇入"现代的文学的长河"的良苦用心。

读《若水斋赋》的亲切之感还来自我对作者的出身、经历的了解。我读书有个习惯,就是在读该书的正文之前,喜欢先读附在正文前后别人、作者所写的序、跋,这对我读书是一种指引,也会拉近我与书作者距离,是孟子"知人""论世"的读书法的实践。《若水斋赋》装订成册部分的最后两篇中有一篇是作者对其令尊大人的回忆,另一篇是作者的"夫子自道"。前者文风庄重严正,又亲切自然,能在平凡细节的描述中凸现父子真情,很是感人。后者自述其性情、爱好,亦庄亦谐,在叙及其得意时,有自嘲、自讽,甚至自责情绪的流露,文末云:"先生其人,越老越怀古。曰:岁寒思严父,月明忆慈母。怙恃失多年,孩儿渐老去!"我从中多少感受到当年陶令"久在樊笼里,复得返自然"的唏嘘,而今还在仕途中、官场上的衮衮诸公,能有几人作此想者?同碧泉先生一样,我也是"生于贫穷人家",虽比碧泉先生痴长许多岁,但都在"解放了的新中国"这样的大背景下接受了高等教育,虽一直没有脱离大学教师岗位,但这期间也做过诸如学校里的"委员""主任"等兼职,有过"送往迎来"的烦恼。因此作了如上的解读,不知碧泉先生、读者诸君以为然否?

二

在《若水斋赋》的六十篇作品里有五十篇是以赋名篇的,另外十篇中八篇不以赋名篇,两篇在标题中分别以"记""铭"名篇,但在写法上它们与"以赋名篇"者是相同的。这表明碧泉先生对作为文体的赋及其表现特点的认识,并在此基础上进行赋这一文体的写作实践的。在这里,不揣迂腐,想比照赋在汉代的发展情形,说说我对《若水斋赋》作品的理解,以求教于碧泉先生和读者诸君。

说中国古代文学的发展,人们都会赞同这一说法:中国是一个诗的国度,诗的辉煌伴随着中国古代文学发展的始终。我要补充的是:中国古代,诗与乐是并行发展的,相互制约的。中国古代的诗,都是可以和乐歌唱的。在中国古代文学特别是诗、词、曲的发展的描写中,都有它们与音乐关系的论述,《中国音乐史》也会有古代社会音乐与文学两方面相互关系的论述。现代我们所说的"诗歌",从词义上说偏正结构,指的就是"诗",而不是"诗和歌"。因此,刘勰在《文心雕龙·诠赋》中说"赋自诗出",又说"赋也者,受命于诗人,拓宇于楚辞也"。我以为从文学、文体的发展来说,都不够准确。在汉代,乐府诗和稍后出现的文人五言诗,是以《诗经》、"楚辞"为代表的先秦诗歌主要的继承者、发扬者,续写了中国古代诗歌的辉煌,承担了继往开来的重任。赋兴起于先秦的战国时代,成熟、发展于两汉四百年间,作为文体,刘勰在《诠赋》中引刘向所说的赋"不歌而诵",又说:"赋者,铺也,铺采摛文,体物写志也。"我以为刘勰说清楚了赋的文体特点,也指出了赋和诗不同,赋并不像诗与音乐有那么密切的关系。但刘勰过分相信汉代经师对《诗经》的解说和班固在《两都赋序》对汉赋的评析,造成了我前面所说的他对汉赋解读的偏颇。刘勰这一偏颇,不仅影响了历代汉赋的研究者,也影响了新时期以来现代喜欢古代文体,特别是辞赋的写作者。

赋兴盛于汉,因而有"汉赋"的专名,与"唐诗""宋词""元曲"同,是一个朝代的文学标志。赋也与诗、词、曲一样,不仅经历了一个朝代,它并不是一个朝代某个时期的产物,而且一个朝代亡了,那个朝代兴盛的文体还在继续。班固在《两都赋序》中描绘了汉武帝、宣帝时"言语侍从之臣""朝夕论思,日月献纳","公卿大臣""时时间作"赋写作的繁荣景象之后,认为这些赋"或以抒下情而通讽喻,或以宣上德而尽忠孝,雍容揄扬,著于后嗣,抑亦雅颂之亚也"。负有"兴废继绝,润色鸿业"的重责。班固这一论述是不全面的,但对后世汉赋研究的影响产生极大影响,对此我另有文章说明,这里不重复。下面是我读《若水斋赋》后形成的对现代人写赋的一点拙见。

新时期以来,在经济发展的推动下,社会各方面都有了长足的进步，在继承传统、发扬国粹的呼吁声中，现代人创作的古代文体的作品不仅可以在报纸杂志发表，而且从地方到中央有相当数量的专门以发表现代人创作的古代文体作品的报刊，这在"文革"前是没有的。现代文学史，"文革"前叫新文学史，是把现代人创作的古代文体的作品，称之为"旧体诗词""文言小说"，而被排斥在现代文学史之外。现在，文学史家已有人认为现代人创作的古代文体作品是现代文学史研究的对象，而且有的中国现代文学史著作已有了这方面的论述。这是十分可喜的。与此同时，我们还应该看到无论是普通读者或是专家学者都对新时期以来创作的古代文体的作品的质量有着不少的批评，虽然见诸文字的不多，也应予以注意。研究汉赋，关心当代的赋的创作，我以为社会上这样的批评也适用于当代赋创作。我们应该知道，两汉四百多年并非都是丽日经天、阳光普照的气候，汉代四大赋家司马相如、扬雄、班固、张衡的赋也都有自己的特色，他们都写有著名的京都大赋，但他们所处的社会环境、写作的心态不同，因而这些赋作者所预想的和实际达到的社会效果也都不相同，他们还写有不少不同内容的赋，除了他们，两汉时代还有更多的赋家、更多的不同题材、不同风格的作品。我们的时代较之两汉时代更富于变化，跌宕起伏、气象万千，我们当代的赋家也要以自己的心态去感受生活，以不同的题材或以不同的视角去表现这些。不应该囿于班固所论，把我们赋都写成用于"润色鸿业""雍容揄扬"的歌颂体。当代的赋题材单一，"好大喜功"，风格又缺乏个性，几乎是"千赋一面"。我以为要提高赋的创作质量，这是第一要改善的。《若水斋赋》的作品在题材选择上比较广泛，作者不回避大的题材，如《花赋》《颜色赋》是泛论花和颜色，《雷赋》《台风赋》《洪水赋》写大自然现象。作者更不回避政治，《西沙赋》有明确的立场和态度，但不是政治宣言，是赋。而其余的作品的题材都来自作者的家乡，也是现在工作的地方。

其中有宏观的,如《(雷州)半岛赋》《湛江赋》,有微观的,以一物为题,如山稔花、红树林,中间还涵盖了地区形势、山川走向、交通要地、名胜古迹……对照汉人、今人写赋的情况,我对《若水斋赋》题材的分析,希望对当代赋家题材的选择上有一点启发。

三

我读《若水斋赋》,不仅感到其题材多样,并时有出新,在写法上,作者更突显"赋者,铺也,铺采摛文,体物写志"的要求,且更具体生动。《若水斋赋》有四篇生活气息、乡土风味特浓的作品,它们是《打铁赋》《待诏赋》《弹棉花》《补锅赋》,有三篇,从题目上,可以看出他们的描写对象,"待诏"则是人们对挑着担子走街串巷的剃头匠的称呼。四种行业现在已经或即将脱离我们的视野,但他们都曾是普通人们生活所必需的,它们出现在街头巷尾、田间禾场也给当时的平静的生活带来了生气和活力:"踏稀星,越岭翻山;踩明月,走村过乡。……大榕树下,摆开火炉烧旺;古祠堂旁,撑起帆布遮阳。看铁花飞溅,听锤声叮当",这是写铁匠出场的声势。"座上客,闭目养神;剃头匠,手温刀轻。嚓嚓嚓,刀奏催眠曲;嗖嗖嗖,剪弹甜梦香。掏耳朵,刮脸毛。舒舒服服兮鼻歪眼斜,甜甜蜜蜜兮嘴垂涎滴矣",这是写剃头匠服务的周到细致。"主顾多女性,围观数儿童。少妇寡言,老妪多语。叨叨唠唠,指指点点,心满意难足矣",这是写弹棉花主顾的不同表情和心态。在《补锅赋》末,作者写道:

嗟乎!凡文化之生发,皆出困苦之抗争,俱历岁月之漫长。留后人以创新,铸当时之辉煌。呜呼!越走越紧,现代之文明;渐行渐远,旧时之行当。今补锅技艺,见(按:原稿作"唾",有贬义,拟改)弃于城市,消失于村乡。然其勤劳俭朴之传统美德,不破不立指文化之内涵,乃天长地久,源远流长!

作者在对自己所选定的题材进行充分描写的同时(体物),也会在适当的时候表达自己的感慨(写志),上面所引的这一段是四篇中最长的,而且放在篇末,所谓"篇末致讽",显得更加郑重。这四篇作品,题材、体制、表现都很"赋"(具有赋的特点),但读起来又从各方面都感到新鲜。我以为值得喜欢赋创作的朋友借鉴。

两汉时代,人们有文体的自觉,他们把文、诗和赋区别得很清楚,但他们又没有唐、宋人写作诗词在平仄、对仗、一句的字数、一首作品的行数(长短)的那样的严格规定。因之我以为较之诗词,赋应该是更适合现代人来表现我们的时代,表达自己的心志的一种古典形式,应该有更好更多的作品出世。这是我的期盼和祝愿。

2012年10月25日上午10时45分　加国卡城简庐

(原载《湛江日报》,2012年10月30日)

赋描写角度的演化和长度的调控
——二读《若水斋赋》

2012年10月30日,《湛江日报》发表了我读邓碧泉先生赋作的评论文章——《初读〈若水斋赋〉》,随后又发表了与我商榷的文章,虽天各一方,相距万里,仍能通过报纸亲切交流,使我很受鼓舞。一年多来,在休养之余,我仍在作《全汉赋》的修补增订的事,读汉代作家写的赋,考察他们的写赋的经历和心路历程,使我对汉代文学在中国文学发展过程中地位和作用,有了一些新的认识。这些,我也许会在适当时候发表。在读汉赋的时候,我也会联想到当代人写作的古代文体作品的情形,特别是赋,也有一点粗浅的想法现写在下面,敬请碧泉先生、关心当代人写作古代文体的人士的批评。

一

"五四"运动的一个重要方面是提倡"我手写我口"的白话文运动,它作为"五四"运动的鲜明的标志,其积极作用是不容否定的,但由此造成的强大的社会舆论,乃至国家、政府行为,实际上中止了任何所谓"文言文"的流行和发展,以至于用文言文写成的古典的诗词曲赋和散文、小说、戏剧被排除在现代文学史研究范围之外。因此,从1919年以后的六十多年,中国没有出现过一个以所谓"文言文"写作而著名的作家、文学家(实际上有没有,我没有调查研究,我不敢断定。也许有,但因为不属于现代文学史的研究范围,也不能"入史",

更是很少公开出版发行，无法进入公众阅读范围）。新时期以来，如我在前一篇文章所说，情况有了一定的改变，但迄今为止仍没有一个以文言文写作而成名的作家、文学家。碧泉先生是用"文言文"写作的勤奋的作者，成果颇丰，但我想他成为作家协会会员，主要不是因为他的古典诗、词、赋的创作，而是他的文化、文学研究和批评的成就。而且就其身份来说，碧泉先生是一位地方领导干部，他的文学写作应该是在业余时间完成的，他并非是一位以文学写作为职业的专业作家。

这种情形，我以为是在当今文学艺术"百花园"中颇为冷清的一景。不管人们如何宣称古典文学是国粹，如何信誓旦旦地表示要继承、发扬我们的优秀的文化传统，而实际的情况并没有让从事这方面工作的人们感到切实的推动作用。前几年兴起的"国学热"，轰轰烈烈，气势如虹，我不能说一点好作用都没有，但我要说它所起的好作用没有给商家提供的商机大，一时之间种种高价、低质、装潢华丽、设计新奇的以"弘扬国学"为名头的商品涌进文化产品乃至生活用品市场，实在让人哭笑不得。这种情形，也让我联想到以赋的创作为代表的两汉文学的四百年间持续的发展和繁盛，它所反映当时的社会生活的深度和广度，以及它在行走过程所体现的全社会的关注。所有这些，也许对我们今天推进文艺事业的发展有一定的借鉴作用。班固不仅是汉代重要的赋作者，是汉赋发展的里程碑式的人物，他还是一位伟大的历史学家，他的《汉书》，也是中国史学发展中的一部里程碑式的著作。限于篇幅，他的赋和《汉书》在本文中无法论述，下面的话，引自他的《两都赋序》，也是人们所熟知的：

> 昔成、康没而颂声寝，王泽竭而诗不作。大汉初定，日不暇给。至于武、宣之时，乃崇礼官，考文章。内设金马、石渠之署，

外兴乐府、协律之事，以兴废继绝，润色鸿业。故言语侍从之臣，若司马相如、虞丘寿王、东方朔、枚皋、王褒、刘向之属，朝夕论思，日月献纳。而公卿大臣，御史大夫倪宽、太常孔臧、太中大夫董仲舒、宗正刘德、太子太傅萧望之等，时时间作。或以舒下情而通讽谕，或以宣上德而尽忠孝。雍容揄扬，著于后世，抑亦雅颂之亚也。

尽管后代人对于班固这一论述有不同的解读，现代人有的更对班固所持的立场有尖锐的批评，但这都不妨碍人们认为这段论述是史家的大手笔。在短短不到二百字的篇幅中，他写了汉赋的继往开来，写了汉赋初起的时代背景和盛况，也写了封建皇帝对赋写作的要求，给读者以深刻印象。如果我们再联系《西京杂记》的有关司马相如等人的记载，我们知道汉代的赋作者们不仅是皇帝宫廷内的"言语侍从之臣"，与公卿大臣有密切的交往，而且由于他们的赋有广泛的传播，因之他们在民间也有朋友，例如向司马相如"问以作赋"的牂柯名士盛览，应该是司马相如的民间朋友。也由于他们的赋广泛的传播，他们也会有许多追捧者（"粉丝"），以至于当时有一长安人名叫"庆虬之，亦善为赋，尝为《清思赋》，时人不之贵也。乃托以相如所作，遂大见重于世"。王国维说："凡一代有一代之文学。"以上的引述，我想表达的是"一代之文学必有其适合生长的环境"，也希望以此为参考，上下一心，各尽其力，为文艺事业的发展（自然也包括古代文体的写作）创造其适宜生长的环境。

二

《西京杂记》还记录了司马相如的创作经历和体会：

> 司马相如为《上林子虚赋》，意思萧散，不复与外事相关。控引天地，错综古今。忽然如睡，焕然而兴。几百日而后成。其友人盛览，字长通，牂牁名士，尝问以作赋，相如："合綦组以成文，列锦绣而为质，一经一纬，一宫一商，此赋之迹也。赋家之心，苞括宇宙，总览人物。斯乃得之于内，不可得而传。"览乃作《合组歌》《列锦赋》而退，终身不复敢言作赋之心矣。

现代作家不会有人被这样描述自己的创作经历，现代作家也不会这样表达自己的创作体会。联系《西京杂记》还记有司马相如与卓文君恋爱故事（有些细节，正史所不载），以及扬雄说"长卿赋不似从人间来，其神化所至也！"的评论，我觉得在当时人的眼中，司马相如简直就是一位神仙（不过他没有像东方朔那样，在民间被演化为神仙），用现代的语言来表述，司马相如是一位有浪漫性格、浪漫情怀的人，那么他写的赋呢？

刘勰在《文心雕龙·诠赋》中说："赋者，铺也，铺采摛文，体物写志也。"又说："遂客主以首引，极声貌以穷文，斯盖别诗之原始，命赋之厥初也。"后者虽然是评价宋玉的赋，但也体现了汉赋最具代表性的所谓"品物毕图""京殿苑猎"的汉大赋的特征。古今学者对于刘勰这些定义性的说明是认同的。表明他们认为赋，特别是汉赋的写实的特色。但同时，我相信他们也注意到刘勰强调"夸饰"手法在文学写作中的运用。刘勰在《文心雕龙·夸饰》中，既简要地叙述了夸饰手法历史发展，又具体地指出了夸饰手法运用的分寸。而在这一过程，他说："自宋玉、景差，夸饰始盛"后，紧接着就分别论及汉赋四大家对夸饰手法的运用：

> 相如凭风，诡滥愈甚，故上林之馆，奔星与宛虹入轩；从禽之盛，飞廉与鹞鹊俱获。及扬雄甘泉，酌其余波，语瑰奇，则假

珍于玉树,言峻极,则颠坠于鬼神。至东都之比目,西京之海若,验理则理无不(可)验,穷饰则饰犹未穷矣。

刘勰的论述说明了汉代作家有文体的自觉,用现代人的眼光来解读,他们是在前代作家成就的基础上,在描写对象和范围上有突破,并极尽想象和铺张之能事,以绚烂的文辞和匀整的组合,努力展现人们生活环境中各种事物的具体形态。这并不是现代文艺理论所说的"浪漫主义",但不影响这样的作品给当时的人们以惊喜,谓其赋乃"不似从人间来"的神品。因此我说这也是"浪漫"。对比当时如此兴盛的情况,后世同类文学写作虽然努力追踪,也难于达到。因这样的情况,所以王国维说过"一代有一代之文学"之后,又紧接着说"而后世莫能继焉者"。但我们翻检中国文学发展的历史,却又看到"唐诗"之后又有"宋诗"之目。骈文在六朝达到顶点,经过唐宋古文家的"扫荡",其情形似已难于为继,但跨越千载,它在清之乾嘉时代又出现了骈文的复兴。对于乾嘉时代的骈文复兴,有的学者对此描述情景是"风气大开,名家辈出,流派纷呈,佳作如林"。[1] 新时期以来,当代古代文体的写作队伍的发展很快,北京乃至许多地方都有专门刊发当代人创作的古代文学形式的作品的刊物(以下简称"专刊"),其数量很可观。也许当代人的古代文体的写作永远不会出现当年诗、赋、骈文创作繁盛时那么强力的"气场",但经过一段时光洗炼后,古代文学形式的当代创作也应当会出现如唐诗以后的宋诗、清乾嘉时骈文复兴那样的复兴。当然,这不可能速成,要一代甚至几代人的努力。当然,这也要后代人评说,我的预期,也是一种"浪漫"的善良愿望。

---

[1] 叶农、叶幼明著《中国骈文发展史论》,澳门文化艺术协会出版,2010年10月第1版,第163页。

三

我在上一篇小文曾经说过，较之诗词，赋应该更适合现代人来表现我们的时代，表达自己的心志，应该能有更多、更好的作品出现。当时未及细说，现再申说如下：

汉赋在形体和表现手法上对于前代的楚辞和纵横家的论辩说辞有较多的继承和发展，形成了所谓的"遂客主以首引，极声貌以穷文"的汉赋的基本格局，司马相如更在此基础上，"以'子虚'，虚言也，为楚称；'乌有先生'者，乌有此事也，为齐难；'亡是公'者，亡是人也，欲明天子之义，故虚借此三人为辞，以推天子诸侯之苑囿，其卒章归之于节俭，因以讽谏"（《史记·司马相如列传》）。用现代文艺学来说，这就是叙述角度的变化，它改变了主客问答中以作者为一方的叙述方式，人物出于虚构，这给作者写作以更多的灵活性，使之不受时间、空间和事件真实性的限制，可以根据作者的创作意图进行构思，展开叙述，这不仅扩展了作品的容纳能力，也使作品在纵横交错的叙述中，环环相扣，互相映衬，给读者以恢宏厚重的感觉。以现代文学家、作家的眼光看这一叙述角度的变化，实在是太简单了，但这就是司马相如在赋的写作上的开拓和贡献，是奠定了他汉赋大家地位的基石。

当代的古代文学形式的写作队伍广大，他们的绝大多数都有自己的专业或工作，但他们也热爱自己国家的传统文化，不同程度地受到了自己国家的古代文学艺术沾濡浸润，从而开始自己动手写作，多从诗词开始，也多从他们熟悉的形式（例如诗的七五绝、七五律）开始，自己娱乐自己。诗词写作在声韵、格律上虽然有严格的要求。但都比较具体，有章可循，容易把握。赋（不含骈文形成后，受其影响产生的骈赋）的写作并没有诗词写作那样声韵、格律的严格要求，但要写得像赋并不容易。能够写得像赋的人,我以为必须有较深厚的古代文化、文学修养,也必须有能够写作各体古代文学形式的能力和实践,因此,较之当代人写作的古典诗词作品,当代人写作的赋数量少很多。

但由于汉赋是随着汉王朝由初起到繁盛而形成的一种以赞颂为主的文体,在我国进入新时期以后,随着对内、对外的政策的改变,让人们有万物复苏、气象更新的感觉,喜欢古代诗词形式写作的人也想到了赋,于是每逢"过年过节"(有政治性的,如"七一""十一",也有传统的,如元旦、中秋),特别是"逢五逢十"(尤为看重"百年"),在各地的大小专刊上除了诗、词外,也会有几篇赋刊出,作者中还不时有文艺圈内的名人、学术界中的耆儒出现,让人们眼前一亮。近十年中更有《光明日报》出专栏,面向全国,征集《百城赋》,以及专门以发表今人写作的辞赋为主的刊物《中华辞赋》在北京正式出版发行,都具体显现了赋,作为古代文学的一种形式的深入人心和写作队伍的扩大。2011 年,碧泉先生在"写过近体诗,也填过唐宋词","亲炙了我国传统文学的精华"多年之后,"还是缘于猎奇的蛊惑"(《若水斋赋·自序》),他写起了赋,而且在一年之内,竟有六十篇作品问世。他是一位业余作者,想到他夜以继日、焚膏继晷的写作情形,不能不让人油然而生敬意。读过他的赋作之后,我觉得他的赋在题材的选择上没有走写重大政治题材的路线,在写法上也没有采用高调赞颂的笔法,表现的是作者在文艺创作上的个人兴趣和追求。虽不一定表现的是主旋律,但由衷地表达了他对自己家乡、工作地区的热爱和眷恋,情切切、意绵绵,很有感染力,也是爱祖国、爱人民的具体的表现。就我个人来说,我赞赏他的这种艺术创作的深入探究的精神。但我也愿意指出,碧泉先生同绝大多数的热爱古代文学形式的人们一样,都是业余写作,他们没有条件进入司马相如那样的写作状态,那样沥血精心的结撰自己的作品,他们写作的赋结构模式大都如汉人写赋一样,对写作的对象作客观的描摹以求真,再以第一人称进入发表观感,以表现作者对写作对象的态度。其结果是当代人写的赋,题材虽然不同,但其形制,其容量,大同小异,都多了,也会产生视觉的疲劳,削弱了对读者的吸引力。如上所说,赋不同于古典诗词的创作,声韵、格律并没有那么严格的要求,我希望当代人写赋能够从汉赋大家的写作中得到启发,把当代赋的写作水平提高一步。具体说来有两点:第一,司马相如以虚构人物写《子虚上林赋》,以现代文艺学来说,是一种文艺手法的简单变化,但它却给汉赋写作带来极大的变化。我希望当代人写赋也能借鉴这一点,以更灵活的角度去"体物写志",以虚拟人物去表现,不仅不会削弱作者意图的贯彻,而是从多角度、全方位来体现作者的用心。不仅如此,在不抛开赋的"体物写志"这一原则要求,我们也可以尝试运用更多的现代文学表现手法。第二,现代人写赋的长度上可以更灵活。《若水斋赋》有作品六十篇,其中四篇,不以赋名篇,实有赋五十六篇,它们每篇的字数在一千四百字到一千字之间,最长者不超过一千四百字,还有少数在千字以下。对照司马相如现仅存完整的六篇赋,其《子虚赋》约一千六百字,《上林赋》约三千四百字,如把它们看成一篇,则其字数为五千。其他四篇,依次为《大人赋》约九百六十字,《长门赋》八百字,《美人赋》六百四十字,《哀二世赋》约二百四十字。再看另一位汉赋大家张衡,他的《二京赋》,被称为"长篇之极轨",字数超出一万(《西京赋》《东京赋》字数分别为五千六百、五千二百)。而他的被史家称为赋风转变标志的《归田赋》,则仅有二百三十余字。汉代人写赋在长度上似有很大的灵活性。古今对照,我以为当代人赋的写作,在赋的长度上还可以作适当的调度。但这种调度不应以题材的大小来决定,而应以自己的创作构思和心情来决定。

我自己不曾有古代文学形式写作的实践,没有资格对当代人赋的写作说三道四,以上所论,或纸上谈兵,或无知妄说,冒昧唐突,在所难免,请碧泉先生、广大读者海涵。

2014年2月11日晚9时30分于加拿大卡尔加利

(原载《湛江日报》,2014年8月5日)

善于继承　更有创新
——三读《若水斋赋》

一

我与若水斋主人邓碧泉先生结缘，是在2011年11月，我应北大中文系1960级文学专业一个班同学之邀，去他们班上黎照同学的家乡——广东湛江，参加他们班同学的聚会上。黎照是出生在湛江地区最南端也是我国大陆最南端的县份——徐闻的农家子，五十年前依靠自己的努力，考进了北大中文系。毕业时被分到人民日报社工作，直到退休，是当地的名人。而邓先生时任中共湛江市委宣传部长，宣传、媒体，是他主管的部门。于公于私，他与黎照都会有一定的联系，是熟人。因此，他出现在我们到达当晚洗尘宴上，我们一行人没有感到见当地地方官员那样的拘束。又因事先黎照告诉我们，邓先生也是中文系出身，从政后仍不废笔耕，有多本诗词创作集和文学研究、文化建设理论著作的出版，事后邓先生又将他的理论著作和多本诗、词、赋创作集相赠，特别是他陪我们登上湛江湾中的特呈岛，在一块镌刻有他创作并由他亲自书写的《特呈岛赋》巨石前，听他朗声诵读这篇赋时，我好感动，似乎我有了"重游故地，又见故人"的感觉，这也使我想到古代文人的"以文会友"的风习，不觉技痒，于2011年年底，写了一篇小文，记这次湛江之游和读《特呈岛赋》的感受，发表在2012年1月14日的《湛江日报》上，这是我与邓先生订文字之交的开始。

二

2011年12月中旬，邓先生因事来京，经由黎照和我的学生马庆洲的联络，我们又见了一次面。见面时，我告诉他：我和老伴将在2012年1月底，去加拿大卡尔加里的两个女儿家住一段时间，主要是享受与家人团聚、含饴弄孙的乐趣，也想换个环境，调理调理我与老伴的身心。在这之余，我还会继续做我的《全汉赋》增订修补工作。我也把他写的《若水斋赋》带去，希望在《全汉赋》增订修补的同时，读读邓先生的这些赋作，古今对比，实现跨时代的穿越，希望能有一些心得，写出来，这样可以使我们的"文字之交"继续下去。在加拿大女儿家的生活，如前设想的那样，一切都还平稳、安详。仅就写作来说，《全汉赋》的增订修补工作进度不快，但进展顺利，且不时有一些新的认识。古今对比，读《若水斋赋》，也有了一些粗浅的体会，写成了《初读〈若水斋赋〉》《赋描写角度的演化和长度的调控——二读〈若水斋赋〉》两篇小义。前者，恰好马庆洲要去湛江开《诗经》国际学术研讨会，我发给他转给邓先生。邓先生看过，并推荐到《湛江日报》于2012年10月30日刊出。后一篇因为文末提到邓先生《长征百赋》告竣，他就把它附载于2014年10月出版的《长征百赋》一书中。

两次相会，我们的交谈都是在各项活动中进行，无法对邓先生的个人的生活经历做较系统的了解，这次在加拿大女儿家中细读他的《若水斋赋》，结合他那一篇《自序》，我对他的出身、经历、追求、兴趣，有了较具体的认识，这在前一篇小文中，我有较具体的描述，此不赘述，但它是我评论《若水斋赋》的基础和前提。作为一个长期从事中国古代文学教学和研究的人，我也为他在从政之余，坚持以诗、词、赋这些古典文学形式进行写作，所付出的辛劳和丰硕的成果，特别是他追本寻源，努力将赋，也包括诗词等古代文学形式的作品汇入"现代的文学长河"的用心和实践，表示衷心的感谢。

在这两篇小文中，我对照汉赋的发展和汉赋作家写作的情形，谈到了现代热衷于古代文学形式写作人群的生存状态，我也谈到了主流社会高调提倡传统文化，以及外来文化、娱乐方式的引进和商品流通、市场运作对之所产生正、负面影响。我的作品阅读的量有限，更由于我自2009年6月生病后，行动不便，不能有机会参加学术的、文学的活动，也不会使用电脑查阅相关文献，无法了解社会各个阶层的古典诗、词、赋作者具体写作情形，对界内外对这类作品的分析、评论和争论情形也是不甚了了。我的想法和认识是否是无的放矢、无病呻吟？没有把握。幸好我是《中华辞赋》创刊初始的第一批读者，后因去加拿大探亲，没能续订。虽知几年过后，我还能在我的书柜中找到了几期2008年至2010年《中华辞赋》。阅读过后，我心始安，觉得我的相关议论，还大体靠谱。例如，《中华辞赋》2008年第5期刊登的姚平先生《辞赋讲座提纲》，作者在文中说："改革开放后，韵文开始复兴，据说写诗的已超百万，填词的不下五十万，作曲的将近十万，唯独写赋的全国不到五百人，有断代的危险。"这正好为我在小文中描述新时期的相关情景提供了数量的例证，十分有说服力。但我要补充的是：五百对于百万、数十万来说，确实是很少的，但我们要知道，这五百人都是从作诗、填词、作曲中走过来的，而那百万、数十万人中也会不断有人在朝写赋的方向走来。断代之忧似乎可以打消，可以转而为催生大诗人、大词人、大赋家的出现，贡献我们的力量。再如《中华辞赋》2010年第5期刊登的王志清先生《当下辞赋之"三忧"》，有事实，有论证，很有说服力，读后很受启发。"三忧"

中的"二忧",我以为最有警示作用:"辞赋繁荣,是因为辞赋写手的蜂拥而起。这些辞赋作者,大致可分为三类群体,一是作家教授,二是政府官员,三是网络写手。无论是哪一种赋家,都存在粗制滥造的现象,都很难见到力作佳品。"我以为这主要是针对前两类群体而言的,他们在做人上有廉洁自律的问题,在写作上也是如此,要清醒知道自己写作能力和水平,更不可在别人的"忽悠"下而忘乎所以,让自己的令名受损。政府官员更要警惕"雅贿"。至于第三类群体,论文作者指出他们是"草根"赋家,对他们爱护有加,既高度评价他们积极的写作态度,"推动了网络辞赋运动",又心平气和地指出"他们的赋作水准参差不齐,鱼龙混杂,优劣不辨,不少无艺术可言,无情感可感,无思想可观,仅有辞赋之形体而已,成为光有'赋'形的枯槁文字"。这些议论使我开阔了视野,更因为我的一些议论与现在仍在辞赋写作和研究前沿的学者、大家的宏论巨制有某些契合,而感受到鼓舞,觉得与邓先生的"文字之交"又有了扩展的空间。这是我与老伴自2014年7月从加拿大回到北京一年多来,除《全汉赋》增补修订的进展外,又一收获。

三

我记得二十世纪二三十年代,在文艺界,关于"文学革命"有一个"旧瓶装新酒"的讨论,五十年代在戏曲界,梅兰芳提出了"移步不换形"的戏剧改革的思路,也引起了很大的争论,梅先生因为有人认为他的提法是反对戏剧改革,而承受了不小的精神压力。过去我们会把这两次论争的两端,归结为形式与内容,认为形式可以不变,需要改变的是内容。这实在太简单了。我想现代人写作诗、词、曲、赋也会遇到"旧瓶装新酒""移步换形"的问题，尤其是赋。因为诗、词、曲的形制已形成固定的规格（例如押韵、平仄、字数）和体制（例如诗有古风、绝句、律诗；词有词牌、曲有曲牌），它们的形式是可以认定的。而赋不同，它不是诗（有韵），也不是文（无韵），但赋中有诗又有文的成分。但在其发展不同阶段，以及每个人写作诗、文的比例及位置并没有统一的规定，但写赋的人、评赋的人由于经验的积累，心中都有自己的标准，并不仅是看文章的标题是否有"赋"字。梅兰芳先生提出的"移步不换形"的"形"，即京戏的程式化的表演动作，他说的"移步不换形"，就是不管时代的变化、戏目的不同，程式化的表演形式是不能撤换的。但戏曲界还有一个词叫"拿捏"（似乎是借用中医术语），用来说明大艺术家在运用程式化的表演形式时，会根据剧情不同、人物的心理状态不同乃至自己演出过程突发的灵感，在不同的剧目演出过程中也会有不同的变化，从而引起观众的共鸣，剧场上会突然爆发热烈叫好声。这就是"拿捏"的作用。人们的诗、词的写作，中规中矩，当然会得到肯定。但有的作者也会对规定的要求有所突破，也会因为"拿捏"的好，得到肯定。赋没有严格的规则，因此作者在写作过程的"拿捏"的功夫就十分重要，评赋的人也应有发现赋作中"拿捏"的所在的认识和能力。古代人写赋和评赋的人没有这样的认识，而这一点认识对现代人，无论是写赋的或是评赋的，却是重要的。因为这不仅是确定作品是否是赋，进而确定是否是好赋的标志。我想这也是现代人认为写赋、评赋比写诗、词，评诗、词难得多的原因。

以这一点认识来检查我对邓先生赋所作评论，实在是很粗浅的，还有待深入。回北京一年多来，又陆续收到他的《长征百赋》和《百村赋》《硇洲岛赋》《特侣塘赋》《油河赋》《补埕钵赋》《呼伦贝尔赋》

《抗战腾冲赋》等二十五篇赋作。前者是以赋的形式表现作者对长征这一历史重大事件的认识,是一篇大制作。作者为此作了大量的案头工作,查阅了大量的文献资料,并利用各种机会,以文学家、史学家、旅行家的身份对长征所经过的地方进行了实地考察。《长征百赋》各篇虽各自独立,但其篇目的设立乃至排列的次序,都不是随意的。这是我阅读了《长征百赋》的大部分后,所得到的初步印象,对其中的若干作品也有一些感想。但我今年8月以来,身体屡有不适,连续两次住院抢救,已不能再将《长征百赋》余下部分读完,更无法查看相关文献,因而不能形成完整认识,作较为全面表达,辜负了邓先生对我的信任和期望。但我期望能有专家、学者对《长征百赋》予以重视,予以评论,将研究成果与作者和读者分享。后二十五篇中的大部分,作者仍延续以前赋作的思路,以写自己的家乡也是自己工作的地方的风物为主,但题材、体制都有所扩展,如《百村赋》是一篇近五千字的长赋,作者将分布于湛江地区四百多个村庄通过梳理,分门别类收入赋中,并对它们的特点作了精要、鲜活的点评。如果不是自己亲力亲为,作反复实地查勘,是无法写出来的。这不仅表现了作者对故乡、故土的热爱,也表现了一位地方官员对自己服务地区的了解的深入和细致。《民主园林赋》是碧泉先生任湛江市政协主席后的作品。他介绍说,当市领导决定新建市政协办公楼后,是他主动要求参与选址、设计,并向社会各阶层筹款的。后来参观了他所选定的地址——定名为民主园林,现在再读这篇赋,让我感到古典和现代在赋中有很好的融合,有继承,也有创新。让我感到这位作者——一位地方党政官员身上的"文人气""书生气"。作为一位业余作者,碧泉先生在赋的写作上的追求,是令人钦佩的。以他个人的人文学修养和多样的人生阅历,相信他会有更多、更好的赋作问世。

在我大病之后，两个女儿要我和老伴再去加拿大她们家里休养，出发时间定在今年年底。身体虚弱，临行在即，难于深入思考和认真写作，深感抱歉！我愿带上碧泉这些新作，在那里悉心阅读，如有心得，将这"文字之交"再续写下去。

2015年10月26日午后5时草竟于京西畅春园寓所

我眼中的外部世界

亲历牛仔节

—— 加拿大纪游之一

自我受聘到广西大学梧州分校工作以来,已连续三年,在夏天去看望我在加拿大生活的两个女儿。而每次去,我都会参加一些节日的活动,感受一下不同国度的节日气氛。前两次,我住在埃德蒙顿——加拿大艾伯塔省会大女儿的家里,我有机会参观了省、市政府每年举办的7月1日国庆日活动,以及这个城市每年都要举办的多元文化节和杂技小丑节。由于大女婿工作变动,去年底大女儿全家移居到小女儿夫妇工作的卡尔加里,这是加拿大艾伯塔省的石油工业和经贸中心,它与我国著名的石油生产地——大庆结为友好城市,这次我参观的是这个城市每年都要举办的为期十天的牛仔节。这是北美最著名的牛仔节,每年都吸引美国、欧洲众多的游客。

7月8日是牛仔节的第一天,按照牛仔节的惯例,以在城市中心繁荣街道上举办盛大的花车游行作为开幕式。

早上7点多,我女儿驾车送我到城市轻轨车站,我要乘坐它去城中心。考虑到要有好多人参加此项活动,市政当局早已发出号召,要求市民这一天尽可能利用公共交通设施而不要开私家车。一到轻轨车车站,我就感受到了节日的气氛。往日乘坐公共汽车的人们很少,在不是上下班的时间,有时甚至可以用冷清来形容,一辆公共汽车里会只有两三名乘客;城市轻轨也是如此,由于乘车的人少,且有的人是持有月票或车票的,所以车站上自动售票机很少有人使用,可是今天不同了，车站上的几部自动售票机前都排起了长队，还临时增设了几处人工流动售票处。看到车站内外人头攒动的情景，真的使我联想起早年在家乡逛庙会和到北京后春节逛厂甸的情景。车里挤满了乘客，不仅座无虚席，而且过道上也站满了人。今天乘车的人们，无论男女，无论老人、小孩，个个喜气洋洋，人人盛装打扮。我说的盛装，不是指欧美人在正式场合穿着的礼服、礼帽，也不像我们中国人过年穿新衣、戴新帽，而是每个人都尽可能把自己打扮成昔日的牛仔模样。牛仔裤、花衬衫、皮坎肩、宽边高顶的牛仔帽，尖头厚重的靴子，每个人的衣着中至少有一件，而且大部分是旧的，有的甚至可能是从箱子底翻出来保存多年的老古董，站在我前边的两位漂亮的女士，她们戴的牛仔帽就有严重的油污和烟熏的痕迹。人们似乎希望借此让自己联想起自己的先人往昔粗犷豪迈的生活和不畏险难、勇于开拓的精神。

8点刚过，车行到市中心，人们纷纷下车。纵横交错的街道上也到处都有扶老携幼或少男少女三五结伴而行的人群，他们的脸上写满了兴奋，相互大声招呼着、涌向花车游行的街道，而花车游行的街道两旁早已挤满了观看花车游行的人们，他们有的坐在商家或机关团体临时搭建在街道上的露天看台上，更多的是坐在自家带来的折叠椅或直接铺在街道上的塑料布加毛毯上，从他们厚重的穿着上看，可以知道为了占据好的位置，他们是不顾天气凉，很早就来到现场的。

9点整，在万众瞩目下，花车游行开始了。走在游行队伍前边的是卡尔加里牛仔会的乐队，他们穿着上红下白的牛仔装，头戴白色牛仔帽，很是醒目。在这支极具特色的乐队的引导下，各行各业、160个各种团体的花车依次登场。每个花车尽可能体现出自己的特色，而在两个花车之间，或有穿着整齐而各具特色的乐队、表演队在行进中演奏和表演，或有穿着不同时代的服装的人们或骑着高头大马，或坐着各种马车，在行进中不断地向观看游行的人们招手致意。加上不管是街道两旁的观众，或是行进中的表演者不断用"Ya-Hoo"的尖叫声相互应和着，整个的街道犹如欢乐的河流，一潮高过一潮涌动着。我还看到一个人背着一个特制的背桶与他手中拿着的家用喷洒防晒霜、美容霜的喷头相连，不断地将背桶中的防晒霜挤在观众的手上，让他们涂抹在自己的脸上和手臂上，这样的服务，是多么的温馨而且有感人效果。游行队伍还充分体现了加拿大国家所提倡的多元文化的特色，除了有原住民参加外，还有早年从英法等国移居来的，也有近几年日渐增多的来自亚洲、东欧、南美的移民，华人有多个团体参加，其中卡尔加里中华协会以"金鸡报喜"为名的车队，荣获牛仔节组织委员会颁发的民族特色奖的亚军。游行行程4～5公里，历时两小时，于11点结束。

以后几天的牛仔竞技活动在市中心东南的一个大型游艺场内举行，这里有专门为竞技比赛建造的体育馆。竞技项目主要有带马鞍骑马、无马鞍骑马、骑野牛、套捆小牛、追扳小牛、团体套绳以及专门为牛仔女郎设立的速度赛马。所有的竞技项目和技巧都来自当年牛仔的日常生活，与他们生产劳动紧密相关，如套捆小牛，是给牲口治病或打烙印时必要的技能。女子速度赛马，要求她们以最快速度沿着规定的线路绕行，并确保在绕行三个大木桶时不把它们碰倒，能以最短时间完成者就是冠军，这也是训练骑马技能所必要的。时代变了，所有这些技巧，变成了有专门爱好者和观众的竞技项目，从而向人们展示了拓荒时代牛仔粗野奔放、勇敢无畏的精神。也正因为这样，我们在国内也可能在电视中看到这类竞技项目比赛的精彩场面，所以我也不必花费笔墨在这里介绍它们的惊险和刺激了。但我愿意谈谈我参加活动的另一方面的体会，这就是轻松和和谐。

牛仔节各项活动采用的是市场程序运作，因而观看各种比赛都需要价格不菲的门票。活动的组织者也许会出于吸引更多的观众、扩大影响等方面的考虑，在整个牛仔节期间规定了若干个时间专门向某些人免费开放，而且每天都有不同的商家在特定地点提供免费早餐。在一份中文的牛仔节活动指南这样写着：

家庭日：7月10日（星期日），早上7时至9时免费入园，并有免费早餐，免费露台演出等；

西部传统日：7月12日（星期二）65岁以上的人士不但可以免费进园，免费观看部分牛仔竞技表演，还可以免费品尝咖啡、甜面包圈等；

儿童日：7月13日（星期三），12岁以下儿童及陪同者可以在7时至9时免费入园，另外可以拿到免费气球，品尝免费早餐。

由于过去在国内也参加过这类大型活动，所以在我的想象中这样的活动秩序一定很混乱，在免费发散食品、纪念品的地方一定会拥挤不堪，而这一次我的观感完全不同。我是在"家庭日"这一天，由女儿陪同进园参观的。轻轨车站和车席里有着比开幕式那天更多的人，下车站口和牛仔节活动场地入口紧挨着，因为有着明显的指引牌，人们可以循次前进，所以人虽多而不显拥挤。活动场地内，人们可以选择不同项目参加，因而也没有出现有些大型集会那种摩肩接踵、人声鼎沸的情形。我和女儿在体育馆内观看了一场女子速度赛马后，走到了免费发放早餐的地方。这是一个露天体育场的入口处——后来知道这个体育场是一人驾四马拉车比赛速度的场地，在入场处前的空地上，一字排开有近十个供应早餐的摊位，每个摊位前都排着长长的领餐的人们。早餐一律供应现场烤制的牛肉夹饼。每个摊位都有好几位制作人员，他们都身着牛仔服，头戴牛仔帽，不同的是他们还系着厨师的围裙，不少的是老者，也有一些中年妇女，从他们的工作情况看，应该不是专业厨工，而是义务工作者。他们有的调制面粉糊，有的把面糊放在特制模具中烤熟，有的在烤已经预制好的牛肉饼。用餐的人们先在另一处领取餐具后，就可以依次在摊位前领取两片面饼、一个牛肉饼，夹好后再在另一处请工作人员浇上一些加拿大特有的枫叶糖浆、领一罐饮料，就可以走到露天看台上，找一个座位坐下，一边用早餐，一边听正在临时搭建的舞台上歌星们的劲歌演唱。那些早餐的制作者和发放者，每个人都兴致勃勃，他们不断地热情地向早餐领取者打招呼，如果你觉得烤得不够熟，可以请他们再烤一会儿；你觉得一份不够吃，可以再领一份；你觉得枫叶糖浆浇得不够多，可以请多浇一点，他们不会有任何不耐烦。他们不以施舍者自居，相反从他们愉快的笑容中传达出的是他们的欢迎和感谢。正因为如此，领取早餐的人尽管排成很长很长的队伍，人们也会有秩序、耐心地等待着，偶尔有人找不到队尾，插入队伍中，也不会被人大声呵斥，让他走起，有人表示拒绝也只是摇摇头，或以目示意，让他们到后边去排队。当我走上露天看台坐下来吃早餐时，我没有观看体育比赛时的紧张心情，而有的是漫步花山歌海后的放松和愉悦。

  走出活动场地，一座表现牛仔精神的塑像吸引了我的注意，一些身着统一服装的女孩在向人们散发广告，我的女儿请其中一个女孩和我站在这座塑像前拍一张照片，她热情地接受了，自然亲切地站在我的身边。女儿的心意是让我把在这次牛仔节中获得的好心情留在这张照片上，但我要说是：这并不是结束，明年我会再来。

（原载《梧州日报》2006年4月25日—5月8日）

外孙女的毕业鉴定
—— 加拿大纪游之二

去年 7 月,我的外孙女简妮小学毕业了,她刚上一年级的情形,我还记忆犹新,仿佛就是昨天的事情。那是 1999 年夏天,老伴和我第一次到加拿大探亲。因为我们来了,她可以不去幼儿园了。白天,女婿、女儿上班,我们外出散步、上街购物,她是我们的小导游、小翻译,整天都快快乐乐地过日子。9 月初,她上学了。每天早上,老伴和我接送她上学。那时,她像放飞的小鸟,快乐极了,蹦蹦跳跳,有时用脚踢开路上的石子,有时用手去拾树上掉下的树叶……几年过去,她的身高已超过姥姥了,亭亭玉立,她已是一个大女孩了。

去年 7 月末,学校举行了毕业典礼。一天,女儿下班回来,剪开一封来信,告诉我们这是简妮的成绩单和毕业鉴定。我很想知道在老师的印象中,简妮是一个什么样的孩子,于是就让女儿将鉴定译成汉语,全文如下:

简妮是一个快乐,受人喜爱,性格敏感,并关心他人的学生。我非常欣赏她乐观的态度和善于和他人搞好关系的能力。

简妮能很老练地应付其所应负的责任。她能够独立地计划好时间,并很好地利用时间,她能够意识到自己的责任并对自己的行为负责。

简妮在数学方面的能力和理解高于其所在的年级的水平。她在数学运用及运算方面都成绩良好。

简妮在自然科学和社会科学方面的表现很好。她的观察认真，并能细致准确地描述她的观察。她的笔记是很出色的。

　　她有领袖的才能，但并不爱出风头。在同辈中，她能够通过语言交流达到自己的目的。

　　在课堂上，简妮永远举止得体，彬彬有礼。我知道我可以指望她时时处处都会尽力而为。她是个有着出色的态度和强烈的价值观的优秀女孩，在人群中她是很独特的孩子。

　　至今为止，简妮在所有的学科上都达到或超过该年级所期待的水平。我欣喜地看着她自由地融入这个班级。简妮有很好的领袖潜能，我希望看到她在这方面有所发挥。

　　我相信简妮会在她选择的任何事业的道路上大获成功。我会想念你那简妮式的灿烂笑脸和得体的举止。

凯伦·高洁

　　好话人人爱听，特别是关于自己孩子的好话。这位老师或许出于这样的心情，用了一些较为夸张的词语。尽管如此，我仍然认为这一鉴定评语是个性化的、人性化的。它尽可能的作客观的描述，而没有很多的价值判断以及我国老师在这种场合中常常会过多使用的政治用语。

　　从这个鉴定评语，使我联想到几年来我在简妮成长过程中，所体察到的由于国情不同，两国教育理念和做法的差异，以及它在孩子身上的不同效应。

　　我首先感到的是，这里的孩子在学校学习几乎没有什么约束和负担，说得夸张一点，他们似乎把学习当成玩儿。每个教学班的人数不超过三十人，一年级的教室桌椅并不是整齐成行的摆放，而仍然如同幼儿园活动室那样的摆法，学生并不都面向老师、黑板而坐，座位似乎也不固定，今天可以坐这里，明天又可以换到别处。在教室距离黑板较远的一角的桌子上下也堆放着一些玩具。孩子一放学，我也会像国内的一些家长那样，就问有作业没有？接下来应该是催促孩子尽快完成作业，然后再玩儿。可是对简妮来说，似乎永远没有作业，她回来后就把书包放在一边，不用理它了。平时如此，原来我指望近两个月的暑假里，老师会留些作业给学生。但放暑假时，我们问简妮暑假里老师留没留作业，她回答是"没有"。整个暑假里，她真的做到了精神放松。到了四五年级，放学后，她有时也会做一点功课，但都会很快完成，没有像国内的小学生那样每每当天的作业要做到夜里很晚才能完成。这次我们来，正是她小学最后一个学期，但她的学习仍旧按部就班地进行，没有一点紧张之感，即使是毕业考试的时候。

只是有一天，她放学回来，向我们宣布：老师告诉他们，明天要有一个大大的考试，我们问她，老师要你怎么做？她说：老师说要打打篮球或排球，晚饭要吃好的，要早一点睡觉。说完，她真的从地下室找出篮球，对着自家车库前设置的篮球框架认真地做投篮运动。简妮的汉语表达有时不能很准确，晚上女儿回来说，小学毕业，有些课程要全省统考，明天是其中的一次，这就是简妮说的"大大的考试"。

简妮说，老师对她的要求，只是要学生精神放松，休息好。简妮就这样完成了小学的课程。

连续几年，加拿大都被国际有关组织评为最适合人类居住的国家之一，从孩子的身上也可以看出这里也是孩子成长的一片沃土。"他山之石，可以攻玉"，也许这里的教育有值得我们学习的地方，让我们的孩子也能在自己的国土上快活地、健康地成长。

（原载《梧州日报》，2006年5月16日、19日）

四游班芙

—— 加拿大纪游之三

1999年夏天,我和老伴第一次到加拿大探亲,从北京出发,飞行十多个小时,横跨太平洋,由温哥华入境。再由此转飞机,飞行一个多小时,才能到达女儿住的城市——埃德蒙顿。休息了一段时间后,女儿、女婿要带我们去游览坐落在落基山脉东麓的两个国家公园——贾斯珀和班芙。在一个长周末(有连续三天的休息)的早晨,全家五口——女婿、女儿、外孙女、老伴和我驾车出游了。车在高速公路风驰电掣行驶,在风景名胜景点,我们会下车驻足观看,夜里则在指定的地区,在自己搭建的帐篷里休息,三天两夜,车行近一千五百公里,走马观花地游览了两个国家公园,它们的雪山、湖水、原始森林,使我大饱眼福,大开眼界。我以为自然的湖光山色是加拿大最重要的旅游资源,对于长期生活在城市中的人来说,再也没有什么地方比这里更能让你身心得到舒展和养护,从而可以在结束游览后更加精力饱满地投入工作。也因为如此,此后我们每次到加拿大,都会或长或短,以班芙为中心进行游览,因而有了文章的这个题目。

流金溢彩的班芙小镇

班芙,原是横贯加拿大东西铁路线上的一个小站,再由它而形成现在的小镇,你可以想象它最初的荒凉和寂寞。而现在,因为以它的名字命名的国家公园是加拿大第一个国家公园，使它远近闻名。经过多年的经营，小镇的风貌依旧，但它越来越典雅精致，好像一件放大了的艺术雕塑，每次经过这里，我都忍不住要停下来，细细地观赏它。

班芙作为一个现代化的城镇，作为著名风景旅游区的枢纽，无疑具有现代城市所具备的一切设施和功能，但它没有现代城市那些栉比鳞次、高大闪光的建筑物，也没有大城市那种喧闹浮躁的气氛。在班芙，不管是落日镕金的黄昏，还是晴空万里的白昼，街道上总是游客如云，但人们都是依次而行，横过马路，一定会耐心等待绿灯的出现，车辆行经的街道并不宽阔，各式各样的汽车夹在供游人乘坐的马车中间低速行驶，不会有车强行超越，也不会按车上的喇叭以发泄不满。正是因为这样，你置身其中，不会让你有拥挤杂乱的印象。街道两旁的商店、餐馆、各具特色，橱窗洁净明亮，陈列的商品、食品样本总是那样精致、鲜活、引人注意，激起游客们购买欲。但它不像我们国内某些旅游城市中一些商店那样，门前摆放着组合音响，用高音喇叭不断播放着时尚的乐曲，售货员们或大声推销自己的商品，或用肢体"热情"邀请游客入店选购。在这里，游客们可以自由地出入商店、餐馆，不管你是否在这里消费，服务人员永远会用亲切的微笑将你迎接，不会让你有任何不自在的感觉。我每次去山中游览，都会到班芙小镇来，或在街道上漫步，或进商店浏览、观赏丰富多彩的商品。不管经过山中的跋涉，我是多么疲劳，但它的绚烂多彩，它的明净亮丽，它的温馨亲切，犹如春风吹拂，朝阳照耀，让我一身轻松，意满心闲。

永远蓝色的路易斯湖

班芙作为加拿大第一个国家公园，经过多年的开发，它有着多处景点，有着配套齐全的各种旅游项目和设施，除了天然的湖光山色外，诸如多种长度和多种坡度的散步道、登山缆车、骑马、攀岩、湖中大型的游览观光船以及机动和非机动的游艇、垂钓船，应有尽有，游客可以根据自己的不同情况做多种选择，以尽游兴。路上有各种指引标牌，图文并茂，游客按图上指引去行动，也不会出现迷失方向的问题。几次进山，不少旅游项目，诸如乘缆车、骑马，我都尝试过，但作为老人，我更喜欢沿着山间湖边的道路散步，细细地品味这里的水光山色，尤其是在路易斯湖边。

在群山怀抱中的路易斯湖是由这山上冰雪融化流下后形成的，冰雪移动过程会切削山上的岩石使之变成粉末，再由融化的冰雪把这些粉末带进湖中，使湖永远是碧蓝碧蓝的。湖边有各种服务设施，还有一个豪华的酒店，游客可以把自己的车停放在这里的停车场，开始步行游览。迎面而来的是宽阔的湖面，两侧都有散步道，供游客散步，而其中的一侧还有一个码头，出租小船供游客使用。在岸边向湖边望去，两侧山坡上是稠密的原始森林，绿绿的一片。正对着游客的前方是一座平缓的雪山，白白的积雪，裸露的灰褐色的岩石，它被长满原始林木的山坡斜遮着，形成一个倒立三角形，再后面则衬着无际的蓝天，空旷、开阔而层次分明，人们对它无不叫绝，驻足良久而不忍离去。于是它成为班芙的典型形象而不断在各种旅游刊物和文章中出现。

温暖的篝火

班芙国家公园很广大，一天是没有办法游览完的。因此这里也有各种层级的设备完善的酒店供游客住宿，但我最欢喜的是，在这里用自带的帐篷过夜。

公园管理部门在公园内设有多处可以让游客搭建帐篷的场地，除了有很好的公共洗浴设备和厕所外，场内划分若干个有一定距离的大小不等的单位，供人租用，单位之间既可以相互照应，又可以互不干扰。一个单位内，可以停车、搭建两个帐篷，还有一个可以点燃篝火的设备，而使用的木柴，可以免费领取。这里地处北纬50度以北，夏天早晨天亮得很早，晚上九点后还没有天黑，人们可以充分享用阳光，领略大自然风光。一家人带着帐篷来旅游，可以在到达后，先租好场地，搭建好帐篷，停好自家车，就可以轻装简从地去爬山、去划船、去散步，尽兴地玩。晚上归来，点上篝火，全家人围在篝火边，边做边吃，可以烧烤，可以煮炖，有荤有素，老幼咸宜。可以喝酒、可以饮茶，谈笑唱歌，其乐融融。夜深了，钻进帐篷里，睡在鸭绒袋内，可以闻到花草的香味，可以听到起伏的松涛声，舒适静谧，会让你身心放松、很快进入香甜的梦乡。

少年时代，我读武侠小说，曾有约三五好友深山游仙学道的梦想。长大了，读古代诗词，也希望能像古人那样，访问名山，三五亲朋好友，围坐松下涧上作竟夜清谈；或如闲云野鹤，徜徉于溪畔月下，独自与自然对话。随着时代的前进，少年时代的梦想破灭了，而中年以后，我也确有机会或伴亲人，或同师友，访问过不少祖国的风景名胜之地，但多是住在舒适的宾馆中，出游时有豪华旅游车接送，总不如在这里可以这样亲近大自然，享受大自然，因此，每次野营结束，我都有依依惜别的眷恋之情。我曾和女儿们说过，我希望有机会，让他们用车子把我送到山中，搭好帐篷，准备必要的食物，我自己好好地在山里住几天，一偿平生之心愿。

这里既然以雪山闻名，人们在这里便可亲自登上雪山，在炎炎的夏日去近距离观赏雪景。我去参观过，在惊叹大自然奇观的同时，我更注意到沿途从下至上有好多个标牌，它们标注的是历年的"雪线"

（积雪区的下界），它告诉我们这里的雪线逐年在增高，距离山顶越来越近，积雪的区域越来越小。这是大自然发出的警示，越来越热的旅游潮造成对大自然均衡的破坏。据这里的新闻报道，最迟今年年底，中加两国将签署协议，承认互为旅游目的地国家，这样中国人将可以自由地去加拿大旅游了。

（原载《梧州日报》，2006年6月8日、13日）

今年我经历了三个不同的春天

一

今年的三、四、五月，我在三个地方度过了春天，各有不同的感受。先说在梧州。

自从 2002 年受聘到广西大学梧州分校工作后，我和老伴已是连续五年在梧州过春节了。虽然没有和自己的女儿在一起，但有学校领导、同事的关心和照顾，加上梧州地处北回归线旁，冬天里气候温润宜人，在这里过春节倒也有另一番情趣，我们不仅习惯了，而且也真的喜欢了。可是今年有点儿不同，先是过了 2007 年元旦不久，老伴眩晕病发作，虽经梧州红十字会医院李国辉医生的细心诊治，眩晕终于制止了，但近一个月治疗时间里，为了稀释血液和扩张血管，每天我要陪着老伴去医院打点滴，看着治疗室川流不息的病人，看着药瓶中的药液一点一点地经过针管输入老伴的血管里，不安、焦急、期待，一股脑儿涌上心头。薄暮中结束治疗后，我们走出医院，看到大街上人来车往的热闹景象，我们的内心没有一般人那种结束了一天工作的愉悦，而有了一丝儿苍凉和孤单。后来，春节过后有几天阴雨，气温似乎比往年低。学校开学了，我竟在课堂上经不住凉风的吹拂，腰椎间盘疼痛发了，只好卧床休息，以至于耽误了一堂课。这在我近五十年的教书生涯的记忆中是仅有的一次，心中的懊恼是不言而喻的。就这样，从新年后不久到新学期开学的六十多天里，中间还有春节和元宵节，我们竟一次也没有去白云山了。而过去我们会每星期去一两次，沿着它平缓宽敞的山路走上去，或至半山亭而折返，或一直走到山顶观景平台，散步散心，健身健体，是我们在梧州喜欢的活动之一。不仅如此，每年三、四月间杜鹃花开时节，我们还会在白云山上观赏到梧州令我们感动的春天，而这一天我们也会有沉浸在盛大的节日里的欢悦的心情。今年白云山上的春天又是怎样呢？因为有了新年以来的遭际，我更对它充满了期待。

3月20日，中文系的同事莫敏、王珍、冯华、秦凌燕、田咏锦、唐洁璠、李泽需、梁复明、周云中同我和老伴在冰泉豆浆馆吃了早餐，走上了白云山的山路，天空晴朗，空气温润，我的心情一下子愉快起来了。梁复明老师怕我腰痛加重，开了他的车把我直接送到山顶观景平台。这虽使我不能与同事们分享沿路观赏风光的喜悦，却使我先一步看到盛开的杜鹃花的姿容。白云山的杜鹃花主要分布在观景平台的四周，在平台的两侧的山崖上各有一处盛开着的杜鹃花，它层层叠叠、错落有致、连绵不断，仰首望去，如同彩色的瀑布奔腾泻下，坠落在人们的眼前。特别是虎咆亭旁的那一处，从稍远的地方望去，它犹如北方高第大宅正门内的影壁，人们站在它的面前，也如同在高第大宅院内观看影壁，它永远是主人看不厌、参不透的风景。从观景平台走下猴趣园，在沿着猴趣园四周和通向云龙花园蜿蜒曲折的小径两旁被一簇簇、一丛丛盛开的杜鹃花装点着。站在高处向下望去，小径上人头攒动，像潺潺流动的溪水，时断时续地被花丛所淹没。如果一位画家于此处取景画成一幅画，我愿意为它取名为"画中游"，但希望它所表达的不是游人观花的情景，而是此时此刻我观游人观花的心情。杜鹃花的花色以淡红为主，也有少量深红和白色的，而且是单片的，它不如玫瑰、牡丹的浓艳，也不是桃花、李花的白素。如果用一个词来形容杜鹃花，我想到的是"灿烂"，因为它让人联想到无伴奏童声大合唱的歌声，清纯美少女面颊上绽放的笑容……正在联想中，老伴和同事们沿着山路走来了，当他们发现各处如此美妙的景色，不时地发出惊喜的感叹声，或驻足仔细品味，或互相交流观感，大家在接受大自然洗礼中，身心受到荡涤，而显得意气风发，神采飞扬。老伴更是不失时机地将这一切，收入她的照相机内，让这一个个美好的瞬间变为永恒。难忘白云山灿烂的杜鹃花，难忘梧州温润的春天。

二

3月26日午后一点，我和老伴离开梧州学院。学校领导唐林副院长、中文系的老师、同学几十人在我们住处的桃花岛畔为我们送行，因为他们知道这次我们回北京，是要去加拿大看望女儿，不会很快回来。距离观赏白云山杜鹃花还仅仅是几天，此时此刻，我已感受到梧州初夏气候的湿热，也更感受到这送别声中所体现的真挚的热情。当晚六点多，到达广州，入住中山大学招待所，并与老同学黄修己、陈丽芳夫妇在广州酒家共进晚餐，参加的还有梁复明、李泽需、秦凌燕老师和学院汽车司机许师傅，他们为了照顾我们，专程送我们到广州，明天他们还要送我们到广州白云机场。27日早餐后，当我们的汽车开上机场高速公路时，一路上有飘飘洒洒的雨水相伴。十点半，到达白云机场，与梁老师等作别后，我和老伴办理了登机手续上飞机，午后一点，飞机升空，开始了飞往北京的航程。

27日午后四点多，飞机在首都机场降落，取出托运的行李，我和老伴乘出租汽车回到我们北大畅春园家时，六点多了，暮色沉沉，已经看不清周围环境了。前两年春天回北京，匆匆忙忙，没住几天，就飞往加拿大，看望女儿了。去年春天，我们又没有回来，而这次在北京有二十多天的时间，我希望能可以再好好领略一下不同于梧州的北京的春天。

3月的北京，是乍暖还寒时分，气温变化莫测。一连暖几天，北京大学校园内的道路两旁、未名湖畔的垂柳会抽出嫩绿的细枝条，随风摇曳，很是招人喜爱。心急的姑娘们甩掉厚重的棉衣，换上各色毛衣，甚至长裙，似乎在向世人宣示：春天到了。可一旦寒潮到来，一连几天刮起西北风，气温骤降，与温润的梧州不同，这时的北京是干冷，这不仅是皮肉的感觉，而是透心的冷，刺骨的冷，于是医院里挤满了因感冒发烧来求医的人们。很是煞风景。今年我回北京已是3月底了，这样的情形已经过去了，虽然气温还不高，早晚有点凉，但在整个白天，有太阳的时候，还是让人们有了暖洋洋的春天的感觉。4月6日，二女儿燕明带着刚刚过了两周岁的外孙第一次回到中国。来自冰雪尚未消融的加拿大的他们，比我和老伴更能感到北京春天的暖意。当我们同女儿和外孙坐上出租车走上机场高速路时，小外孙完全没有了在机场刚看到我们时的陌生感，他频频地透过车窗看天空上的太阳和高速路上川流不息的各式汽车，兴奋异常，他能说的汉语、英语的词汇都很少，但从他紧紧地拉住我们的手，用惊奇的目光示意我们同他一起欣赏这不断变化的景致，可以看出他内心的激动。小外孙首次踏上生养他父母国度的春天之旅就这样开始了，也使我今年领略北京的春天有了更好的心情。

北京人会从一个地方的一种花开了作为起点，开始他们寻访、观赏春天的历程。我的印象是：到了春天，北京人最惦念的是什么时候颐和园的玉兰花开，最近几年又加上西山大觉寺的。北京的报纸、电台、电视台也很理解北京人的心情，会及时报道玉兰花生长发育的种种情形，也会预报什么时候是观赏玉兰花开的最佳日期，以及当天的气候如何。因为玉兰花是清晨开花，于是玉兰花盛开的那几天，北京人会起一个大早，从四面八方赶到颐和园去看玉兰花，其中还有不少的上班族，他们会更早一点赶到颐和园，匆匆地看上一眼，然后再去上班。玉兰树干高可三四米，先开花，后生叶，一花九瓣，色白微碧，一枝一花，著于枝木，淡洁雅致，人们需仰首望去，更突显出其超凡脱俗的品相。人们一大早去观赏它，犹如醍醐灌顶，身心都得到滋润，可更好地去迎接生活新挑战。可惜今年我回到北京时，玉兰花期已过，没能看到它。于是我想到了北京大学校园内的西府海棠，这是北大人春天到了的另一种惦念。现在还活跃在学术界、北大还健在的最年长的学者季羡林教授早年写作的一篇散文中曾写到它，因此，春天到了，北大师生在课后约三五知己去观赏西府海棠，又成为北大校园中的一道风景。西府海棠是海棠的名贵品种，在北大只有三四棵，早年在办公楼东门的两侧，前几年被移栽到外文楼正门的旁边。西府海棠虽是乔木，但树形并不高大，树枝也不多向横向发展，树冠呈枣核形，这可以让人们近距离地观赏它，与玉兰不同，对于观赏的人们来说，海棠更有亲和力。海棠的花期要比玉兰晚一些，但我也有好几年没有看到盛开的西府海棠了，这次我希望能一睹它的芳容。怀着希冀的心情，回到北京的第二天的清晨，我就加入了北大晨练的队伍走进了西校门，在晨光熹微中，看到了外文楼正门旁正在开放着的西府海棠。海棠花的花色、花形犹如杜鹃，但由于它是乔木，树大花也大。近看，花如朗星；远看，一片云霞。这让我想到了梧州杜鹃花的灿烂，不同的是它在盛开时还会让人感到它的热烈。而我认为热烈正是北京春天的特点。

更能够体现北京春天热烈这一特点的，我以为是北京到处可以看到的并不名贵的榆叶梅。榆叶梅虽是灌木，但并不丛生，虽无明显主干，但树枝不横生，皆朝上生长，树形不高，仅可过人，树冠高耸；挺拔利落，植于房前路边、湖畔岸旁，都是合适的。它的花期稍晚，在桃花、梨花之后，且比它们鲜艳，初生的花苞深红色，花盛开后变为粉红色，花为复片，且一枝多花，树枝树干都为它们所淹没，一眼望去，满树皆花，丰满火爆，观赏的人们无不为之雀跃。颐和园昆明湖北岸、长廊前一二十棵盛开的榆叶梅一字排开，那场景亲临其境的游客是不会忘记的。在北大校园里，俄文楼、南北阁中间，以李大钊塑像为中心的四周有冬青围成的树墙，也有郁郁苍苍的松柏，而其间也点缀着几棵榆叶梅。每当榆叶梅盛开之时，由于有冬青、松柏的绿色相衬托，更显出它的妖娆多姿，是春天北大校园的又一道靓丽的风景。今年在北京的二十几天里，我出入北大校园多次，经历了榆叶梅含苞欲放，到花满枝头，再到落英缤纷的全过程，我看到它的红火热闹，也看到观赏的人们所激发出来的奔放的热情。这自然与人之间的相互感应的和谐，让我感动，让我难忘。但北京的春天毕竟是短暂的，当我们要离开的那几天，北大校园里丁香花盛开了，淡淡的幽香，会引起人们驻足追寻香气的来源，可同时那漫天飘舞的恼人的柳絮，也向人们预示那干燥炎热的夏天快要到了。

三

4月20日北京时间中午十二点，我和老伴，在二女儿燕明和小外孙的陪伴下离开了畅春园的家，乘车去首都机场，开始了加拿大之旅。我们乘坐的是中国民航飞往加拿大温哥华的班机，原预定午后三点起飞，由于机场管理的原因，飞机实际上于四点三十分才飞上蓝天，望着渐渐远去的首都机场，如同每次离开北京一样，内心里总会有那么一份留恋、那么一份祈盼、那么一份祝愿。也正因为如此，不管在那里，也不管是什么情况，一旦要回北京，我的内心总会充满温暖和激情。正在冥想中，机舱的广播中传出空中小姐的播报：我们的飞机正在飞向温哥华，飞行时间大约十小时，预计北京时间4月21

日凌晨三点抵达温哥华机场。

　　温哥华是加拿大西部的重要城市，也是加拿大距亚洲最近的海港和航空枢纽。它同美国的西雅图、圣弗兰西斯科（旧金山）、洛杉矶都是北美洲西海岸与亚洲经贸、政治、文化交流的中心。从中国到这些地方，在地图上可以理解为横跨太平洋，从太平洋东岸到太平洋西岸。但飞机的具体飞行路线并不相同，这次我们乘坐的中国民航北京至温哥华班机就是如此。当我们乘坐的班机从北京首都机场升空后，它并不向东飞往太平洋，而是朝北飞，据空中小姐在广播中称：飞机经过哈尔滨后，继续向北飞，进入俄罗斯西伯利亚上空。我们从座位望着窗外的蓝天，天色渐渐暗下来，以至漆黑一片，这时我想正是我国4月20日的深夜，从地理位置来说，我们乘坐的飞机仍在地球的东半球，而从时间来计算，此时飞机的具体位置也许在北纬六十度以北，接近北极圈了。就在这以后，从我们所坐左侧的窗口向外看，天色已经发白，渐渐在白云的下方升起的霞光染红了半边天，再不久，我看到太阳已升上天空。这使我意识到，我们乘坐的飞机已调转方向，穿越了白令海，进入地球西半球的北美洲。此刻飞机正沿北美洲的西海岸南行，经过美国的阿拉斯加，进入加拿大的领空。因为我们乘坐的飞机越过了东、西经共同的一百八十度，即地图上所标示的国际日期变更线，所以我们看到的这个清晨是北美洲的4月20日的清晨，而此时的亚洲还是在4月20日的深夜中。正是现代科技，让我们有了时间倒流的体会。而在丽日经天的时候，空中小姐在广播中宣布：我们乘坐的飞机再过一小时，当地时间中午十二点，北京时间二十一日凌晨三点，即将到达温哥华。而空中小姐作为中国民航的乘务人员，她还用下面的话语提醒我们，尽管我们乘坐的飞机飞行在加拿大的领空上，可是这机舱之内还是中国的领空，她说："在抵达温哥华之前，我们将为各位旅客提供宵夜，请享用。"面对着机舱外加拿大灿烂的阳光,吃着中国的宵夜,内心升腾的是浓浓的乡情。在温哥华机场海关办理了各项手续后,我们就算正式进入加拿大了,当地时间午后两点,我们又登上加拿大国内航班的飞机,飞往卡尔加里,我们两个女儿家居住的城市。在一个多小时飞行中,飞机越过了北美洲西部著名的落基山脉,它是北美众多河流的发源地,它的高处终年积雪,我们从窗口向外看,可以看到飘动的朵朵白云,也可以看到散落在落基山上的处处积雪,恍惚中我们甚至分不清哪儿是朵朵白云,哪儿是处处积雪。当地时间午后四点半,飞机抵达卡尔加里。在离别近两年之后,我同老伴和两个女儿、女婿、外孙女、小外孙团聚了。尽管这团聚是在异国他乡,也是令人欢欣鼓舞的。

可是卡尔加里的天气却与我们的心情形成了巨大的反差。当一家人高高兴兴走出机场时,我看到天空上阴云翻腾,飘落在脸上、身上的是夹有雪屑的冰冷的雨滴,道路两旁还散落着没有融化的积雪。地处北纬五十一度北的卡尔加里,并不能在气候上与地处温带、亚热带的北京、梧州同步,它的春天似乎还没有到来。一觉醒来,第二天早上,我打开大女儿燕梅家的车库门,看到自家停车场的水泥地上有着四五厘米的积雪,但天已放晴,积雪正在消融,消融的雪水从各处流向道路两旁的泄水沟,形成涓涓细流,从高处到低处,甚至可以听到淙淙的流水声,住宅区各家的房前屋后的草坪也显露出来了,经过雪水的清洗,衰草已除去,密集的草丛已返青,如绿色的地毯,在阳光的照耀下,熠熠生辉。我正是从这生动的景象中,看到卡尔加里的春天,虽然起步较晚,但它终究迈出了有力的步伐,走进了人们的生活中。以后的一些日子,慢慢适应了时差的变化,我和老伴可以到住处附近散步了,可以由大女儿家乘公共汽车、城市轻轨到二女儿家看望小外孙了,可以由女儿驾着车去超级市场购物了。活动范围扩大了,我看到了每户住宅四周、街道两旁的树木的枝条上长出了细嫩的叶芽和花蕾,我看到了有的住宅门前的花坛中移植成活不久的各色郁金香花已经盛开,我看到了有的住宅院内淡淡的桃花开了又落了,我明显地感到春天正在加快它的脚步,与人们作亲密的接触。我也发现了近似北京的榆叶梅的一种树,据女儿说,可以译成野沙果树。它的树型不大,有约一米高的树干,蘑菇形的树冠。这里的人,有的把它成排地种在街道两边,或种在汽车路中间隔离带上,也有的人在自家门前种上一两棵。它同榆叶梅一样,是人们随处可以看到的。5月上旬的一天,我和老伴在大女儿家旁的一块大的绿地上散步,在接近大路的绿地小径边有一排树枝条上的颜色引起我们的注意。它们就是女儿说的野沙果树。走近前仔细观察,看到的不仅仅是它的枝条是紫红色的,还看到它细嫩的枝条上生长着更加细嫩的深红色花蕾和叶芽,花蕾和叶芽紧紧挨在一起,从枝顶沿着枝条顺序排列着好多对。花还没开,已显得很火爆了。从此,街道旁、住宅前一排排、一棵棵的野沙果树,成了我们散步时观察的重点。它们的花蕾和叶芽同时萌发,但生长的速度并不一样,花蕾长得比较快,几天下来,它已长成如小拇指肚大小的花苞,鲜嫩欲滴,含苞欲放,而叶芽依然很细小,但也慢慢地舒展它薄薄的叶片如花萼一样紧紧地护住花蕾的底部,显得十分亲密。当花盛开时,它的颜色也如榆叶梅一样褪成粉红色,也为复片,一枝多花,但花朵较大,就更让人感到它的丰满厚重。远远望去,如朵朵祥云、片片朝霞。这一景象,再缀以空旷翠绿的草地,辽阔蔚蓝的天空,它所显示的是春之明媚俊朗,也足以让人沉醉。就这样它一直盛开着,外层的花瓣虽不断地脱落,但红色的叶片也在生长,花与叶浑然一体,并不使人感到花在凋零。5月23日午后起,卡尔加里又下了一场大雪,24日早晨,我走到房屋外面,看到屋顶、道路、空地都铺上厚厚的一层雪,树上也积满了雪,刚刚长出来的树叶被雪打掉,树枝有的被压弯,有的被折断,很是狼狈。冬要再一次向人们示威,但它挡不住春天的脚步。我已看到天已放晴,积雪正在迅速地消融,一个上午过去,积雪已被融尽,整个世界像被清洗了一样,一切显得那么新鲜,那么干净,那么清爽。当我走到绿地小径边野沙果树前,我的眼前一亮,经过雪水的清洗,它的花依然灿烂,它的树干依然挺拔。一时间,这春天的坚韧强劲,让我感动,让我振奋。当野沙果树的花逐渐消落后,它的叶子也逐渐长大了,而且由深红转为翠绿,依然生气勃勃。也在这个时候,这里的丁香花开了,紫的、浅红的、白的,在我大女儿的这个住宅区里到处都生长着,它表明这里的人们也喜欢丁香,喜欢它的花香悠远绵长。而这里也同北京一样,丁香花开,预示着夏天来了,不同的是,这里没有飘舞的柳絮,更不同的是我居住的卡尔加里,海拔在一千米上下,这里的夏天,没有北京的燥热,更没有梧州的湿热,它的夏天(每年的六七八月),按我个人的感受,气温大都在摄氏二十五度左右,一旦气温接近三十度,这里的人们都会不无夸张地表示:天气热得让人受不了。这个时候,女儿家会把电风扇从地下室搬出来,放在饭厅里,一家人聚在一起吃晚饭,有人喊热了,于是开动电风扇吹一会儿。这样的情形连续不会超过一星期,就会再把电风扇搬回地下室,它一年的工作任务就算完成了。还有这里的纬度相当高,虽然看不到极地的白夜,但每年6月22日前后的各一个多月,它的白天都很长,早晨五点,天已经亮了,夜里九点,太阳还没有下山,一天十五六个小时的白天,可以让人们充分享受阳光。也正因为如此,在卡尔加里,我期盼春天,我更喜欢夏天。

到达卡尔加里即开始酝酿,5月初动笔,6月18日写于简庐。

附录1：别人眼中的我

一辈子教书育人、著书立说的费振刚教授

牟季雨

编著文学史 蜚声文坛

北京大学中文系费振刚教授是全国著名的文学史专家,长期在北京大学从事教学科研工作。他在学生时期就参与主编了第一部红皮的《中国文学史》。随后他又成为1963年版的《中国文学史》的主编之一,排名在游国恩、王起、季镇淮,萧涤非之后,此书成为几十年来高校中文系的主要教材之一,影响巨大,意义深远。毕业之后,他留校任教,成为游国恩教授的助手,得到了北大老一辈专家学者的言传身教,"视学术为生命,以学术相砥砺",走上了教书育人、著书立说的道路。后来他又成为北大中文系第五届系主任,对中文系的发展劳心劳力,悉心辅导硕士博士研究生,为中文专业培养优秀人才,成就斐然。费振刚教授已于2002年退休。

梧州办学 教书育人

费振刚教授退休之后,没有停止前进的步伐。他应广西大学梧州分校和仇仲谦教授的邀请,前往梧州,筹建梧州学院中文系本科专业,开始了新征程。他重操旧业,走上讲台,为入学的新生讲中国古代文学。他又邀请大学时的同学北大中文系谢冕、侯学超、中山大学的黄修己前来讲授中国当代文学、现代汉语、中国现代文学的基础课。

在他们的努力下，梧州学院中文系"升本"如愿实现。

从2002年至2008年，费振刚教授每年除了少量时间居住在北京和前往加拿大看望他的两个女儿之外，绝大部分时间都是居住在梧州，与首批中文系的四十多个同学同住在一个校园内，同在一个食堂用餐，与同学朝夕相处。难能可贵的是：他不仅传授文学知识，而且还教育他们做人的道理。有的学生"因为外部环境造成的种种困扰而采取不同方式来发泄时，向他们提出如下劝告：个人无法改变客观环境，但可以改变自己。要有所为，有所不为。我们不可以随波逐流，不可以同流合污，不可以趋炎附势。我们要努力做自己应该做的事，不可以懈怠，要不断地充实自己，完善自己，以期更好地服务社会，回报亲人"。这实在是肺腑之言，声声入耳，稳定了同学们的思想情绪，使同学们安定下来，好好学习。

费振刚教授爱护关心学生，亲密无间，关怀备至。黄寿恒是梧州学院中文系首批的一名学生，勤奋好学，后来考取了研究生，对壮文曲艺古籍很有研究，酷爱写作，并出版了《恒言集——黄寿恒诗词选》，分别由陈道平、费振刚两位先生为他作序。陈先生的序言主要是对其诗词创作的评论。费振刚教授的序是介绍他成长的环境，以及对他的印象。老师对学生扶持、关爱之心溢于言表。充分地体现教师教书育人的拳拳之心！黄寿恒非常感动，并以"痴儿愿理零坛草，再沐春风二十年"的诗句答谢老师，老师也以"但愿天从你我愿，同修杏林到永远"来相和。这真是校园的一段佳话。

守望坚持　砥砺相助

"守望"就是守望着我们的精神家园，"视学术为生命，以学术相砥砺""出入相友，守望相助"，薪火相传，将中华民族优秀的文化传统和人文精神传承下去！

他在退休以后，在进行教学的同时，学术研究从未间断。在学术研究中，费振刚教授更是体现了坚韧不拔的钻研精神！北大的老一辈专家学者游国恩、杨晦要求他们：首先要详细占有资料，打好坚实基础，锲而不舍地坚持下去，这样才能终成大器！费振刚身体力行，以实际行动来认真贯彻，并顽强地坚持下去，不断取得新的科研成果。

费振刚教授一直在进行《全汉赋》的增订工作，2009年6月，他中风病倒！经过治疗，转危为安。右手活动不方便，只好用左手操纵键盘，用电脑写作！他希望在有生之年，完成对《全汉赋》的增订工作。我们衷心地期望费振刚教授的愿望能够实现！

守望坚持，砥砺相助。他与研究生博士生编著"20世纪中国文学研究"丛书中的《先秦两汉文学研究》的过程就是很好的例证：老师先讲授先秦两汉文学，启发学生思考，然后师生相互论难，相互启发，曲径通幽，豁然开朗。他们获得了巨大的乐趣。然后由费振刚教授主持，研究生博士生写，专著终于编著成功，既出了科研成果，又出了人才。

费振刚教授顽强地跋涉在教学科研的新征程上！

附记：牟季雨是北大中文系1960级的学生。1962年至1965年他毕业，我是他们年级主任、党支部书记。"季雨"，当是他的笔名，在校时名"崇德"。1965年毕业，被分配到北京南苑一个国防保密部门，从事文字工作。这一工作使他个人的活动有了一定的限制，他热爱北大，他会在工余时间去到燕园，重温往日的学习情景，但他不会去访问教过他的老师和留校的同学；他热爱文学写作，但发表时，要用笔名。因而有了这篇文章。陈道平是广西田林县文化馆原馆长，可参看本书《〈恒言集〉序》。

平易近人的智者

吴宝三

费振刚先生是中文系唯一一位大家可以直呼老费的老师。一是因为同其他老先生相比他要年轻得多；二是因为他多年做学生工作，谦虚随和，人缘极好，深得同学拥戴。这些年来，我回北大差不多每次都能见到他，前几年，特意到他的府上做了拜访，我们在一起好一顿神聊。

费老师出任中文系主任之后，我曾打电话询问北大的几个同龄人，费先生官升脾气长没长？几乎众口一词回曰：非但没长，却越发谦和了。时下，升一个官，少一个朋友，费老师在同学之中能有这样的口碑，亦属不易！

记得入学不久，便知道费老师也是东北人，师生关系自然近了一层。费先生是辽宁省辽阳人，1960年北大中文系毕业，历任该校助教、讲师、副教授、教授、系主任。他是《中国大百科全书·中国文学》撰稿人兼编委会委员，秦汉魏晋南北朝分类编写组副主编。1961年大学刚毕业，就同他人合作，主编《中国文学史》，并获国家教委优秀教材特别奖，这部著作就是人们通常所说的红皮文学史，这位瘦瘦的助教由此而引人注目。

对新生进行入学教育，第一次给我们讲话的系领导就是这位费先生。他的语言表达能力不敢恭维，但是能说清楚，一件事说来说去生怕大家听不懂，所以给我们的印象是，茶壶煮饺子，越着急越倒不出来。

1970年初冬，8341部队军宣队带领全校师生进行军训拉练，我和费先生分在一个排，背着行李，沿怀柔、顺义、密云，奔延庆、八达岭，环北京绕了一大圈。我们吃在一起，住在一起，常常躺在老乡家的土炕上，天南地北，一聊就是大半夜。我喜欢写诗，把自以为得意的拉练诗草念给他听。他听了之后，说了三句话："感受尚深切，诗味不浓郁，表达欠含蓄。"关于诗的问题，我们时有争论，最终，我不得不承认，费先生总是对的。坦率真诚，直抒己见，这不是容易做到的。

　　我没有把时为中文系党总支书记的费先生当成领导，什么话都敢和他说，不怕抓辫子，有一种实实在在的安全感。拉练途中，我给他背了一首诗：高粱红，红似火／红到青山下／红到呼兰河／多么壮丽的颜色／像首都的云霞一抹／像非洲挺起的长矛／像丛林游击队熊熊的篝火／为了祖国，为了世界／化作公社的春花秋果／浓染了时代的颜色／高粱红，红似火／信手挥镰砍一棵／挽起长虹向世界／五亿农民的气魄。——当时正批判"十七年黑线统治下"发表的文艺作品，我曾向他袒露，所批的作品从理论上觉得倾向是有点问题，从感情上却批不起来，费先生缄默不语；当说起《高粱红》这首诗也有微词时，费先生不再沉默："不能什么都上纲上线，这么一首诗，最多只能算是自我欣赏吧！"其时正是"反右倾"回潮，草木皆兵，人人自卫，一位系领导敢向学生公开说这番话，实属犯忌。

　　聊起系里的人和事，费先生和同学们没有师生之分，促膝畅谈，其乐融融。他说中文系有两大难，一是青年教师找对象难，条件不高，政治可靠，读书看报，自带饭票。尽管如此，人家一听是臭老九，还是免谈！二是结了婚生了孩子起名难，他的孩子叫燕梅，在燕园出生的，朱德熙先生一听便知其意，这之后起名就难了，不能土又不能洋，不能俗又不能晦涩。后来有人想出个办法，铺开一张报纸，让孩子用笔在报上点，点到哪个字，就用那个字做名。听了费先生的一席话，

平易近人的智者　175

我在系里逐一进行对号，还真是起单名的居多。由此想到，现在无论大学还是中小学的学生，单字名的实在太多，不知何故，但可以肯定，家长们不会让孩子用笔去点报纸起名，而是另有深意在焉；研究语言文学的学者给孩子起名尚且顺其自然，不去苦思冥想，而众多的家长何必绞尽脑汁，一味起单名？我在哈尔滨市一所小学做过一次调查，六年级组，只有三个班没有重名的。

迎北大百年华诞，我和费先生通过一次电话，问问学校和系里的情况。得知明年校庆期间，将兴办规模宏大、硕学云集的"汉学研究国际会议"，中文系的林庚先生是本次会议顾问之一，袁行霈教授担任会议主席。接着不无感慨地说，系里的老先生差不多都不在了，杨晦、王力、魏建功、吴组缃、朱德熙、川岛、王瑶、季镇淮……而吴小如、严家炎、陈贻焮、谢冕、孙玉石、马振方等诸先生，年纪最小的也过了花甲之年。在电话里，我情不自禁地说了一句"但愿人长久"，费先生几乎和我同时吟诵出下一句——"千里共婵娟"。

1997 年 8 月 31 日

附记：

吴宝三是我校首届工农兵学员，1970 年春入学，入学前，已有多年的工作经历。他们这一届学员入学的过程和入学后的学习经历有着鲜明的时代特点，是中国教育史上的大事，如何评价？有待研究。吴宝三这篇文章写于北大百年校庆前，具体回顾了 1970 年冬"军训拉练"的生活，它让我知道"老师"在学生心中的位置，使我感动。2018 年 11 月 17 日写于京西畅春园寓所。

道德文章　蔼然长者

赵长征

我在遇见导师费振刚先生之前，对他的大名早就如雷贯耳了。早在二十世纪五十年代上大学期间，先生就与北大中文系文学专业55级的同学们一起写出了新中国第一部完整地从上古写到近代的《中国文学史》。因其封面是红色的，当时俗称为"红皮文学史"。后来，国家集中各大名校的古典文学研究专家，又对之作了充实、修改和提高，于1963年出版了全国高校文科通用教材《中国文学史》。因其首印封面是蓝色的，所以俗称"蓝皮文学史"。当时年仅二十八岁的费先生，就与游国恩、王起、萧涤非、季镇淮四位老先生一起并列为主编。

这部蓝皮文学史以其理论系统完整致密、学术根基深厚、文笔深入浅出而通行几十年，在我上大学的二十世纪九十年代初期，仍然是全国高校最流行的教材。在我当时的想象中，以为费先生应该是一位与游先生等名宿同辈的"老神仙"。没有想到当时先生还根本没有退休，正担任着北大中文系主任之职呢。

1995年，我幸运地考上了研究生，来到了慕名已久的北大中文系，成为费先生座下一名学生。费师给人的第一印象，就是和蔼、平易，让人油然而生亲近之感。他年轻的时候跟随游国恩、季镇淮二位前辈大师学习先秦两汉文学，于《诗经》、汉赋尤有造诣。我一入学，先生就命我攻读《毛诗正义》。他说："我们做古代的学问的，都先要从原典入手。要研究《诗经》，就必须先读《毛诗正义》。不过这部书太大了，你可能读不完。你的师兄师姐们，没有一个读完了的。没关系，你从头开始读，能够读多少就读多少。如果可以读完《国风》部分，也就不错了。"

我那时年轻气盛，于是下了一个狠心，要用一个学期的时间把《毛诗正义》啃下来。中华书局出的《十三经注疏》缩印本，每个字比蚂蚁都小，看起来特别费劲，一不小心就容易看串行。我用书签比着竖行，一行一行读下来。没日没夜地读《毛诗正义》，终于完成了任务。

费先生对我能够读完这部一百多万字的巨著很是赞许，对我提交的读书札记，每一条都做了认真的批阅。他欣慰地说："这样，以后你做学问就有个不错的基础了。"现在想来，我第一次读《毛诗正义》，难免有囫囵吞枣的情况，而且当时学问根基还有限，对于很多地方是不太理解的，尤其是对于其中以三《礼》解诗的部分，很是隔膜。但是，正如费师所说，通过这次艰苦的阅读，我对于《诗经》以及《诗经》学，已经有了一个总体的印象；而且啃硬骨头的能力大为提高，自信心大为增强，此后阅读任何古籍注本，我都不会发怵了。

费师所教给我的这种从原典入手的治学路子，虽然艰苦，短期内不容易出成果，却是一种正道，是做好学问的必由之道。学术是没有捷径可以走的，那种浮谈无根、靠卖弄华丽术语和辞藻以哗众取宠的轻薄路数，在北大中文系是没有市场的。在费师担任中文系主任期间，正是全国商业风气泛滥，学风浮躁之时。许多大学的中文系都纷纷改名，扩招文秘、旅游等专业，以增加收入。面对这种局面，费师提出"以不变应万变"，不改系名，不扩招专业，守卫学术传统正道，为文科院系在商业大潮冲击下如何坚守自己的责任树立了一个标杆。

先生在中文系是著名的宽厚长者。在他年轻的时候，就已经得了一个外号"费老",一直叫到今天。对于他的宽厚热心,所有接触过他的人都是印象深刻的。即使是素不相识的人来向他求助,他也会尽力地去帮助他们。对于同事、学生,他的关怀是无微不至的。我们知道,许多有才华的人,往往桀骜不驯,不被周围环境所容,有时犯点小错误,日子就会比较难过。费师长期担任中文系的领导职务,他总是尽一切力量,宽容、保护那些才子们。许多后来成名成家的人物,一提到费老师,都要竖起大拇指,赞一声:"费老师,好人啊!"毕业于中文系的怪才徐晋如,据说是恃才傲物、眼高于顶,没有几个人被他放在眼里,但是他却一直感激、服膺费师。不得不说,在费师的身上,体现了一种大爱,爱学校、爱中文系、爱所有的师生,这是北大宽容、自由、博爱精神的体现。这种大爱,对于跟随了他十多年的我来说,自然是体会得更深了。

我刚刚到北大那会儿,上课的时候不喜欢背沉重的书包,而是把笔记本放在一个透明的塑料袋里面,往自行车的前篮里面一扔,很轻松地就到教学楼了。但是提着这个破塑料袋一甩一甩地走路的样子,大概确乎不是我自己想象的那样很踅、很帅气,没有多久就被细心的费师发现了。他知道我家当时不太宽裕,以为我没有书包,于是有一天,他专门送给我一个很漂亮的文件包,说,里面可以放很多东西的,以后可以拿它上课。在那以后,我就再也不提塑料袋上课了。像这样可爱的小故事,不知道发生了多少。费师对我们的照顾,是全方位的,不仅仅关心我们的学业,也关心我们的生活,还操心帮我们找工作。2001年我博士毕业,留校在对外汉语教学中心(2002年改名为对外汉语教育学院)工作,住在校内的筒子楼里。费师到我的房间一看,说,你住的这个房间,好像当年金开诚先生住过。费师的女儿刚好移民去加拿大,他和师母就把女儿刚刚买了不久的一个新洗衣机送给了我。这个洗衣机,我一直用到今天。

费师常常向我们提起老系主任杨晦先生。他爱护同事、爱护学生的优秀品质，大概就是从杨晦先生那里学习来的。他最常提起的，是他在读书的时候，有一次去理发，碰见杨晦先生，结果杨先生理完发先走的时候，悄悄地把费师的理发费也结了。就是这样一件小事，让费师感动了一辈子，也影响了他为人处世的方式。中文系的传统，其实不仅仅在于厚重的学术底蕴，还在于这种在日常交际、身体力行中传承下来的师生之间的深情厚谊上。我想，这里面有许多我们弥足珍贵的东西存在着。许多理工科的学生，称导师为"老板"，为导师打工，毕业了就少有联系。他们往往感到不能理解的是，我们这些文科生毕业后还常常与导师联系，甚至还会因为怕导师不高兴而不敢做某事，这可真是奇哉怪也！这让我想起唐代韩愈忧心忡忡的叹息："呜呼！师道之不存也久矣！"不过，可以确信的是，经过了几千年的风雨历程，即使是在经历了"文革"这样的人文浩劫之后，古老的师道仍然顽强而又温柔地生长在我们中间。在中文系，有许多像费师这样的先生，他们举手投足，在不经意之间，就把那种书本上体会不到的优良传统体现了出来，并感染到了年轻一代学子。一代一代，我们就是这样走过来的，我们还会这样走下去。

在这些年里，我跟随先生研读《诗经》、汉赋、楚辞，也参与了先生的一些科研项目。在先生的谆谆教诲下，我的学业不断长进。但我总是以自己没有做出很好的成绩而羞愧，感到对不起先生的教导。先生对我，还是一如既往，既宽容又鞭策。每次去他家中请教，都是非常愉快的。和先生在一起的每一天，我都感到如沐暖阳，如坐春风。

2010 年 6 月 20 日于西二旗智学苑

《守望》读后

马庆洲

我个人时常以为，在百余年的近现代史进程中，北大中文系的存在，有着极为特殊的意义。她不唯是一国文化传统的守望者、传播者，也是处于时代前沿的思想重镇，见证了百年来中国教育界、思想界的云卷云舒，远非一个"系"字所能涵盖。因之，对北大中文系相关历史的追忆及研究，也就不仅仅是一"家"一"姓"之史，而是大历史的重要组成部分，有着更为深远的历史意味。

也许是距离不光产生美感，也会产生客观，超越了时空的拘束，意识形态的制约，曾经尘封良久的沙滩、红楼时期的北大，因为有了近二十年来对民国时期大学研究的热潮，其面目日渐清晰，相关资料也越来越多。然而，百年北大、百年北大中文系，"沙滩"不是她的全部，从时间上说，燕园里的北大也有近一个甲子的时间了，这一时期，她同样处在时代旋涡的中心，风云际会，见证了共和国几十年的风风雨雨，对这段历史的追忆、记录以及反思，或许更为迫切，更意味深长。

史以人传，最鲜活的历史莫过于当事人的亲身经历。《守望》，讲述的正是一位历史当事者所亲历的一切，是费振刚先生在北大中文系求学、教书五十五年的所见、所感、所思，是燕园北大的活历史。

《守望》的结集，缘于一种不能自已的爱——对北大中文系的挚爱。从1955年入学起，先生求学于斯、工作于斯、生活于斯，已与北大中文系融为一体。在本书《前言》中，先生所言正是心声："2010年，是北京大学中文系建系一百周年。到那时我在北京大学就整整生活了五十五年了。在这五十五年间，我从一个产业工人的儿子成为中外知名大学的学生和教授，还在北京大学百年校庆的1998年的前后五年间，担任了中文系自新中国成立后的第五届系主任，我虽然没有以此骄人，但我的内心常常为此感到骄傲和自豪。也为此，我要感谢母校，感谢中文系，感谢给我以指导和帮助的众多的师友！"在这里，他激扬青春，在"大跃进"中度过了火红的学生时代，沐浴过诸多先生的教诲；在这里，他也经历了浊浪滔天的"文革"，迷茫过，彷徨过；在这里，他也曾作为老师给无数学子以关爱；在这里，他也曾作为系上掌门人，对中文系的发展劳心劳力……从纯情少年，到华发满头，五十五年的时光，先生与中文系怎能不水乳交融！平日晏坐闲谈之时，先生也时时会聊起中文系的往事，每每充溢着一种感恩之心，感染着吾辈后生。

在北大中文系的历史上，有"33""55""77"之说，这是人才最为密集的几个年级。这其中，尤以"55级"中出现的知名学者最多，故此，有学者将其归纳为"55级现象"，并加以探讨。可以说，北大中文系55级最能代表燕园北大。而说到55级，最为重要的事件，莫过于《中国文学史》的编纂了。作为55级的党支部书记，先生亲历这三部文学史编写的全过程，更在以后的岁月中，与其相始终。"一史封皮三易色，此中甘苦费君探"，廖仲安先生的这句诗，形象地概括了先生与《中国文学史》的不解之缘。在五十多年的教学、科研生涯中，先生的学术活动也始终与"中国文学史"相关联，他既曾感受过红皮本《中国文学史》带来的荣誉和自豪，也品尝过由此带来的误解和冲击，而其中更多的，当是那些难为外人道的辛劳。这部著作影响古代文学史教学几十年，发行量逾百万册，哺育了几代学子，其成功是在不间断的修订中完善的，是几代学者心血的结晶。《守望》相当部分内容与此相关,这些文章,梳理了《中国文学史》成书的来龙去脉,以及与之相关的风风雨雨。《守望》所提供的这些史料,当是无可取代,这些浮出水面的故事,既是在为《中国文学史》立传,也在书写当代学术史。

先生以宽厚温和见称于系内外,本书所收序文中,也无处不在体现着先生的这种品格。但我想说的是,先生还有一颗刚正的内心,有一颗关心民瘼、忧时伤世的士人之心。先生是有坚持的人,不是那种无原则的"乡愿"。《守望》第二部分收录的是先生二十世纪八十年代前后,在"实践是检验真理的唯一标准"讨论中的几篇文章。三十年后的今天,我们再看这些文章、讲话等,似乎并没有什么太多惊人之处,但联系当时的现实,我们知道,那时刚刚经历十年"文革",领袖崇拜、个人崇拜之风还弥漫神州大地,思想界"两个凡是"一统,任何的独立思考都还噤若寒蝉。这几篇文章所体现敢于思考、勇于怀疑的精神,反映了历经"文革"较早觉醒的知识分子的独立思考。而《在全国文学学科规划会议的大会发言稿》一文,其中许多话,今天仍振聋发聩,掷地有声,不无警示意义:"任何人都不能一贯正确,百分之百的正确。我觉得我们应该树立这样的风气,那就是我们既敢于背后议论领导,也敢于当面议论领导;既敢于批评下级同志,也敢于批评上级领导同志,乃至于中央领导同志。当然我不是说对领导同志不能说好话,正确的东西也要肯定。这样做才有利于民主风气的形成和发展,才有利于我们的革命事业。"这种不唯上、勇于思考、敢于直言的精神,当是北大中文系独立精神的一个缩影吧!

先生不唯是中文系的学生、教师,作为中文系自新中国成立后的第五届系主任,在世纪之交的前后五年间,执掌中文系,这使得他对中文系的关心较常人又深入一层,对中文系的发展,也成为先生时常思考的一个问题。本书标题"守望",也许能体现先生对这一问题的思考吧？在先生看来，在时风激荡的当下，我们需要守望，守望一种价值观念，守望一种精神境界，还有那"以不变应万变"的从容心态。

　　本书的编辑始自 2007 年，期间由于各种原因，时行时辍，迁延至今。几年来，对书稿的结构及入选篇目，先生多次调整，以期主题更集中，资料更丰富。不能不提到的是，2009 年 6 月 3 日，先生突发脑中风，经治疗，虽无大碍，但后遗症还是影响到右手的行动，书写很困难，就是在此情形下，先生顽强地以左手敲击键盘，整理出了过去的一些讲话文稿，收入集中！先生不止一次地说过，希望在北大中文系百年系庆时推出此书，作为献礼！"知我者谓我心忧，不知我者谓我何求"，诗人之言，不知能否代表先生的心声？

　　谬承先生信任，受命协助书稿的整理、编辑工作，这使我有机会先一步学习先生的文章，至今已先后通读过不下三遍，每读一遍，都有不同的收获和感受，仿佛又回到学校，亲沐老师的教诲！而今，先生远在北美，命我写点东西，交代一下本书的编辑过程，自知文笔疏漏，难免诚惶诚恐，但恭敬不如从命，拉杂写下这些，权作学习笔记吧，只是不知是否得先生用心？

　　作为"五院"的学生，也借此机会表达对中文系百年华诞的祝福！同时，也代先生向给予本书出版大力支持的北京大学出版社及张凤珠女士，表示谢意！

我的北大老师

韦启瑞

一

我向来对北大深怀敬意。这敬意最初源于鲁迅先生的《我观北大》，原因有两个："第一，北大是常为新的，改进的运动的先锋，要使中国向着好的，往上的道路走……第二，北大是常与黑暗势力抗战的，即使只有自己。"这种精神令我辈十分钦佩，是以将北大视为精神家园。事实上，蔡元培先生的北大，也一直是众多北大人，以及向往北大的局外者的精神国度。——这敬意曾因"北大堕落至此""五四失精神"而一度寂灭，又因钱理群先生与恩师费振刚先生的出现，得以维系至今。我无缘认识钱先生，所以只能从费老说起。

我从来不敢想望认识费老，更不必说成为他的学生了。但冥冥之中如有神助，在高考失意时，我竟收到广西大学梧州分校（现梧州学院）的录取通知书，其中中文系师资简介中赫然有费老的大名。自此，我便成了费老的学生。

二

我与费老初次相见，大约是在2002年9月10日晚上，已是七年前的事情了。那时我初到学校，学校正在开山，兴建学生宿舍楼，漫天尘土，满目狼藉，夜晚更是漆黑一片，给人的感觉很苍凉。我们是第一届中文系学生（中文系是在费老的指导下创办起来的），作为一所普通高校的试验品，我们心中都掩饰不住失望。那天晚上，费老与侯学超老师到宿舍看望我们，和我们亲切交谈，给我们鼓励，并表达了对我们的期望，还特地给我的两个想转系的室友做思想工作。

  时隔多年，我已记不清费老当时的穿着了，只记得是很朴素的。他个子不高，满头银发，精神很好，说话稍微口吃，有点吃力，满脸温和的笑意，那欢喜是从心里流出来的。他跟学生亲密无间，给我的印象很深。他是我所见到的教授中唯一一使人忘记其教授身份的人，让人觉着他是一个长者，一位老师，一个朋友，而不是满腹学问却拒人千里的教授。

  此后，我和费老常常闲聊，谈蔡元培先生的北大，谈北大精神，谈北大的老前辈们。费老告诉我很多老北大的故事，说起他们编写的一本书《开花或不开花的年代》，说起他的老师杨晦先生的事情。

三

  费老与我谈得最多的，是关于我的阅读。很长一段时间里，我们见面的第一句话，费老都会问我，最近读了什么书。

  费老很关心我的阅读面，常常问我喜欢哪些作品。我告诉他，所读多是外国作品，尤其是一些特立独行或者心怀苦难的作家的书，其中陀思妥耶夫斯基是我尤为喜欢的；中国作品我看得很少，多限于二三十年代的作品，其中最喜鲁迅、郁达夫与沈从文，胡适是偶尔读之；当代很少看，读过的有李敖、王小波、钱理群等少数几个人的作品。我的阅读习惯，受鲁迅影响很深，鲁迅主张，少读甚至不读中国书，多读外国书，我深以为然，只选择自己觉得受到启蒙的书。费老听了，嘱咐我要不断扩大阅读面，不要局限于某类作家，先博而后专，博览群书,见识才会广博,精研细究,才能术有专攻。费老还说,钱理群先生是鲁迅研究的专家,他在北大开的鲁迅研究课很受学生欢迎,他的专著对理解鲁迅很有帮助。

有一回,我在李敖的文章里看到"乡愿",不明其义,于是向费老请教。费老除了解释一番之外,还特地写了《四书集注》中朱熹的有关注解等给我。同时问我,有没有读过香港马家辉博士关于李敖的评论。得知我对马家辉一无所知之后,费老当即表示,北京家中有马家辉先生的一本关于李敖的书,回北京再来梧州时带给我。

费老曾多次跟我谈及古典文学,希望我能多阅读,从中汲取精华,沉淀文学素养。可惜我过于偏执,从未认真研究古典文学,辜负了费老的期望,实在是极不称职的学生。但费老并未因此对我失望,反而更加殷切地期望我不断完善自己的知识结构,并给予我诸多帮助。

2003年元旦,费老在北京,我打电话问候他。9日,费老即给我写了一封信,信中又谈及马家辉先生的书,并言明随信所赠的书,其词云:

> 我没有忘记给你寄香港马家辉博士关于李敖的书,但我翻了好几次我的书柜,都没有找到,不知压在什么地方了,我一定再努力,不想食言。
>
> 这次随信寄给两套书,都是中华书局赠阅的。过去也是每到年末,我把它们聚集起来,送给中文系的同学,这次送给你。闲中一阅,可以扩大知识视野,但愿你喜欢。《文史知识》虽然是期刊,但其中的文章没有时间性,什么时候都可以阅读。

这封信,我是在开学时才收到的。我看了十分感动,尤其看到"我一定再努力,不想食言",我心潮起伏,一个德高望重的老师,竟如此重视对学生说过的话!这在他看来也许是最寻常不过的,但在学生心里，即使自己的父母，也未必能做到这一点。——随信寄来的两套书，除了所说的《文史知识》，还有《中华活页文选》。这封信和两套书我一直珍藏着，并时常翻来看看，直到毕业南下深圳，才没有带在身边。

四

除了我的阅读，费老还很关注我的习作。

在几次交谈之后，费老问我，平时可曾写一些东西。我向来慵懒，喜欢阅读，而疏于写作，所写的东西不但少，甚至很浅薄幼稚。当时，因为刚上大学不久，手头有的，只是高中时代的一点习作。我并不好意思拿出来，但若失掉如此难得的受教机会，却是十分可惜，于是便拿了几篇诗文习作，交予费老。

几天之后，费老告诉我，所写的东西，他都看了，文章受阅历所限，尚需多加磨砺，诗歌倒是好的，但他在新诗方面没什么研究，准备带回北京给谢冕先生看看，以便更好地指导我，好让我在以后的创作中少走弯路。

大约是2004年"五四"吧，我写了一篇纪念"五四"、反思现在的杂感，发在学校一个文学团体办的报纸上。后来，费老看到了，对我说："文笔是不错的，但认识不够深刻，等你经历更多了，写的文章自然会变得深刻。"

阅历，对于作者的修为是极为重要的。相对来说，诗歌所需要的阅历不一定很多，我们更多的是需要一种非凡想象与感知。我的注意力渐渐转移到诗歌上了。我每天阅读闻一多、冯至、戴望舒、洛夫、痖弦、北岛、顾城、多多，阅读海子、骆一禾、西川、戈麦、臧棣，阅读荷尔德林、兰波、马拉美、瓦雷里、洛尔迦、阿尔维蒂、曼德尔斯塔姆、布洛东、艾吕雅、艾利蒂斯、塞弗里斯、狄兰·托马斯、斯宾塞、拜伦、雪莱、济慈……

可以说,在那之后,我整个人沉浸在诗歌的海洋里,走到哪里,手里都带着一本诗集。所见的是诗歌,弯曲的林荫小道,一丝丝垂柳,一个潇潇雨夜,一方水泊里的一片荷叶一朵荷花……到处都是诗意,甚至我的呼吸都成了诗。我废寝忘食地写诗,课堂上,睡前,半夜醒来,甚至会议上,我不停地涂写,把比较满意的习作抄给费老。

有一次,我无意中谈及臧棣与西渡编的《北大诗选》,我说,这本书现在很难买到了,北大的好多好作品,现在市面上见到的也不多,不知道北大图书馆里有没有。谁知,他从北京再次返校,竟给我带来臧棣的一本《燕园纪事》,告诉我,臧棣手头也没有《北大诗选》,这本书是没法弄到了。你的诗稿我也交给了臧棣,他应该会给你一些建议。

有时,费老会捎一两本关于诗歌的论述给我,或者是一两篇诗歌评论。在我保存的信件、赠书中,有一张剪报很令我感动。那是谢冕老师一篇文章《诗歌这种文体》的剪报。费老很小心地把它裁剪整齐,交给我,说你看看也许有所启发。

就这样,为了我的成长,费老没少耗费心力,他总是默默为我做很多事,一张剪报,一本书,或者向其老朋友、同事介绍我。我认识谢冕老师与黄修己老师,并多次从他们那里获得诸多教益,完全得力于费老的热心介绍。

费老对我的关爱与帮助,绝不亚于他对北大学生的付出。我甚至觉得,也许在他心里,我就是他非常喜欢的北大学生,一个来自北大校外,却从北大先辈们身上继承某些精神的北大学生。

有一次,我跟费老谈起我对北大的向往,谈起我对那些北大先辈的景仰。我说,我倒希望自己有一天能到北大学习,去感受那些先辈眷恋的燕园,看一看未名湖。未名湖是北大诗人的海洋,我也想去汲取一些灵气。

费老脸上又泛起了熟悉的笑容,说,你可以通过考研去实现这个愿望。虽然现在的北大与蔡先生的北大相去甚远,但还是有很多值得自豪的地方。你若能到北大学习,自然是极好的。

我对于考取北大研究生,并没有什么信心,只好模糊地答应着。对我来说,专业课是没有问题的,关键是英语与政治。高中时代,我曾一度厌学,荒废了学业。此后,我再也没有花多少心思在英语和政治上。现在要补回来,谈何容易?不料,费老竟很认真地为我做了不少准备。回北京之后,他花了不少工夫,为我搜集北大汉语言文学往年考研的试题,一再嘱托我好好用功,争取到北大学习。看到费老如此为我付出,我不免认真起来。我把这件事跟家人说了。他们说,我们当然希望你能拿到更高的文凭,但是,你上大学已经使我们负债,生活很艰难了,哪里还有能力供你上研究生呢?

为此,我想了很久。在认真思考之后,我决定不再考研了。因为在我心里,学校的传统教育早已失去比重,变得无足轻重,只有写作占据着不可取代的地位。于是,我对家人说,我并不在乎什么文凭,我不在乎那张纸。你们放心,不去北大,我一样可以成才。

这件事,我一直没有告诉费老,我不知道该怎么说。直到大四那年,我才告诉费老,我决定放弃考研,一方面家里经济不允许,另一方面是我个人决定早些出去工作。当时,费老是表示理解的,但我分明看到他眼里掠过一丝失望,大约是为我失去一个可贵的学习机会而惋惜。其实,我也未必能考上北大的,因为我的英语与政治实在有失水准。

五

费老对学生的关爱,并不局限于某个人的。他对学生总是怀着普遍的关爱,不单对我如此,对中文系的学生如此,对学校别系的学生也是一视同仁的。我们经常看到他身边总是围绕着一些陌生的学生。当然,他最有感情的,还是中文系的学生,尤其是我们2002级学生。

在北大退休之后,费老应其学生——我们的老师仇仲谦先生之邀,来梧州学院筹办中文系。自此,他便将所有心血倾注到我们中文系学生身上。为了让中文系学生有更好的学习条件,费老总是无私地奉献着。

为了筹办中文系,充实中文系的师资力量,费老邀请他的三位同学过来给我们讲课。这三位同学是谢冕、侯学超和黄修己先生。谢老与侯老是北大教授,黄老也在北大任过教授,后来到中山大学任教授。我们这四位老师,都是学识渊博的大师。可惜我不曾从他们那里得到多少真传,这实在是人生一大憾事。

看到学校落后的教育资源,他总是竭尽所能为我们加以改善。譬如,他专门为我们开设《论语》《孟子》的课程,并赠予我们四十几个同学人手一册《论语》和一册《孟子》。看到学校图书馆藏书匮乏,费老担心影响我们的学习,多次建议学校购书,并把家里珍藏多年的书籍,装入几只大箱子,从北京托运到我们学校。

那时是夏天,天气很热。中文系的秘书通知我们的学习委员,叫他找几个男同学去搬书。学校派一辆面包车载我们去邮局取书,费老拿着邮局的收货单与我们同行。也许是收货单上没有注明具体是哪个邮局,或者是司机弄错了地方,我们跑了两个邮局,才取到书。

学校专门为这些书开设了一个中文系研究室，费老引我们来到研究室，教我们把书分类放在书架上。我们对于书籍的摆设全无经验，一切都是在费老的指导下完成的。忙完之后，费老和我们一样，早已汗流浃背了。看着安排妥当的一切，他是满心欢喜的。他对我们说：这是我与侯学超老师的藏书，现在捐给我们系，你们以后可以到这里来学习，也可以借书回去阅读，你们今天就可以借几本回去，登记一下就行了。你们要好好利用这些书，多积累知识。

我也是喜欢买书藏书之人，自然懂得这些书曾陪伴费老走过很多岁月。每当我阅读这些书，我仿佛看到一个年轻人埋头苦读，历经"文革"那个疯狂的年代，小心翼翼地收藏这些珍贵的书籍，阅读着，思考着，慢慢地著书立说，成为学者。

银发满头，费老依然在深夜翻书，撰写专著。

现在，这些书依然陪伴着无数的年轻人成长，它凝结着费老的精神，这精神犹如日光，照着我们走向前去。

六

大三的第二学期，为了让我们顺利完成毕业论文的写作，费老组织系里的老师，给我们培训写作论文的相关知识，同时带给我们一些北大毕业生的论文、中山大学学生的毕业论文作为参考，其中有本科生的，也有研究生的；语言学的，文学的，影视的，五花八门。并督促我们早点选定命题，构思，查找资料，着手写作。

培训结束之后，费老问我，对论文有什么想法，打算写哪方面的。

我说，想写鲁迅。

"写鲁迅？"费老有些惊讶。

"写鲁迅。写他的《野草》。"

"你前面有很多研究者,已经形成了很多见解,你能够找到的资料很多,但是,要形成自己的看法很有难度。你有信心写好吗?"

"应该有吧。我从高中时代就开始读鲁迅,一直读到现在,多少还是有自己的看法的。我现在想做的,就是从鲁迅的作品与行动去诠释《野草》所体现的思想,写出我的一点看法。"

"要写鲁迅,你倒可以看看王瑶、严家炎、孙玉石和钱理群几位老师的研究。钱老师在北大讲鲁迅很受学生的喜爱。"

参加开题报告之后,我便开始写论文《置身于黑暗与苦难之中——〈野草〉散论》了。学校关于鲁迅的研究资料并不多,好在有一套鲁迅全集,我每次借5本回来,每天都花很多时间去阅读。我的论文写作,比想象的要艰辛得多,我费了好大功夫才写成。在指导老师的帮助下,我前后三次修改、补充,终于定稿了。我们除了本校的指导老师,还有广西大学文学院的一位教授担任指导。

那时候,费老多次询问我的论文进展情况。我说在修改、补充。定稿之后,我告诉费老,广西大学文学院的指导老师说,只要我在答辩上表现顺利,我的论文应该可以评优秀。费老听了很满意,同时也鼓励我,在答辩时好好发挥。

毕业论文答辩那天早上,我们结束第一轮答辩之后,在教室外遇到费老。费老问大家答辩得怎样,同学们一一回答之后,我说,有些紧张,所以没有发挥好,不过,老师说我下午还要参加复答辩,也许有机会拿优秀。

我不记得下午的答辩费老有没有去看,但我应该没有令他失望,《置身于黑暗与苦难之中——〈野草〉散论》最终被评为优秀论文,我赢得了在座不少老师由衷的掌声。

事后遇到费老,他告诉我,他看了我的论文,写得很用心,能提出自己的一些看法。

七

正如费老的学生所说的那样,"费老知道系里哪些学生有哪些特长,并一一关照合适的老师应予注意。费老也会批评人,但即使是最严肃的批评,也总是带着与人为善的目的",费老也曾很温和地批评过我。

在迷上诗歌的那些日子里,我仗着对专业课的理解不浅,常常不听课,不是看一些文学作品,就是看一些专著,或者偷偷写诗。有时,任课老师看在眼里,私下里跟费老讲了。费老得知后,便批评我说,认真听课,可以获知别人通过许多经历印证之后得到的真知灼见,劝诫我以后不要再这样。我当时颇不以为然,依旧我行我素。

2004年,我们大三,中文系迁至西校区,一些课程便由风格迥异的老师讲解。我听过一次,觉得都不足以吸引我,便索性连课堂也不曾去,只整日泡在图书馆里,或者借了几本书回宿舍看。费老得知后,再一次批评了我,他先说我有一股学习的狠劲,有点文人气,这是很难得的,但是旷课,却是不应该的。我当时并未承认错误,反而说,我觉得从那些老师身上学到的,远没有在图书馆学到的多,专业课程要达标,对我来说不算难事,难的是我怎样在上学的时候,学到以后会用到的学问。

我不记得费老听这话以后是什么神情了。大约我的年少轻狂,令费老有些难堪吧。

八

从我们认识那一天起,费老无时无刻都在关心我。即使毕业之后,费老也常常问及我的工作、生活如何。2008年国庆,我们在梧州聚会。那天,我们到费老家里,费老给我们看了他在加拿大拍的一些照片,给我们讲他在那边的一些生活,同时也给我们看过去的一些老照片,讲老照片里他的老师。

我们的同学黄寿恒,把他这两年写的诗文打印成册,带给费老看。费老还叫他朗诵了一篇诗词。这时,费老看了我一眼,那眼神是含着深意的,在询问我有没有写什么作品。

果然,在黄寿恒朗诵完之后,费老问我,这两年有没有写些文章。我抱歉地说,工作太忙了,而且把脑子忙坏了,写的东西很少。我是打算年后开始专心写作的,到时好好拿给老师斧正。

费老倒也没有说什么。大约他是理解的,人在江湖身不由己,很多时候,我们都被迫做一些不愿为之的工作,以维持生存,从而不得不暂别自己喜欢的事。

离开学校之后,我就很少联系过费老,一方面因为他行踪不定,有时在北京,有时在加拿大,有时在别的地方;另一方面,是我目前的状况并不佳,我没有充裕的条件去写作,怕他失望,所以连电话也不曾打一个。

但是,我时常想起费老的音容笑貌,想起他的关照。在我所有的老师中,他是给我帮助最多,给我鼓励最多的老师。有时,我常常想,如果我能在中国教育制度中有所受益,我最该感激的,是费老对我的热心期望,以及不倦的教诲。小而言之,是希望中国青年有所作为,大而言之,是希望北大精神有更多传人,造福于中国。

费老所赠的书籍,所写的信件,以及毕业时所写的推荐信,如今我都好好收藏着,想作为永久的纪念。虽然在深圳上班的时候,有一回给小偷摸进家里,撕坏了信封,丢在地上弄脏了,但我把信纸粘贴好,依旧收藏着。每当自己几乎要随波逐流的时候,偶尔翻到费老的信，我便良心发现，决意多读书，好好去写一些有别于应市消遣的文字。

（原载梧州学院中文系系刊《晨曦》总第 7 期，2009 年 5 月）

附记：

韦启瑞的文章较长，保留它，不是因为文章表扬了我，而是因为韦启瑞——一个偏远山村的中学生竟知道北大精神、鲁迅精神，并由此考进广西大学梧州分校，成为梧州分校第一届中文系本科生，由此我们相识，才有了这篇文章。我在本书的《〈恒言集〉序》中说：黄寿恒"是班上最有文学细胞的两个男同学中的一个"，而另一个就是韦启瑞。已经好久没有同他联系了，十分想念他！2018 年 11 月 17 日写于北京西郊畅春园寓所。

费振刚教授不老的梧院情结

谭永军　李秋荣　邓杨瑞

十月的午后,和煦的阳光洒满了整个梧州学院,桃花岛畔的长柳轻抚着波光粼粼的湖面。

我们如约地来到了费振刚教授的家里。

爽朗和蔼的费教授把我们迎进门,沏茶倒水让座……我们受宠若惊,进门前的那种敬畏、忐忑之情悄然褪去。费教授精神矍铄、满面红光,思维敏捷、行为矫健,一点都不像年逾古稀的老人。若说岁月在他身上留下比较明显的特征就是那满头的银发,它却昭示着渊博的学识和历经沧桑的年轮。

费教授把自己的一生献给了校园,献给了他的学生。从1955年进入中国最高学府北京大学上学,1960年毕业留校任教至今,他一直生活耕耘在校园这方乐土,著书立说,永不放弃、从不言倦。

教学相长　老师不老

2002年广西大学梧州分校(梧州学院前身)正在筹办中文的本科专业,通过我院仇仲谦教授的引荐,学校领导盛情邀请费振刚教授到校主持中文系的筹建申报工作。说到这段经历,费教授说:"那时我刚退休,恰好没什么事,就过来了。"就这样,大半辈子生活在北方的费教授,带着他的妻子冯老师来到了南方的一座小城,又开始了攀登人生的另一座高地。不仅他来了,他还把他在北大任教或者曾经在北大当过教授的三位大学同学谢冕、黄修己、侯学超先生一同邀请来筹建中文系，组成了"豪华"的教学阵容。"当时02级中文系四十多名学生有四位知名教授给他们讲课，这在国内其他高校都是罕见的哦。"费教授回忆中说到。

费教授在北大是一位众人仰慕的博士生导师，也曾做过北大中文系主任，能成为他的入门弟子是学子们梦寐以求的愿望。"我就是冲着费振刚教授的名气才来到梧州学院的。"这是中文系一位同学说的，相信它代表着大多数同学的意愿。费教授在梧州学院，没有把自己当外人，事必躬亲，真心待他的学生。他认为梧州学院的学生和北大的学生没有多大的差别，只是教育的不公平，让这里的学生没有享受到更好的教育资源。他说："看到这里的教育资源比北大落后很多，想到学生求学的艰苦，为来这里求学的孩子们感动又感到委屈，告诉自己一定要尽自己的力量来改善这种情况……"他把学生当成自己的孩子，爱他们。

在我们采访他的当天，他正把我院07级中文系七个班的学生代表找到他的家里，用家庭交谈的方式了解学生。"学了一年的中文科目了，你觉得自己收获了什么呢？""你对古代汉语这门课有什么看法呢，觉得怎样学习更好？"……教授跟大家亲切地交谈着，客厅里也随之热闹起来。他说了解了学生便于更好地课堂授课。

"是故学然后知不足，教然后知困。知不足然后能自反也，知困然后能自强也。"教和学两方面互相影响和促进，都得到提高。费教授认为自己从中找到了教学相长的乐趣。

候鸟情结　牵挂不少

"我很快就喜欢上了梧州，喜欢上了学院的一草一木。"费教授一年之中,大半的时间是在梧州度过的,只有在每年4月至8月期间他要到加拿大去履行几个月的居住义务。教授的两个女儿都旅居加拿大,为了照顾父母的晚年生活,为父母办理了加拿大永久居民权。这样按照加国的法律,教授和他的妻子每五年至少要在加拿大住满两年的时间。"我成了一只候鸟,每年4月底离开梧州到北京处理一些事情,然后飞往加拿大避暑,8月份回到北京稍作停留又回来梧州,冬天正好避寒了。"教授的幽默把我们都逗笑了。

"如果还有能力做事,我愿为学院中文系做事;如果学院需要,我会一直坚持下去。"

费教授对学院有很深的感情,他和师生们一起为学院的升本而努力过。他说:"学院从一所专科学校到升本成功,已经得到了很大的发展,但仍是发展的初级阶段,我愿意尽自己所能帮助它(学院)。"虽然他经常往来于加拿大与中国之间,他去年一年住在加拿大,但是他的心在中国,他心系学院。他通过电视、报纸和互联网了解中国,他时常用网络跟学院老师联系,老师们也经常隔洋请教于他。前些天,费教授带领的科研团队从事的课题——"汉魏六朝小说文献研究"完成既定研发得以结项。这项目属于全国高校古委会直接资助的重点项目,并作为教育部人文社科基金规划项目中的组成部分,是属于部级项目。

费教授说,他对学院有两个牵挂:一是学院各项工作正在发展,一起经历了这么些年,彼此之间有了了解和感情,尤其是中文系的事情和老师,所以还是会放心不下;二是学院要提升科研能力。梧州学院和北京大学不同,前者是培养应用型人才,后者是培养研究型人才,但是应用型学校的教师应该具有研究能力和研究水平,"就中文系专业来讲,我希望经过我们几年努力后,争取在这个学科的某一方面成为广西大学的强项，广大教师具有较强的科研能力，才能提升整体教学水平；再者，我 2002 年 3 月到学校，我和侯教授带来了自己的藏书，这次又带了一些过来，我希望它们能成为学院图书馆的一部分，成立一个专门的语文图书室，对全校师生和社会开放。"

学者风范　无私馈赠

十几个 07 级的学生要到费教授的家里，我们在帮他准备凳子，看到房间的床前堆着几个大箱子，费教授看我们一脸的问号，就笑着说："这是书，给学院图书馆的，从北京家里运过来的。"

"你舍得啊！"我们无知地脱口而出。

"舍得！以前过来的时候，这样的箱子我和侯教授运了好多箱了。"

费教授和侯学超教授把他们几十年的藏书和著书都无偿地献给了梧州学院。现在学院的图书馆设了一个"费振刚教授研究室"，2000 多册书都收藏在这里。

"这些书一直伴随着我，我就是靠这些书一步步成为教授的。其中一些是我们自己编著或主持编著的，上面留下了我们学术成长的印记，也有保留了我同行、朋友交往的记录。我很爱它们，'文革'时下放到农村干活，很多人都把书卖了，甚至比卖废纸还便宜。而我坚决不卖，想尽办法把书完好地保存下来。"

如今，费教授把他的藏书又带到了梧州，让它们继续为了学术传承发挥作用，这着实让人感动。

有一爱书者在自己的书架上昭示："恕书与老婆不外借。"想想费教授、侯教授的所作所为，不能不为之折服。把好东西与人分享，"施比受更有福"这又是何等的境界。

走出费教授的家门，耳朵里传来了一片欢声笑语，而教授那句掷地有声的"如果学院需要,我会一直坚持下去!"更久久回响在耳旁。听君一席话,胜读十年书!满头华发的老先生没有垂暮之年的眷念,只有老当益壮的斗志;没有对天伦之乐的向往,只有对梧院无边的情意啊!

费老的风范

李光先

路过桃花岛的时候，我经常会抬头看看旁边那栋楼的四楼，因为那是费老师以前住的地方。而今，教师节快到了，"文章合为时而著"，因此我写下一些往事，重温费振刚老师的学者风范。

夕阳未晚　为霞满天

费老于2002年来到广西大学梧州分校主持创建中文系，而今中文系已经走出了五届毕业生，并且有了国际办学项目，与越南、泰国互派学生学习，文苑春色满园，一派欣欣向荣。这些正是费老师所期望的，这凝聚了费老师和许多老师的心血。费老师当时怀着平衡南北方教育资源的差距而来到梧州。论名，他早就是驰誉学界的领头人物，著作等身；论利，他并不缺乏金钱，衣食无忧。他怀着对教育事业的热爱和奉献精神而来。除了创建中文系，他还把他的十多箱宝贵的典籍文献运到了梧州分校，建立了研究室，常常有许多同学到他的研究室借阅图书。由于费老的缘故，当时不仅分校的中文系而且广西大学梧州分校也十分引人注目，一些博士生专程来到广西大学分校找费老指导。唐林副院长曾经说费老来这里实实在在做了很多事情，而不是挂个名。

提携后学　不遗余力

2008年10月初的一天，费老师回到了梧州学院，因之前没见过，我当时还不敢确定是他，我就问："您是费教授吗？"他说："我是。"随后我们攀谈了起来，临走了他主动告诉我他的小灵通号码。第一次到费老那里，我比较紧张，费老师给我倒的茶也没喝多少。费老师很亲切地问了我的情况，了解到我对赋的兴趣后，送了书给我，以此鼓励我。在以后的日子里，费老和蔼的面容和亲切的话语让我消除了紧张感。

当我把我的第一篇习作给费老师看时，他给予了中肯的评价及细致的指导，说我的文章结构很好，并且已经有了赋的味道。过几天后，他打电话过来叫我过去，指出了文章该注释但没有注释的地方，我马上对文章进行了修改。那篇文章是针对广西壮族自治区成立五十周年的应征文稿。某个上午的课间，费老师又来电话了，他说文章的"子虚"是司马相如作品中的人物，他当时没想出一个合适的称谓给我，建议我另想一个。当时文稿已经上交，无法修改了。费老师对我的稚嫩的习作一直放在心上，多次给予细致指导，可见费老对学生的关心是多么细致！

费老返京之前，专门给我写了一封推荐信推荐我加入中华辞赋社，同时教导我"立志在赋学方面有所成就"。最终我有幸成了其中的一名会员，"在赋学方面有所成就"也成了我的人生志向。到了第二年下半年，当时费老师在北京，他还特地叫我及时交会员费。2009年费老师对我后来的两篇习作又给予了指导，不仅电话指导而且还专门写信过来细致点评与指导。我的习作发表两篇以后费老师还把我的文章送给著名辞赋家颜其麟先生，希望老前辈能指导我。

即使是在身染重病的情况下，费老还是很关心我。今年4月，身患脑血栓半年多右手不能活动的费老来信，对我的习作给予了指导，并一起寄来两篇自己的文章和2009年全年的《文史知识》。拿到包裹后，我马上阅信，看着信中显得歪扭的字，我可以感到费老师写信的时候是多么的艰难，我心情很沉重。其中的一篇文章《当噩梦醒来时》后面有这样一句话："我退休快十年了，还在尽力做着我喜欢的事，只要能做，我还要做下去。"这句话正显露了费老的情怀，对此，学院宣传部毛廷贵部长深表钦佩，情不自禁地大声叫好。

春风化雨　润物无声

费老对学生的关爱很含蓄，学生当时并不一定知道。其实这是他的一贯作风。加入中华辞赋社需要一笔会员费，费老师了解到我经济比较困难，他就把一些文稿交给我进行校对，校对完毕后他就给了一笔钱给我交会费。当时为了校对文稿，宿舍里同学们都休息了，我只好在厕所里开着灯在一张大的凳子上进行校对。那些文稿是费老历年来所写的散文，需要集中出版。此间，费老师还关照我注意身体，不要熬夜。

费老师还叫我看完他和系主任梁华一起送给我的《全汉赋校注》，看看有什么地方有讹误，以后再版时给予更正。我从2008年年底至2010年3月中旬才基本看完那套书，看的过程很费脑，老师的嘱咐驱使我耐心认真地看下去。基本看完之后，我对汉赋有了整体的了解。由于学识浅薄，我尚不能提出新意及撰写论文。

这两件事情过去很久以后我才体会到费老师叫我校对文稿和细读《全汉赋校注》都是"此中有深意"。叫我校对文稿不仅是为了方便他校对而且也为我提供会费，其实经过我校对，他自己也还看看的。

叫我看《全汉赋校注》不仅为了以后的再版也为了培养我做学问的耐心。

无偏德育　诚为人师

"经师易得，人师难求"，费老师不仅在学业上给予我很大帮助，而且在为人方面更是给予我很深远的指导。费老不愧是人师。

在 2009 年下半年，费老师从我的信中读到了一种不安分的意味，在后来的一次通话时，费老师严厉地说了一句："光先啊，要本本分分做人！"一向温和亲切的费老师说了这样一句话，对我而言犹如当头棒喝。这句话引起了我深刻的反省。此后，我就牢牢地记住了这句话，并努力践行。这次教导令我终生难忘。

"高山仰止"，见到大师需要仰望，费老师是我做人做学问的榜样；"景行行止"，费老师对我为人为学方面的教导我会好好力行的。在教师节来临之际，衷心祝愿在加拿大的费老师身体康复，生活愉快！

（《梧州学院报》第 37 期，2010 年 9 月 11 日）

附记：

本文作者李光先，梧州学院中文系 2007 级学生，毕业后，先在广西大学读硕士研究生，后在中央民族大学读博士研究生，现为梧州学院文学与传媒学院教师。

附录2：访谈录

中国文学的耕耘者
——访北京大学费振刚教授

林庆彰　侯美珍[①]

前言

八月十日海峡两岸首次"《诗经》国际学术研讨会"在石家庄的河北宾馆召开,中国内地、港台及国外致力于《诗经》研究的学者皆参与了这次的盛会。由于这样的因缘,也得以见到慕名已久的费振刚教授,向这位谦逊平和的长者请益。

费教授致力于先秦两汉文学的研究已有数十年,在文学史的编纂及《诗经》、汉赋等的研究成就,获得学界相当大的关注,希望透过访谈,将费教授的治学经历及成果公诸于众,以为其他相关领域研究者提供借鉴。

访谈记录

问:请费先生简述一下您就读北大之前的学习经历。

答:我在1935年出生于辽宁的鞍山。当时整个东北沦为日本人统治,即所谓"满洲国"。父亲在昭和制钢所(现为鞍山钢铁公司)

[①] 采访者林庆彰,台湾"中央研究院"中国文哲研究所副研究员;整理者侯美珍,台湾政治大学硕士生。

当工人。九岁时就读于日本人为中国职工子弟办的"义塾"。因情势所迫，长辈不敢以真言相告，以为自己是"满洲"国民，直到1945年东北被收复后，才知道自己原是中国人。至今，当《我的家在东北松花江上》的旋律响起，就自然而然地牵动了我对故乡、对祖国最深沉的感情。1950年小学毕业后，在鞍山完成了初中、高中的学业，1955年考入北京大学中文系。

问： 请您谈谈在北大就读时的情况。

答： 自1949年开始，大陆推行"全面学习苏联"的口号，教育、学制上也不例外，强调大学教育是为了培养专家，基础要讲求厚实，所以北大的大学制由四年改为五年。我是第一届在北大中文系就读五年的毕业生，自1955年考上后，1960年才毕业。在课程上，则有"语言"与"文学"两大重心。

问： 费教授就读北大中文系时曾受教于哪些老师呢？

答： 当时在北大任教的老师可以说是国内一流的专家学者。教授语言学方面有魏建功、王力、高名凯、周祖谟、朱德熙等先生；文学方面的课程，游国恩、林庚、吴组缃三位先生分任古代文学史先秦两汉、魏晋隋唐、宋元明清各阶段的教授，新文学史的课程则由王瑶先生担任。为了加强人才培养的专业性，当时中文系在三年级要分成语言和文学两个专门组。基于我对文学的偏好，很自然地选了文学专门组，又得以聆听王季思先生的戏曲、吴组缃先生的《红楼梦》及林庚先生的唐诗研究等课程，都令我获益匪浅。

问： 请谈谈您在北大就读时较常亲聆的老师，及所受的影响。

答： 游国恩及季镇淮两位先生是我请益最多的师长。游先生曾勉励我好好读"十三经"，言做学问首要之务是细究原典，认真读书，他本人做学问重考证、训诂、校勘，广博精深，是我学习、取法的典范。季先生常不言自己是研究文学，而说自己是搞"史"的，重视学术的先后传承衍变，这亦成了我对自己做学问的要求。此外，游先生是闻一多先生的好友，游先生的《楚辞》研究著作中引用了不少闻先生的说法，对闻先生赞赏有加；而季镇淮先生是闻先生在西南联大的学生，过从甚密，两位都是我最亲近的老师，耳濡目染之间，也促成了我日后从事闻先生著述的研究。

问：闻一多先生非但是"五四"运动以来出色的诗人，同时也是一位优秀的学者，对中国古典文学的研究，自成一家。费教授在闻一多古典文学著述方面下了不少研究的功夫，如您所作的《闻一多先生的〈诗经〉研究》，可说是目前关于闻氏《诗经》学研究诸多学者的著作中最具代表性，也最全面的一篇论文，能否再多谈谈您研究闻一多的经历及心得。

答：在大学时对《诗经》就有偏爱，受游、季两位先生的影响，在大学也阅读了闻一多先生所有出版了的著作。较全力的来研究他，是在1976年至1979年之间，而后陆续地完成闻先生的《诗经》学、《楚辞》学等研究文章。

问：闻一多先生在昆明被暗杀后，不久全集即出版了，但据闻仍有不少遗稿、上课讲义，能否请教授谈谈遗稿的处理情况。

答：1949年后，闻先生的遗孀高孝贞女士将遗稿捐给了北京图书馆收藏。八十年代初期，高女士委托季镇淮先生来处理遗稿。季先生和何善洲、范宁先生将《楚辞》一类的遗稿整理出来了，1985年由上海古籍出版社出版了《离骚解诂》《九歌解诂》《九章解诂》和《天问疏证》。我负责《诗经》稿的《国风》的一部分，约三十万字，再加上闻先生的女儿整理的《诗经》稿其他部分，合起来可能超过五十万字，只发表了一部分整理的成果。武汉大学成立闻一多研究室，有出新版《闻一多全集》的计划，我们就将整理出来的稿子交给研究室了。如果能将闻先生的遗稿整理刊印出来，学者从事研究将可从这些补充的史料中,取得更客观、更全面的成果,我想是很有意义的。

问:1958年出版的北大1955级中文系学生集体编著的一套《中国文学史》,以及后来1961年游国恩先生担任总主编的一套《中国文学史》,费教授都曾参与其事,能否谈谈您参与编著的经过。

答:1958年,大陆兴起"大跃进",影响遍及农业、工业及教育、学术研究方面。当时认为"五四"运动以来,取法于西方资本主义世界所得到的是一套伪科学,强调要批判资产阶级,追求真科学。旧有的教材被认为有所不足,倡议要用新的思想、勇于批判的精神来编写一套"中国文学史"真正的教材。于是,北大1955级中文系文学专门组的五十多名同学用暑假近四十天的时间,集体编写成一套《中国文学史》。由于我担任学生组织的干部,在编写过程中,成为第一召集人。这套《文学史》在1958年10月,由北京人民文学出版社出版了。大抵上来说,这套《中国文学史》有三个特点:

(一)是第一套由学生自己动手编写的文学史。

(二)是首先将鸦片战争到"五四"运动这一阶段文学史发展写入"中国文学史"的教材中的一部书。

(三)由吸收教授的传授到强烈批判老师们的"不足""错误"。此书与当时的时代需求相一致,也反映了当时思潮的特征。

正因为这样,书出版后,获得了不少回响,季镇淮教授等也在《光明日报》上发表署名文章加以评介。稍后人们对"大跃进"中种种"过激"行为有了一定的清醒认识,也促使了我们有更多的反省,结合别人的批评的意见,我们决定在书中,删修掉对师长们过激及简单化的指责,更详尽的扩充内容,字数由七十七万字扩充为一百二十万字,在1959年10月出版了《中国文学史》的修订版。回顾这段编写经过,囿于时代的氛围,当时我们有些行为和做法实在是很简单、很粗暴的,但对参与其事的多数同学而言,却也是一个训练思考、写作能力的过程。

1960年7月，我在北大毕业后，留校服务，担任游国恩先生的助教。游先生不以当年对他学术简单的批评为嫌，胸怀之宽大，是我一直深觉佩服、感激的。

1961年，教育部认为有必要对历来的研究和教学成果做一个总结，遂指定游国恩先生担任总召集人，来编写一套《中国文学史》。游先生邀集了老、中、青三代来一起做这个工作。老一辈的有游先生及王季思、萧涤非、季镇淮四位先生；中年一代有廖仲安、邓魁英、吴文治三位先生；青壮的一辈就是我和其他当时留校任教和读研究生的同学。由于教育部强调这部文学史要以1955级北大中文系学生编写的《文学史》为基础，而我是当时编写那套《文学史》的主要召集人，所以在决定主编的人选时，在四位老一辈的教授后，我也列名为主编之一。我除了协助四位师长组织实施编写工作外，并为《诗经》《史记》等部分的执笔者。

这套书在1963年由人民文学出版社出版，至今整整三十年，出书近六十万册，最近又续签了十年的合约。香港在八十年代中期也出版了此书，近年，台湾的五南图书出版公司，也在台湾以繁体字出版了这套书。此皆可以看出这部文学史流传之广，影响之大自不待言。

问：费教授最近出版的《全汉赋》一书及即将出版的《汉赋辞典》，对从事两汉文学研究的学者可说是裨益良多，对学术界是一大贡献，能否请教授谈谈您研究汉赋的经历及著述动机、心得。

答：汉赋一向被视为贵族文学，而且古奥难懂，喜好者并不多，我陆续写了几篇相关的研究论文后，更深切地感到汉赋的不受重视，也体认到研究汉赋而无一本全面收集汉赋的专书可用，实是研究的一大不便。对于古奥的字词没有专门的工具书以供检阅，难以打破汉赋的文字障碍。在这样的认知下，我与胡双宝、仇仲谦先生——

他们都是我在北大中文系前后班的同学，在我指导的研究生宗明华以及几名年轻教师的协助下，开始了两部书的编纂工作。经过四年多，1989年先后完稿。《全汉赋》五十六万字，《汉赋辞典》约一百万字。

问：费教授是否能谈谈未来几年您的研究计划。

答：大概可以分为三部分来谈。首先打算要再编一本《全汉赋外编》（暂定名）。鉴于对文体的赋有不同的看法，而《全汉赋》作为一部文体断代的总集，对收入的作品不能不有限制，我取舍的标准是比较严的，例如我认为由于来源的不同，从文体来说，辞是辞，赋是赋，两者有明显的区别，因此《楚辞章句》中所录的汉代作家的作品，没有收入《全汉赋》中。但这类作品不仅与赋有关系，而且是汉人表现自己才华的一种形式；颂、赞、箴、铭、连珠等，也同样是表现汉人才华的，文章的风格、写作手法也与赋有相似之处，因此我准备将汉人上述各体文章收录于《外编》之中，使研究汉代辞章之学的学者有便利的书可参考、使用。将汉赋古奥的辞句疏通，采今注今译的手法来拉近今人与汉赋的距离，是推展汉赋普及化所必须要做的一项工作，因此，编纂《全汉赋译注》亦是我的心愿之一。另外，与其他学者合作编纂的《中国文学通史》已进行多年，预计出版十四卷，七百万字，比以往类似著作的内容、材料都丰富得多，现已出版《南北朝文学史》《元代文学史》两卷，我和倪其心教授负责《秦汉文学史》一卷的编纂工作，目前正在进行中，预计今年底可完稿。在当前商品经济大潮中，做学问是清苦的，但既然选定了这一目标，我仍希望透过自己的努力，为学术的发展略尽绵薄之力。

结语

缅怀师长，谈治学经验，说教书生涯，道著述事业，娓娓谈来，费教授也不免要提到1957年后的"反右斗争""大跃进"及"文化大革命"那些个惶惶不可终日的日子。远离了这段历史的我们,一时很难理解也不易想象那个时代的动荡。佩服的是费教授身经动乱而不废所学,也欣慰学术界因此而多了一位中国文学的耕耘者,延续着文化的命脉。

(原刊于《国文天地》第九卷第七期,1993年12月1日出刊)

悠悠岁月

——访中文系系主任费振刚教授

张蓉蓉

中文系是北大最古老的系之一，它和北大同龄，所以当北大迈过一百岁的门槛时，它也走进了百年的华屋，成为北大众多系中一个高龄成员。中文系一直是北大声名最显赫的系之一，曾几何时，一提起它，大家都会跷起大拇指。因为它拥有悠久的历史，众多全国闻名，乃至世界皆知的著名专家教授学者，远的如鲁迅、刘半农，近的如王力、吴组缃，现在的如严家炎、钱理群等等，众多的名家一起塑造了它的辉煌。"作为中文系的系主任，这是一件让我值得骄傲的事"——费振刚教授娓娓地道出了他对北大，对中文系的感情，回忆他在北大走过的四十三年悠悠岁月。

1955年风华正茂的他走进了北大中文系。他风趣地说道："那时候，我们可没现在这么多选择，一切服从组织分配就完了，很自然就来到了中文系。那时候，文学批评挺热闹的，但我觉得自己对古典文学较为感兴趣。于是便一头扎了进去，想从诸子百家，先秦两汉一代代地读下来，心想一辈子总能读完吧，没想到现在读了大半辈子了，还留在先秦两汉，停步不前了。可也越读越有趣，越读也越懂得它的博大精深了。有些东西呀，特别是学问，只有你真正投入进去的时候，才会懂得它的可爱，才不会虚度光阴，这也就可以无悔了。"回想走过的路，总是感慨万千的，从一个热血青年到一个年过花甲的老人，中间有多少荣耀，多少辛酸事呢？外人是无从知晓的，但每个日子都是难忘的岁月，那是不可否定的！

"那时候，我们也不流行考什么硕士，博士的，我本科一毕业就留校了。一心一意就想搞古典文学的研究。所以说到学历，我今天也只能算个本科生，但对于此我并不很在乎。我认为真真正正想做学问的人，就得静下心来，规规矩矩地多读几本书，忘掉许多的功名利禄——少一分光鲜，多一分平淡，才能有收获。当然，时代不同了，不能要求所有的学生都这样做，但是诚心诚意地想做点学问的那部分人，我想只要他做到以上我所说的，不论在何时何地，他总会是有所得的。"和费教授谈到有关现在考研热潮时，他谈了这样一段话，总的来说，他认为，学历可以是一种证明吧，但对于学问无补，它们不是画等号的关系，他不赞成混学位的做法，既然有机会接受高层次的教育，就应该学点实在的东西而不应浪费这宝贵的位置。看到没有几个学生专心做学问，这是最令他痛心的事情。他热切地希望多几个人拥有平常心，多一份热情献给知识。

谈到百年校庆，他说，不论对于北大，还是中文系来说，都是一个大的转折点，今后的道路要怎么走，如何走好，还要看我们是否能在这盛会之机抓住机遇，制订好计划，然后一步步地把它落实。只有那样，北大，或说中文系才能在未来竞争的社会里保持不败之绩。对于此，他谈了中文系近年来的情况：

这几年，中文系受到很大的外来压力。在全国，可以说北大中文一直是名列榜首的。但是现在，总体来说，我们还可能站在别人前面一点，但在个别的学科上，我们已明显地显得后劲不足，有被别人压倒的趋势。比如古典文学领域，南京大学的程千帆先生培养了一批颇有实力的博士、硕士，专攻这一方面，已显出很大的力量；复旦大学在文艺理论批评方面，也着力培养了一大批人才，因此这方面也有较大的优势。在整体上赶超我们是很难的，但在薄弱环节击垮我们，那就容易多了。所以我们一定要时时刻刻检讨自己，创优补漏、推陈出新，不论一个系，还是一个学校，一个学者都应该做到这一点。所谓知己知彼，百战不殆嘛！另外，从发展角度来说，人才是最主要的因素，人才质量的高低、数量的多少，决定了在竞争中是否有优势。所以我们系一定要加大力度培养一大批中青年学者，顺利完成新老交替的任务，以免出现人才断层，学校也一样。几千年前，老子就懂得人定胜天，作为现代人的我们更应该牢牢记住这一点，重视教师科研人员的培养。

"一转眼，四十多年就过来了，近半个世纪，我都在北大度过，看着它，伴着它发展、变化，无时无刻不惦着它的兴衰荣辱。但是，不论它怎么变，北大的精神总是不变的：追求民主、科学，认认真真地做学问，勤勤恳恳地学习——永远是北大的主流。学生们总是那么勤奋、蓬勃向上，教师总是那么认真，循循善诱。在这个充满物质流的世界里，还有北大这样一方净土让人尽心尽意地读书。这一点，我为北大感到骄傲，对自己在此度过的大半生感到值得。"像费教授这一辈的人，伴着北大一起成长，可以说对北大精神有他们独到的理解，所以在今天大家都在谈论北大精神是否还在时，他们最有资格发表意见。他认为北大精神是永存的，北大存在一天，它便存在一天，直到永恒。

就如朱自清先生写到的，日子总是匆匆，洗手的时候，它就会从手指缝流过去。四十多年的岁月转眼即逝，未来的日子却是无穷，让我们一起展望未来吧！最后费振刚教授想对众多北大学子说的一句话就是："用一颗平常心，踏踏实实学知识，勤勤恳恳做学问！"

（原载北京大学学生工作部主办《北大学生工作通讯》，1998年第1期《迎校庆专刊》，1998年4月15日出版）

从容大气是洛阳
——访北京大学博士生导师费振刚

孙钦良

六十七岁的费振刚教授开口便说,他是第一次来洛阳,参加的又是第一届国际辞赋创研会,那就再说一个第一吧,这就是"洛阳为整个中国思想文化奠了基"。

费教授说当他站在卢舍那大佛之下仰视时,便深为折服、深为震撼、深有所思:从容大气是洛阳!洛阳今后要打造自己的文化个性,以"从容大气"四字树帜,没错!

徐徐道来,费教授旁征博引,不离洛阳:

一是源头:齐鲁文化在中国早期文化中占重要地位,但洛阳尤重要。孔子是鲁国人,儒家宗师,但他尚须"入周问礼",来到洛邑;他是在这里学习成周文化,感受礼乐的过程中才构建了儒学;后孔子周游列国都是在讲学,而惟来洛是求学。洛阳,基本上勾勒了中国文化的走向。

迤逦而下,今人列七大古都各陈个性,北京消闲文化盛,南京六朝金粉浓,西安汉唐余韵悠,安阳殷墟甲骨独,还有开封文化的沉郁和杭州文化的妩媚,惟洛阳百纳而融一炉,集众美于一身也。我观河洛山川,雄浑;我品洛阳水席,质朴;我看河洛儿女,率真;我忖洛阳文化,从容大气。

二是特色:中国文化的特色就是"和平中正"。就洛阳的文化特色来说，恰与此合辙：先说地缘，洛阳地处中原，气候温和，在长期与自然的融合与斗争中，物质条件上虽不如江南之丰厚，却也不似北方荒漠之地那样艰苦；据兵家必争之地，惯见兴废，养成从容个性；历十三朝帝都，久见大气。山川自有包容异族之胸怀，人民终成敦厚之性情。中国历史上的汉唐大气，直接发轫于西安、洛阳两城。再说地利，今日洛阳交通便利，牡丹花会声誉沛振，正是左右逢源之时。

三是旅游：送四个字"前景很好"；再送三个字"不要急"。旅游是个热点，眼下国内很多城市都在赶这个潮头，但旅游不是赶车次，旅游必须双向交流。你有景点，只是个旅游资源；我（指游客）得有钱、有时间，景点和游客交流了，才有旅游业。旅游业面对的对象是游客，游客的素质决定旅游的品位。我认为目前中国的旅游还停留在较浅的界面上，属于走马观花、看热闹那一种；真正深层次的文化游、心灵游尚未到来。而洛阳文化遗存如此深厚，没有几天甚至更长点儿时间，你读不懂洛阳。譬如龙门，岂止是一上午就能观赏的？北魏、西晋、隋唐遗留在这儿的文化符号该有多少啊？这是一部大书！龙门与黄山、庐山不同，后者看看即可领略山川极品之美，前者却须有长期的文化修养才能启悟。像龙门、白马寺这样的景区，贵如珍宝，为了来洛看到它们，我整整作了两年的准备。两年前我接到邀请来参加此次辞赋创研会，今得见之，仍想再睹。我很想趁月夜来静瞻大佛，想那时周遭无人，山峙雄伟，佛呈庄严，人佛相对，万籁俱寂，所受到的心灵震撼必更强烈！所以我建议龙门要搞"月夜游""自主游"，不要导游解说，全凭游人自悟。所幸的是，如今一些国宝级的景区，已开始限制游人进入量，如敦煌石窟、故宫等，这都是旅游不图热闹，不图快的好例子。洛阳文化从容大气，旅游也应表现出从容大气。我有好山水，岂虑车马稀？我有古文化，自有寻古人！古时洛阳万方辐辏，明日洛阳必将连带万方。

费教授侃侃而谈，语速不快，声音不高，竟也是那般从容大气，似融入洛阳文化的从容大气之中。临别，请得名片一张，只见上面仅写有"北京大学中文系教授"职衔。其实他多有兼职：国家教育部中文学科教学指导委员会副主任，中国诗经学会常务理事，北京市文艺学会副会长等，不禁肃然起敬。

（本文原载 2002 年 4 月 8 日《洛阳日报》）

一史封皮三易色　此中甘苦费君探
——费振刚教授《中国文学史》访谈录

方　铭　马庆洲

费振刚先生，1935年生于辽宁鞍山。1955年考入北京大学中文系，1960年毕业后留校任教，历任助教、讲师、副教授、教授。1994年至2000年，任北大中文系主任。1961年，作为青年教师代表，与游国恩、王起、萧涤非、季镇淮一起主编了影响深远的《中国文学史》。主要研究方向为汉代文学，曾任《中国大百科全书·中国文学》编委会委员、秦汉魏晋南北朝分支编写组副主编。另外，有《全汉赋》《汉赋辞典》《全汉赋校注》等著作多种。本刊特委托北京语言大学方铭教授与清华大学出版社马庆洲编审就北京大学中文系1955级《中国文学史》及游国恩等主编《中国文学史》的有关学术问题采访费振刚先生，整理出此篇访谈录，以飨读者。需要交代的是，费先生现人在国外，得知本文即将刊发，特来信说明，此访谈稿中对于1958年所谓"大跃进""学术批判"的描述和认识，不一定准确，也不能完全代表他现在的看法。同时指出，新时期以来，我们对于新中国成立以来的人文、社会科学研究缺乏认真全面的总结，成绩经验、错误教训都说得很笼统，这不利于学术的发展。希望本文能成为引玉之砖，引起人们对相关问题的注意。

一、关于《中国文学史》的编纂

方铭 费先生,您好!我们受《文艺研究》的委托,想就北京大学中文系1955级《中国文学史》及游国恩先生等主编《中国文学史》的有关学术问题求教于您。在2010年10月北大中文系百年系庆之际,您出版了《守望——我的北大五十五年》一书,其中很大篇幅涉及中国文学史的教学及教材编写的问题。自二十世纪五十年代以来,您参与了几部《中国文学史》教材的编纂,尤其是您和游国恩等先生一起主编的文学史,影响最为深远。"一史封皮三易色",是对您这段学术经历的最好概括。作为亲历者,可以说,现在没有第二个人比您更了解编写《中国文学史》的这段历史了,您能否谈谈这几部文学史的情况及其渊源关系?

费振刚 "一史封皮三易色",出自廖仲安教授《北大朗润园怀旧绝句八首》之七。诗是这样说的:"壮岁已知世事艰,知新温故两兼难。一史封皮三易色,此中甘苦费君探。"(诗载仲安先生大著《反刍集续编》,首都师范大学出版社,2009年8月)廖先生早年毕业于北京大学,也参加过游国恩先生等主编的《中国文学史》的编写,长期在北京师范学院即今首都师范大学任教。所谓"一史封皮三易色",指的是这部《中国文学史》的封面先后变换过三种颜色。实际上,这三种不同颜色代表了我参加写作的三种不同年代的版本。

首先是1958年出版的《中国文学史》。这是北京大学中文系1955级集体编著的文学史,是1958年"大跃进"的产物。这部《中国文学史》动议编写,是在1958年暑假的时候,用的是大搞"群众运动"的方式写出来的。1958年有"大跃进"运动,科研工作也要"大跃进",暑假开始的时候,学校号召"大跃进"搞集体科研。学校虽然放假了,但是我们年级有一部分同学没有回家,所以我们就组织起来,决定用集体著作的方式来写《中国文学史》。

20世纪50年代中期,全国有一场对所谓"资产阶级学术思想"的批判运动。在古典文学研究领域,那时我们认为,1957年以前的古典文学研究和教学中,有着大量明显的资产阶级学术观点,对青年学生产生了极其有害的影响,再继续用过去资产阶级的教材,是不能适应教学需要的。因此,我们决心要写出一部"红色"的文学史、"马克思主义"的文学史,要把马克思主义的红旗插在中国文学史的领域上。我们用集体的力量,只用了三十几天的时间,就写成了七十七万字的书稿。书稿完成时,已经是9月份了。我们和人民文学出版社联系,希望他们能迅速地出版这部著作,我们要向国庆献礼,要"回击资产阶级学术权威"。人民文学出版社答应了,他们说:"你们大跃进,我们也大跃进。拿来书稿,我们保证国庆以前出书。"那时候排版跟现在不一样,用铅字排版,当时出版社的编辑和印刷厂的工人是昼夜苦干,只用二十多天的时间,书就完成了排版、校对,这真是"大跃进"的速度。这本书终于在国庆以前印出来了。书的封面是红色的,内封里还印上了"献给亲爱的党和伟大的祖国"的字样。

方铭 1958年的时候,北京大学中文系1955级的学生中国文学史课程应该只学了两学年,你们怎么想起要编中国文学史教材的呢?

费振刚 我们1955年入学,1956年游国恩先生给我们上先秦两汉文学,一共是一学年时间。到了1958年暑假我们编《文学史》的时候,也刚刚上完了林庚先生的课,所以,我们学的内容,也就是从先秦两汉到唐,宋代文学还没有开始学习。

1957年由高教部审定的《中国文学史教学大纲》公布了,当时的教学计划基本没有选修课,都是基础课。这是学习苏联的做法,意在厚基础。教学大纲规范了当时的教学,比如它规定了这门课一共多少课时,每一章几个课时,每一节多少课时都给你规定了。

当时高教部曾经委托一些专家集中在青岛去写文学史,北京大学游国恩先生、林庚先生、王瑶先生都参加了。但是,由于种种原因,他们都没有编出一套新的文学史来。那时,个人出版的,如林庚先生的《中国文学简史》只有上册,中山大学詹安泰的《中国文学史》,也只有先秦两汉部分。北京师范大学谭丕模的《中国文学史纲》,是高等教育出版社出版的,只写了先秦两汉。北京师范大学李长之先生的《中国文学史略稿》也没有完成。复旦大学刘大杰的《中国文学史》上册出版于1941年,下册出版于1949年。到了1958年,作者正在进行修改,出版后来也比较通行。但是刘大杰到了"文革"之后又修改,受到大家的诟病。东北师范大学杨公骥先生是从延安来的,抗战胜利后,他和张松如,即公木——著名的《解放军进行曲》的词作者,从西北到了东北,他的《中国文学》以马克思主义为指导,但也是只有先秦部分。

到了1958年的时候,我们认为他们没有完成计划,于是理直气壮地批判"资产阶级教授"拿着国家的钱不干事。这就变成了我们1958年写文学史的直接因素和动力。大家的想法是"你们都写不完,我给你写完"。

方铭 1958年的时候,1955级学生是大学三年级学生,在短期编写一部中国文学史,学术质量有无保证?

费振刚 这部书的编写工作,中文系的老师也是参与其中的,如季镇淮、冯钟芸和陈贻焮先生都参加了。大家都说北大中文系学生为什么能够写出《中国文学史》,是因为他们的老师好,老师给他们讲得好,这个说法有道理,我们实际上是把老师的成果反映出来了,这部文学史本身就包含着我们老师的教学成果。1958年下半年《人民日报》刊登一封读者来信就持这种看法。另外,尽管当时的高考不像现在这么过滤，但是集中在北大中文系的还是全国比较优秀的学生。比较好的老师教出来的比较好的学生，把老师的成果加以转化，这就是我们的《中国文学史》。

马庆洲 这部《中国文学史》出版后，有哪些反响？

费振刚 这部书，由于它的编著者、出版速度，一出版就引起了社会的重视，可以说是一炮走红。全国其他院校的学生也都纷纷效仿。季镇淮先生写了一篇题为《一个奇迹》的文章，发表在《光明日报》（1958年9月27日）上。《中国青年报》也为此刊登社论《乘胜前进开展科学研究》（1959年11月17日），给此书以高度评价。这一下就把我们推动成为一个"社会热点问题"，引起了大家的关注。

马庆洲 红皮本《中国文学史》在1959年又出版了修订本，对它进行修订的直接动因是什么？又经历了一个怎样的过程？

费振刚 我们编写的《中国文学史》出版以后，有的大学校长就说它证明了科学研究也可以"大搞群众运动"，认为"不能让一个专家长时间独占一个实验室，独占一个课题，光花钱不出成果"。但同时也有很多人提出这本书有很多问题需要讨论，指出书中有很多"明显的错误"。

这部《中国文学史》的出版，也引起了中央领导的重视，中宣部就指定中国作家协会、中国科学院哲学社会科学部文学研究所联合召开讨论会，以北大中文系55级《中国文学史》为主要讨论内容。会议由文学研究所所长何其芳同志和中国文联党组书记邵荃麟同志轮流主持，地点在中国文联礼堂。过去的文联礼堂就在现在王府井大街的商务印书馆大楼内，很多文学研究所的研究人员和高等院校教师发言，何其芳作最后总结发言，他认为我们编的《中国文学史》虽然有些瑕疵，但方向是正确的，希望我们在这个基础上继续努力，再修改。我想这也是传达上面领导的意思。

根据何其芳的意见,1959年上半年,我们又搞了一个学期,这时候就不仅是1958年暑假留校的那些人了,而是中文系文学专门化1955级全体同学都参加了,共同来修改文学史。那时候不上课了,就是以修改为中心。当时中文系党总支和学校党委也要求古代文学老师参加进来,帮助学生来写文学史。当时文学史教研室的古代文学老师基本上都参加了,如游国恩、林庚、吴组缃、季镇淮、冯钟芸、彭兰、吴同宝(小如)、陈贻焮、沈天佑、吕乃岩、周强等老师。为了修改好教材,我们还成立了一个编委会,由部分老师和部分学生参加。老师主要是审看同学们的稿子,给同学提意见,也参加了部分章节的写作。经过一学期的努力,大概到了1959年的七八月份,修改稿就完成了,到了9月底人民文学出版社又出版了修订本,赶上了向国庆十周年献礼。

方铭 1959年版的《中国文学史》和1958年版的相比较,有哪些新变化?

费振刚 1959年出版的这部《中国文学史》,是在1958年《中国文学史》基础上完成的,写作更加规范了,规模也由原来的七十七万字,增加到一百二十万字。在装帧上也有变化,1958年版封面是红皮的,1959年版封面是黄皮的。原来是两卷本,到了黄皮的就是四卷本。廖仲安先生说的"一史封皮三易色",这就是两色了。

马庆洲 红色是上世纪80年代以前象征主流意识形态的色彩,为什么要将封面由红皮改为黄色,当时有什么意味吗?

费振刚 这在当时是怎么回事,一点也没有印象了。后来游国恩先生主编了《中国文学史》教材,我也在其中担任主编,这本教材封皮的颜色是蓝色的,廖仲安先生的诗"一纸封皮三易色"就是从这儿来的。

我想,在二十世纪五十年代,封皮实际上并没有特别的象征意义。

但是,"文化大革命"开始后,有人找出它的意义了。那个时候称高等学校是"资产阶级大染缸",说工农兵子弟到了大学受了资产阶级影响都和平演变了。有人也从《中国文学史》的封面演变,看到了问题,认为编写1958年的《中国文学史》的都是革命青年,革了"资产阶级反动学术权威"的命,是很好的,但是到了1959年,需要继续革命,这里面就有分歧了,因为有资产阶级教授参加了,所以1959年的《中国文学史》教材的颜色就从红色变成黄色了。到了1961年,费振刚参加了游国恩先生等人主编的文学史,不仅被"和平演变"了,而且被拉上了贼船,颜色就变成蓝的了。现在看来,这只能算那个荒唐年代我个人因为这部文学史而受到的一种"不虞"之毁吧!

方铭 两种《中国文学史》的编写、修订,时间都很短,现在看速度都有点难以置信。我们感兴趣的是,二十世纪五十年代初期,虽然已经有了以马克思主义理论为指导的文学史,如杨公骥先生的《中国文学》先秦文学部分,但是,大部分文学史还是有个人的理解。你们在编《中国文学史》的时候,怎么和这些"资产阶级学术权威"划清界限?用什么原则和方法和所谓资产阶级的中国文学史分割开来?

费振刚 1949年以后出版了一些中国文学史教材,总体的特点是,都受到了马克思主义的一定影响,作者都愿意跟着时代走,改变过去那个思路,强调了文学和社会的关系,但是这些教材都没有写完全。1958年我们中文系55级学生编文学史,有两个动力:一个就是批判资产阶级学术思想;另一个就是要写一部完整的文学史。我们提出了两个文学发展的规律:一个是民间文学是文学的正宗,任何文学都是从民间来;再一个规律就是,文学发展是现实主义和反现实主义的斗争。当时认为浪漫主义有积极浪漫主义和消极浪漫主义,积极浪漫主义是属于现实主义这个潮流的,消极浪漫主义是属于反现实主义潮流的。其实这也不是我们的发明,早在解放前,郑振铎就写了民间文学史,茅盾在我们之前已著文论及中国文学的现实主义传统。我们还理出了一个线索,如《诗经》是现实主义的,《离骚》是积极浪漫主义的,也是属于现实主义的;《史记》是现实主义的,《汉书》就是反现实主义的;魏晋南北朝时期的形式主义是反现实主义的,到了唐代就变成现实主义的了;杜甫是现实主义,比李白高明,李白是积极浪漫主义的,王维就是消极浪漫主义;到了元明清,关汉卿是现实主义的,四大小说都是现实主义的和积极浪漫主义的。这样一个线,1958年和以后修订的文学史都是这么写的。

季镇淮先生特别强调说,过去的文学史一直讲不全,谁都没写完过,我们的文学史一定要全的。季先生主要是讲近代文学的,北大1955级《文学史》就一直写到了鸦片战争以后的文学,这一段,过去的文学史谁也没写。季先生帮我们出了主意,并具体指导了应该怎么写,并列了提纲。后来季先生在评价1955级学生编的教材的时候,也特别强调1955级文学史教材的贡献就在这部分。

1958年出版的《中国文学史》每一编第一章都是民间文学,先秦文学,《诗经》特别强调《国风》,因为它是民歌,唐代文学先谈民歌,先谈变文,然后再谈别的。到了1959年修改的时候呢,这些都有所改变,接受了当时社会的一些批评,做了很多改正。另外,1958年的文学史,每一章都有一节,专门写对资产阶级学术思想的批判,如批判资产阶级对李白的污蔑,写林庚先生怎么抽掉了李白的反抗精神,当时把"大批判"的东西都放里头了。但到1959年修订的时候,这些东西都去掉了,虽然也批判资产阶级学术思想,但是不点名,不立专节了。总体来说,1959年版的《中国文学史》较之1958年版的,更为平实、客观了些。也正因如此,它也才能获得更加广泛的认可,成为1962年编写中国文学史统编教材的基础。

另外,由于老师们的参加,能够指出错误的地方,帮助我们改正了很多硬伤。我写的是《诗经》，其中有一条严重的问题，就是引用方玉润的《诗经原始》的一段话，当时我把一个标点点错了，句子就读不通了。修订本我们作了改正。

方铭 1959年的时候，1955级学生已经到了四年级，1960年你们就该毕业了。这两部《文学史》的编写，对您个人和1955级学生的学术之路有什么影响？

费振刚 我是1960年大学毕业的，因为我们编写了中国文学史教材，所以，我们被命名为"先进集体"。1955级同学毕业时，有十二人留校，古典文学是我和孙静、黄衍伯；文艺理论有张少康、刘烜；现代汉语有侯学超、陆俭明和马真，现代文学有黄修己，当代文学有谢冕，校机关有吴同瑞、古平。孙玉石当时留校作王瑶先生的研究生，留校读研究生的还有他的夫人张菊玲和陈铁民、孙钦善等。

1958年暑假以后，我成为中文系1955级的党支部书记，由于《中国文学史》的编写和出版，我也就成了这个集体的代表。从1958年开始，我出席了若干个表彰大会，从学校到北京再到全国。其中最大的是"第二届全国青年建设社会主义积极分子大会"，这是1959年上半年的事情。另外我也以北大55级代表的身份，参加了1960年的第三次全国文代会。

大学毕业以后，我担任了游国恩先生的助教。我一直很感激游先生，我并不是游先生最好的学生，但是游先生接纳了我。从1957年到1958年再到1960年，北京大学开展批判"资产阶级学术权威"的学生运动，现在看来，这个运动基本上是"文化大革命"的一个前奏。大字报铺天盖地，当时中文系的办公室在文史楼，文史楼走廊贴满了大字报，全是"向资产阶级学术思想开炮"的文章。游国恩先生是被批判的主要靶子，系里叫他来看大字报，游先生当时身体不太好，拄着拐杖，看到所谓批判他的大字报，很是生气，说了这么一句话：

"我的学术成就,我的学术价值,不是你们这几张大字报就可以打倒的,是要后世来论定的。"这是大意,不是原话。非我亲历,但在当时系里广泛流传。但游先生并不记恨他的学生。我毕业的时候,系里征求游先生意见,让我留校作他的助教,搞文学史,游先生毫无芥蒂地接纳了我,而且很认真地培养我。从此,我才真正走上了研究古典文学的道路。这是我终生不能忘记的游先生对我的恩情。

马庆洲 后来游国恩先生等和您一同主编了《中国文学史》,这部教材的编写其大背景是什么?

费振刚 1961年秋天,中宣部和高教部联合召开了一个"文科教材编选计划会议"。这是一个很大的会议,开始是在北京饭店,后来改在民族饭店,分成文、史、哲、外语几个组。在中文组里,全国各个大学的许多著名教授都来了,北大当时是游先生、王力先生、王瑶先生参加会议。复旦大学是朱东润先生和刘大杰先生。我作为北大年轻教师的代表,也参加了这次会议。

参加这样大的一个会议,又是在北京当时最有名的饭店,除了系内的老师,我不认识什么人,一时摸不着头脑,真有点发懵。不过,参加会议的还有一些年轻人,都是在1958年涌现出的编写了各种各样教材的年轻代表。1958年和1959年,老师被批得一塌糊涂,没有积极性了,也不敢说话了,一说就说他是资产阶级知识分子、资产阶级权威,他们当时有意见不敢说,所以在这个会上,他们说出了自己的想法和意见,发泄了许多不满。当时我们这些年轻代表很不高兴,认为他们净说一些反动的话。有些人跃跃欲试,就想在会上再跟这些老师干一场。这时中宣部的负责人周扬就找了这些年轻人说,你们现在不要这样了,老师现在都不敢上课了,不敢讲话了,你们还要批人家,你不让人说话行吗?这使我们明白了,这个会实际上是让老专家出气的会。这个会的主题,是集中力量编出一套高等院校文科教材。（所以）你们在"文革"以后所能看到的教材里头，不少都是在这次会议上确定的。会议上把这套教材称为"部颁教材"。《中国文学史》当时确定了三套，游先生等主编的《中国文学史》是其中一套，还有中国科学院文学研究所的一套《中国文学史》，复旦大学刘大杰的《中国文学发展史》正在修改中。待修改之后，也被确定为部颁教材。另外，会议还确定《中国通史》《中国哲学史》《古代汉语》《文艺理论》《现代汉语》《欧洲文学史》及《现代文学》等教材的主编人选。在定主编的时候，老先生也都出完气了，周扬就做总结，说我们这次编教材，仍然可以继续1958年那种集体编著的方式，也可以个人编著。但是集体编著要有原则，可以集体写，但是最后主编要负责。"为了保证高质量，必须实行主编制。既要大家讨论，又要个人负责。每一部分都有主编，全书也需要一个人的总负责，或者由各部分的主编共同负责。"（《在〈中国古典文学作品选〉编写会议上的讲话》，见《周扬文集》卷四，人民文学出版社，1991年版，第124页）这个观点，周扬在"文革"前确实是多次提到。

从1961年开始，1963年《中国文学史》出版，明年是这部文学史出版五十周年。其他教材也差不多是这个速度，像《现代汉语》《古代汉语》《文学概论》《中国现代文学史》都在1963年前后完成了。

马庆洲 游国恩先生等和您一同主编了《中国文学史》，这部《中国文学史》教材的编写者，集中了当时国内许多著名的学者，您当时还非常年轻，留校不久，为什么会选择您担任高教部统编教材《中国文学史》的主编呢？

费振刚 在讨论《中国文学史》的编写时，上面有关领导定了一个调，说北京大学中文系1955级编的《中国文学史》很成功，他们有很多成功的经验，所以编写新的《中国文学史》要在此基础上再提高，就是吸取成功经验来改正它的不足，如新的《中国文学史》"叙述上古至'五四'时期的文学史",以及分期问题,都是按照1955级的分法。根据周扬的指示,主编由专家组成,但是也要老中青相结合。游国恩先生担任第一主编是周扬敲定的。游先生又提出请王季思先生、萧涤非先生、季镇淮先生做主编。周扬说:"费振刚是1955级的,参加过编写的全过程,他可以作为青年代表参加做主编。"于是,我就作为青年的代表,担任了新编《中国文学史》的主编。

我做主编是周扬提议的,就实际情况,我当时根本没有资格当主编,这几个老先生是名满全国的专家,而我则是刚刚毕业一年的年轻教师。说是主编,我实际上是协助游先生做一些学术运作的工作。可是到了"文化大革命"的时候,关于"和平演变"的说法就出现了,有人说我不但被和平演变了,而且被演变过去了,变成资产阶级代言人了。北京大学工宣队的迟群还组织人写了大批判文章,批判和平演变,批判资产阶级代言人,说"和平演变,文学史从红皮到黄皮再到蓝皮""有一个人,本来是红皮的代表人物,却变成了蓝皮的主编"。虽然没点我的名字,但是知道内情的人都知道这指的就是我。1955级的学生除了我以外,留校的孙静,以及读研究生的孙玉石、张菊玲、陈铁民都参加了中国文学史教材的编写工作。

"四人帮"粉碎以后,1977级、1978级入学了,但那时候没有新教材,所以还是要用过去的教材。中国文学史流行的是游国恩先生等五人主编的《中国文学史》和中国科学院文学研究所编的《中国文学史》,据说有的学校学生到图书馆借教材,图书管理员问:"你借哪套教材?"学生回答说:"五教授文学史。"其实当时我哪里是教授,我是助教。我担任助教,一直到"文革"结束以后,1979年才成为讲师。

"四人帮"粉碎以后,我参加学术活动,很多人不认识我,不知道费振刚是什么人。有些人说我比他们年纪还小呢,怎么就参加《文学史》编写,觉得莫名其妙。觉得前四位先生,真的是前辈学者,都以为我至少得跟他们差不离儿才行。其实那差着辈分呢。游国恩先生1899年出生，我1935年出生，差36岁，实际上就是两代人。"四人帮"刚粉碎的时候，我的前辈老师还在。如季镇淮先生，你们入学时候他已经不当系主任了，但当时是他当系主任，我当副系主任，实际上我是陪着他到全国各地走走，参加一些会议。名义上我是他的副手，实际上我是他的助手，主要是照顾好他的起居生活。也正是在这一过程中，我也从季先生的言行中学到了许多为人、为学的道理，这也是我终生难忘的。我跟文学史结缘就是这样开始的，也因此，对文学史的教学情况和教材编写情况，我有自己一定的理解和认识。

二、北京大学的文学史教学传统

方铭 你们发愿编写《中国文学史》，我想肯定与北京大学的中国文学史教学传统有关。北京大学是近代中国最早的大学，中国文学史教学也有很悠久的历史，您能谈谈北京大学中国文学史课程设置的历史吗？

费振刚 2010年是北大中文系百年系庆，实际上中国文学史的课程设置比建系还要早。康、梁变法以后，废科举，京师大学堂成立，就已经有一个大学设置章程，有一个科目就是"中国文学史"，并提出了教学大纲，教学指导书也说要仿照日本学者写的《支那文学史》来讲中国文学流变。林传甲的《中国文学史》1904年就出版了，这是他在京师大学堂的讲义。从那个时候开始，不仅北京大学，其他学校都仿照这个体例设置了中国文学史的课程。最早我们看到的，南边有黄人的《中国文学史》，北边就是林传甲的。

从1904年《中国文学史》出版，到中文系真正建立以后，中国文学史一直是中文系的主要课程。全国的高等学校，甚至是中学都开这个课。所以就有很多的《中国文学史》出版。陈玉堂写过一本《中国文学史书目提要》，列的比较详细，各种各样的都有。

1949年前北京大学使用的文学史教材，还有朱希祖的《中国文学史要略》、吴梅的《中国文学史》。朱希祖在北京大学中文系讲课讲了很长时间，但是后来他就转到了历史系，做历史系教授，也是很有名的历史系教授。吴梅当然更有名了，后来他到南方去了，王季思先生就是他的学生。

抗日战争以前的北大中文系中国文学史的教学情况，可以从以上三本讲义中看出来。到了西南联大时期，北大、清华大学联合起来了，教材、教学情况清华大学和北大应该差不多。要看西南联大时期的文学史教学情况，可以看季镇淮先生编写的《闻一多先生年谱》，里面很详细地记载了每一年闻先生讲的课程目录。他的研究是以古代文学为主的，他的文学史没有写出来，但是像《歌与诗》这个题目就明确标明它是中国上古文学史讲稿的一章，可以看出它的规模。

我个人觉得，作为教材来看，解放前出版的影响比较大的一个就是郑振铎的《插图本中国文学史》。这个文学史1949年后人民文学出版社重印过。除了这个以外，还有一个我认为有特色的，就是林庚先生在抗日战争时期到了厦门大学以后写的《中国文学史》，出版于1947年。

方铭 您在大学毕业后担任游国恩教授的助教，我想您一定有机会了解1949年前北京大学中国文学史教学的情况，是否可以给我们介绍一下有关情况？

费振刚 北京大学当年的文学史课程，根据游国恩先生和季镇淮先生的回忆，首要的特点是没有计划的、很自由的授课。比如，你这学期讲，叫中国文学概论也好，中国文学史也好，一学期或者一学年，你就讲吧，你乐意怎么讲就怎么讲，所以你是自由的，就是任自己的兴趣,可以只讲先秦,也可以只讲楚辞,也可以只讲屈原,甚至把《离骚》前两句讲三周、五周也没人管。所以这是一个无计划、随心所欲的教学,但是却能极大地发挥教师的研究特长。其次,中国文学史从来没有讲完过。一个老师讲到哪,学期结束了,这个课程就结束了。所以大体上讲完唐宋就了不得了。宋元,特别是戏剧小说,大约很少有人把它作为文学史讲,所以索性扔下来,将来高年级时候选修课再讲。所以我想,鲁迅先生作为外聘讲师讲中国小说史略,也就是选修课。当时大学教师的职称有教授、副教授、讲师、助教,外聘的任何人来只能是讲师。所以鲁迅不是北大的教授,而是北大的外聘讲师,主讲一个小说史课程。

游国恩先生是二十世纪二十年代毕业的,季镇淮先生等是抗战时期在西南联大读完的,他们都是这个印象,说明从二十世纪二十年代到四十年代,北京大学中国文学史的教学风格是一贯的。游国恩先生和季镇淮先生都说,他们同学当时把文学史叫作"录鬼簿",钟嗣成的《录鬼簿》写元代剧作家的情况,中国文学史教材主要介绍作家的名号,他有什么书,以及史传里的一些材料,然后再有几句诗话、词话评论,这就是教材。你们现在看的这三本教材可能都有这种情况。

马庆洲 1949年以后的文学史教学是否发生了很大的变化?

费振刚 1949年以后的教学,特别是1952年院系调整以后,我们整个高等教育,或者说整个中国教育是学习苏联。学制、教学安排按照苏联的办法来办。北京大学以莫斯科大学为模仿的模式,一切向莫斯科大学学习,整个的教学都重新设计,从我们这个年级起,学制也学习苏联,改成五年,中国文学史变成了三年半、七个学期,而且每学期的课程是每周六学时,而在1949年前仅为一学期或一学年。我们从一年级第二学期开始上游先生的课,那个时候,褚斌杰先生大学毕业不久,给游国恩先生担任助教,给我们上文学作品课程和中国文学史的辅导课。

三、马克思主义研究方法对《中国文学史》编写的影响

方铭 1949年中华人民共和国成立以后,马克思主义的研究方法得到强化,这对研究古代文学和文学史的学者来说,必然会产生很大的影响,您个人怎么看?

费振刚 应该说,1949年以后,一些老先生学习马列主义,也还是有热情的。不过,在中国古代文学研究中,学习马列主义,对他们学术思路的开拓也是可以一分为二地看待:一方面,对马列主义的学习,有教条主义和庸俗化的倾向;另一方面,又试图把文学史研究建立在一个历史唯物主义的基础上和辩证唯物的思想方法上面,我觉得这后者是个大的进步。游国恩先生作为知识分子是很小心谨慎的,不愿意涉入政治。1949年以后,游国恩先生参加了华北革命大学的学习班,学习认真积极,还被当作积极分子受到表扬。当时他们学习的主要内容是社会发展史,用的教材有周扬在延安编的《马恩列斯论文艺》。尽管这本书现在看起来是很简单的,但是它提醒把文学研究和社会联系起来,把文学的发展和社会发展联系起来,对于像游国恩先生这样的传统学者来说,也许是有新鲜内容的,所以,游先生很看重这本书。

马庆洲 马克思主义理论在二十世纪五十年代对中国学术的影响,您如何评价?

费振刚 有诺贝尔文学奖获得者讲,他自己的创作不受任何的约束,没有任何功利性,仅是他自己心灵的反映。实际上,任何人的写作不受社会的影响是不可能的,他不为社会服务也是不可能的。老一辈学者有扎实的学术根基,中国也有自己的学术传统,学了马列主

义以后，对问题的看法，会有一个新思路，对文学作品的评价也强调了它的思想意义，那么我觉得也是应当强调的。游先生后来也还一直这样看。游先生强调了文学是从人民那儿来的，最后要还给人民，这样一个观点我认为也是对的。鲁迅先生的《门外文谈》，游先生在编写《中国文学史》的时候也引用了。

1949年以后，开始了文学普及工作，其初衷就是文学来自于人民，最后要归还人民。如钱钟书先生，花了很多时间，编写了《宋诗选注》。余冠英先生的《诗经选》、王伯祥先生的《史记选》、马茂元的《楚辞选》等，都是大学者做普及学术的文章。像《红楼梦》这样的小说，过去了解的人是很少的，但是，经过二十世纪五十年代以后的努力，今天几乎无人不知了。1949年以后的文学普及工作，推动了文学的发展和研究，培养了许多古典文学的爱好者，这个是应当予以肯定的。

我是觉得我们在文学史的编写过程中要充分认识到1949年后用马克思主义思想方法来研究文学史的意义。现在有些人一提到马克思主义就好像很落后、很保守。我认为，在二十世纪二十、三十年代，马克思主义的潮流是当时整个世界最为流行并被广泛地接受，它不仅造就了"十月革命"，也造就了学术领域整个的发展。马克思主义的辩证唯物主义和历史唯物主义应当说是一种正确的思想方法。当然也不是唯一的。马克思主义的政治经济学理论，我也认为至少关于资本主义形成过程中的论述是正确的。马克思没有看到资本主义后来的发展，他预测的东西，不一定都是对的。这情有可原。列宁说帝国主义最终要灭亡，也是一样。而苏联后来搞的那一套，以及中国过去极"左"的错误路线造成的恶果，与马克思主义思想体系和思想方法关系不大，相反是没有能贯彻马克思主义思想体系和思想方法所造成的恶果。

我认为，我们不要简单抽象地去谈马克思主义是我们国家的指导思想,还是应该从文化遗产的角度,去继承和研究马克思主义的思想方法。我一直觉得,"五四"运动,特别是二十世纪三十年代以来,马克思主义对人文、社会科学学者的影响还是巨大的。郭沫若在《奴隶制时代》《青铜时代》等著作里的看法,都是马克思主义思想指导的结果,虽然其中也有可以商榷的观点,但是他开拓了中国的文化、历史研究领域。文学研究也是如此,这点不能忘却,而且是基本的。所以现在我们说,一个新的研究方法来了以后,流行了几年,就又过去了,但是基本的东西还是在的。今后的文学史研究还是可以朝着文学与社会发展的关系来进行深入研究,这是从外部来讲。从内部来讲,我自己认为,我们现在对文学作品本身的研究,阅读和理解,对年轻一代来讲,还是关键。我们当年写文学史的时候可能有简单粗略的地方,甚至可能有不深入阅读的地方,但是现在有了电脑以后,大家都觉得只要电脑上有我就有了,而且不去认真读书,不去认真研究文本,我觉得这是我们今后做文学史研究需要大家注意的问题。

研究文学史要研究文学本身的东西,要真正认真去读作品,也要研究文学和社会的关系。当然,首先要研究文学本身,就是研究文本本身,你研究楚辞,首先要读懂。一个研究文学史的人,或者说研究楚辞的人,没有读懂游国恩先生的《离骚纂义》,那你就不要研究了,因为游先生那是个平台,他已经把前人的研究给你做了总结,你应当掌握。你在这个基础上研究,再看今人是怎么研究的,然后才能做出你的研究。

四、游国恩主编《中国文学史》的方法

方铭 游国恩等先生主编一部《中国文学史》,是集体智慧的结晶,您作为其中的重要参与者,您认为这种集体研究的经历,有哪些值得

肯定的地方？

费振刚 二十世纪八十年代以后，有人提出集体科研扼杀个性，甚至认为游先生等主编的《中国文学史》也是一道"没有特色的汤"，但在我看来，科学研究，包括人文科学研究，都可以有多种方式，既可以以个人为主，也可以进行集体研究，不能说就一定要集体研究，也不能说一定不能集体研究。以当今而论，我们这代人不说了，当今五六十岁的人，或者是四五十岁的人，有谁敢挑大梁，说我能从先秦文学一直写到近代文学？大的项目，不妨采用集体写作、主编负责的做法，这样可以有速度、有质量，但是个人研究也应当提倡和支持，任何科学研究都有它突出的个性和特色，特别是人文科学研究，不能用集体来抹杀个人研究的个性。

具体到北京大学中文系1955级学生编写1958年、1959年这两套《中国文学史》的集体写作方式，我现在认为不值得提倡。因为，几十年后回过头去看，我们当时是一群没有经过很严格的学术训练、没有多少学术素养的在校大学生，仅凭一腔热忱，我们当时的做法只能是一种比较莽撞的行动。游先生主编的《中国文学史》也是集体编写，但那时候，情形就不一样了，老师提出框架，我们一些年轻人写作，如北京大学有我和孙静、沈天佑，北京师范大学有李修生、邓魁英，人民大学有吴文治，北京师范学院有廖仲安，中山大学有裘汉康，以及在北京大学等学校读研究生张菊玲、孙玉石、孙文光、李银珠、李灵年、李有德、陈铁民等。年轻教师在老师的指导下执笔写作，最后由老师修改。

原来的北京大学中文系文学研究所1956年划拨到中国科学院，是今天中国社科院文学研究所的前身，他们编的那部《中国文学史》与游先生主编的《中国文学史》最大的一个不同点，就是这部文学史是把不同的人写的合并在一起，并没有做很多的具体修改、统一和润色。它的章节不太整齐，有些章节写得很长很大，有些章节写得很短很小。似乎你乐意怎么写就怎么写，没有统一要求。游先生的《中国文学史》就没有这个问题，规定你写多少就写多少，你不能随便乱写，不能超出这个范围。你差个二三百字可以，但是太多不行。每一章都是一万八千字，很整齐，很适合教学。这是主编发挥了作用。另外，主编之间有讨论，如果争执不下，最后游先生有仲裁权。游先生仲裁的原则是谁写的，以他的意见为主，因为别人未必是专家。在纪念萧涤非先生诞辰一百周年的文章里，我曾经介绍过游先生主编文学史的经验（见《哲人日已远，典型在夙昔》，2006年11月28日《山东大学学报》）。游国恩先生主编的《中国文学史》，体现了集体的智慧，同时，又是体例整齐、结构完整、前后统一的。我觉得中国文学史的写作，集体写作有集体写作的好处，不能一概否定。

马庆洲 你们当时应该是脱产编写《中国文学史》的吧？像您这样的年轻学者有机会参与到这样一个集体组织中，和几位名满天下的学术前辈一起生活、工作，应该说是一个难得的学习机会了。

费振刚 我们当时是脱产的，而且集体住在北京大学专家招待所，位置在北京大学镜春园。这个招待所原来住苏联专家，1958年，苏联专家撤退以后，就很少有人在那里住了。1961年，我们开始编《中国文学史》的时候，游国恩先生、王季思先生、萧涤非先生和我们都住在那里，而且还管饭，并且都是无偿的。我们在招待所住了一年多。如果是现在，要编一套《中国文学史》，这么多人长住宾馆，并且管吃管住，怎么可能？那时候正是"三年困难"时期，国家还给我们提供特殊供应，如游先生、萧先生抽烟，国家给他们发烟票，每个月还给我们多拨点粮食、油、肉，那时我们的伙食相当好。"文革"期间批判我们的时候，有人就说我们是资产阶级，在困难时期吃"特批"。这个集体科研，对我们年轻人绝对是有好处，那时我们集体住在一起，老师平常吃饭，在饭桌上，在散步的时候，在讨论问题的过程中，对我们真是耳提面命，天天给你挑毛病，你写的稿子一个字一个字地给你改。

在山东大学纪念萧涤非先生的会上，我说我不是山东大学的学生，我不在籍，但是我受萧涤非先生的教育，比任何一个山大的研究生受到的教育都多。我和萧先生在一起前后至少一年半的时间，他的稿子给我们看，我们的稿子他给看，然后他给我们提意见。这种方式现在不可能再现，现在有的所谓集体科研，不过是每个人分个题目，自己去做，如果主编能够把大家的稿子看一遍就已经很不容易了。

马庆洲 您提到当年编写《文学史》的时候，游先生他们几位主编也会发生争执，您能不能给我们作点介绍？

费振刚 二十世纪六十年代，中国文学史教学在各个高等学校普遍开展，但北大是龙头，先秦两汉有游国恩先生，唐代有林庚先生，宋元明以后有吴组缃先生和浦江清先生。季镇淮先生原来研究唐代，后来才搞近代文学。现代文学史是王瑶先生。游国恩先生特别看重王起先生的戏曲研究，我们读大学的时候，王起先生曾经专门从中山大学到北京大学为我们开戏曲专题课。游国恩先生在选择主编的时候，选择了王起先生和萧涤非先生。萧先生和游先生都是江西临川人，在西南联大时期，游先生是联大文学院中文系教授，萧先生是当时联大师范学院教授，两人有很多交往。游先生他在北大找了年轻一点的季镇淮先生，是联大时期闻一多先生的研究生。

我感觉到当时王季思先生、萧涤非先生和季先生都十分尊重游先生，但是学术上仍然会有争论。当时王季思先生有点"海派"风格，这个"海派"是学术上的"海派"，就是学术思想比较开放、活跃，而游先生和萧先生在学术上比较稳重、老成，所以他们之间常常有些有争论，如关于汉乐府《东门行》中"行吾去为迟"的断句问题，王先生认为萧先生不对,萧先生是一个重视师传的人,他认为他的老师黄节先生的意见是不能改的,两个人争执不下。游先生支持萧先生的意见,不接受王先生的意见,他私下跟我谈过理由。游先生说,萧先生是汉乐府研究的专家,他的老师是黄节先生,他的意见是有根据的,而且作为学生不能轻易去改变自己的师说,这是个原则。而王先生在这方面不是专家,如果在戏曲方面有争论的话,王先生的意见是应该听取的。王先生也表示能够接受游先生的仲裁。1978年,游先生已经故去了,又修订《中国文学史》,当时住在中山大学,有萧涤非、季镇淮和我,以及沈天佑、廖仲安、李修生。因为游先生去世了,北京去了季先生、廖仲安、李修生和我,我们住在中山大学的黑石头宾馆,王先生又提出这个问题,说当年那个意见,他认为自己的意见还是对的,看可不可以这次修改把它改变一下。因为萧先生的标点是按照黄节标点的,北大中文系1955级学生的两部文学史就不是这个标点,余冠英先生也不是这个标点,他说这个还是应该修改的,他认为萧先生太固执,所以底下对我和季先生提出来。后来季先生和我商量,认为这个还是不能改,因为萧先生还是坚持原来的意见,游先生已经做了结论,还是按照萧先生的意见。所以,到现在我们的文学史还是萧先生的意见,但是王先生也没有坚决反对。二十世纪八十年代,王先生又重新提出这个问题,在《文学遗产》发表文章,两位先生又分别讨论过一次,这也是《文学史》编写过程中的一个小插曲。这说明有不同意见可以讨论,但是游先生有仲裁权,仲裁原则是尊重专家,尊重执笔人,在这个原则下,尽管有些不同意见,但也得到了大家的公认,这样我觉得就平息了很多争论。

　　文科教材编选计划会后,成立了文科教材编选办公室,由中宣部、教育部双重领导,下设几个编写组,如中文编写组、历史编写组、外文编写组等,我们属于中文编写组。中文组教材编写组组长是冯至先生。冯先生是"老北大",当时虽然已调到社科院外国文学所,他和游先生不仅同是北大校友,又同住在北大燕东园,互相很熟悉。冯先生常常来北大专家招待所视察,来和几位老先生讨论问题。我觉得在那个时候,尽管我们当时很年轻,还不太能够懂,但是回想起来,我们在那里耳濡目染的东西太多了。老先生之间,学术上互相尊重,互相探讨,那种气氛,让我非常感动。像萧先生和王先生的争论是一个很小的争论,但是两个人很认真,又绝不伤和气。周扬也不时地召开一些小型的会议,讨论一些具体问题,气氛也较随便。这样的氛围,是我们现在不可想象的。当然,那个时候,与政治有点关系的话题,也是不能涉及的,如游国恩先生和萧涤非先生都与胡适有些联系,受到过胡适的影响,但他们都避而不谈和胡适的关系。实际上,从二十世纪五十年代到六十年代,我们这些人,至少我感觉到我没有从老师那里得到一点胡适的正面信息,老实说,那时我们一直认为胡适就是像官方宣传的那样,是一个资产阶级分子,学问并不大。

方铭 1949年前,大家一般都把胡适看作导师。而台湾地区,无论是搞什么学科的人,如傅斯年这样的了不起的学者,都把胡适看作是人格高不可攀的,一个像圣人一样的人。显然,对胡适的负面评价,是不符合历史真实的。

费振刚 在这一点上,可以说也是我们的学术偏颇。"文革"前,主流意识形态之外,我们对其他了解不多,这是时代的问题。从1949年开始,一些老先生对马列主义热爱,但是经历了几次政治运动以后,他们对政治很有恐惧感,所以他们不谈政治。因此,在学问方面,也有偏激的一面。对传统文化,有过激的认识,忽视艺术,强调思想,强调人民性,都与此有关,对此我们应该有足够的认识。我们这代人,是在"四人帮"粉碎以后,社会逐渐开放,思想领域的禁区也一步步打破,认识上才有所改变,对过去的学术史,对一些新的理论、方法，开始有所了解和领悟，视野逐步开阔，研究上也不再拘于一种模式。

方铭 游国恩先生等主编的《中国文学史》教材，到目前为止，仍是比较好的一部，虽然这些年出版了不少新教材，但是，还没有哪一部能和游先生的教材相提并论，当然，我们也不否认，这本教材肯定还是有缺陷的。我认为，缺陷主要体现在以西方十九世纪以来的文学概念来讨论中国固有的文学，因此，没有完整地把中国几千年的文学发展特点体现出来，导致对中国古代文学的研究对象的取舍和对文学的价值判断也缺少客观性和历史性；其次，受苏联文学史观的影响，对文学发展规律的阐释有教条主义倾向。当然，这部教材结构设计合理，内容完整，观点相对来说比较稳妥，适合于大学课堂教学使用。

费振刚 这部《文学史》，应当说是总结了从1904年林传甲的《文学史》到1949年以后的高等学校教材的优点。游先生组织的写作队伍，集中了各个大学的力量，又特别强调体现教学规律，比如大作家要用五个小时，小作家用一个小时，这个在我们教材上都能体现得很清楚。既符合高教部教学大纲的要求，同时也符合文学史实际。文学史到了游先生这儿，可以说是几十年来的一个集大成，也是1949年后文学史教学成果的一个汇总，纠正了1955级教材的那些偏颇的、偏激的言论，而显得比较平实。所以游先生主编的《文学史》从1963年出版，有了1978年和2002年的两次修订，发行量超过200万册。现在，它虽然不是教育部的推荐教材，但每年还是以五千到一万册的速度在加印，这也部分说明它的学术价值。

方铭、马庆洲 谢谢费老师接受我们的采访。

（本文系授《文艺研究》委托而进行的专访，由方铭、马庆洲采访并执笔，载《文艺研究》，2013年第1期）

读最新修订本游编《中国文学史》

顾 农

一

游国恩、王起、萧涤非、季镇淮、费振刚等五位先生主编的《中国文学史》(简称游编《文学史》),原是1961—1963年由当时中宣部的领导亲自挂帅,调集全国大批专家所编的多种文科教材之一,人民文学出版社于1963—1964年出齐四册,全国通用(该本封面是蓝色的,当时称为蓝皮本,以区别于北大中文第55级学生集体编写的红皮本和黄皮本)。

游编《文学史》有许多优点,虽出于众手而全书浑然一体,集诸家之长;知识介绍简明准确,作品分析点面结合,有相当的深度和广度;文字平实凝练,章节安排特别便于教学,定价又比较低廉,所以极受欢迎。记得此书刚出版时,我正在读大二,兴奋之至,抓紧研读,几乎不舍昼夜。

最近若干年来虽然新出版的《文学史》很多而且各有其妙处,但选用"老资格"之游编《文学史》的学校仍然很多。我所在的学校,也一向采用此书作为教材。此书已累计印行200多万套,在情况多变的文科教学领域,在出版界,都不能不说是一个奇迹。当然老有老的烦恼,二十世纪六十年代的烙印和局限在所难免,作为仍然被广泛采用的教材,有必要予以修订。周虽旧邦,其命维新。

此书的修订先前曾经搞过两次，一次在1978年，教育部在武汉召开高等院校文科座谈会，决定修订此书以应中文系教学的需要，同时供社会上中国文学爱好者参考。当时五位主编全都投入了这一次的修订，只是游老于1978年6月病逝，未能看到修订工作的完成。这一次修订除修改了若干不妥的字句以外，也改写了个别的章节。这一修订本印得最多，使用的时间也最长，我在教学中用了多年的就是这个本子。

第二次修订在1998—1999年，这时五位主编中的四位老先生已先后谢世，于是由费振刚先生负责来做。其缘起和办法，费先生说是这样的："……原来的版因多次重印而有所损坏，需要重新制版。责任编辑宋红揱议利用这一机会做一次全面的修订，具体的做法是由她通读全书，提出修改意见，再由当年参加编写全过程的孙静、李修生和我研究讨论，给予确定。"这一修订本改了800多处，但印得不算多，因为很快又进行了一次大规模的修订。这个版本具有某种过渡性，同时也有一定的研究价值和收藏价值（物稀为贵，现在要找红皮本、黄皮本就相当不容易）。

第三次也是最近一次的修订，仍由费先生主持，先由原编者费振刚、廖仲安、孙静、李修生、沈天佑诸先生分段执笔修改，最后由费先生与责编宋红"通读全部修改的部分，进行讨论，也作了一些修改和补充"。这是对1998—1999年间修订的深化，并正式标出了"修订本"字样；人民文学出版社于2002年7月推出，版权页称之为第二版（以下简称"费宋修订本"）。这实在是一件盛事。

因为多年来一直从事古代文学的教学和研究，我常常要学习和查阅游编《文学史》；新近又把刚刚出版的修订本通读一过，炎炎夏日，顿感清凉。游编《文学史》既与时俱进，又不失故我，实获我心；虽然改动甚多，而能如晴雯巧补雀金裘那样，不大看得出针脚。这正是

《物不迁论》所说的"吾犹昔人,非昔人也";中国古代的哲人说得好,"天行健,君子以自强不息",其此之谓乎。

二

游编《文学史》在全书"说明"中开宗明义就写道:"本书是为高等院校中文系编写的中国文学史教材,为了适应教学需要,本书在取材和章节安排上力求符合教学实际。"全书从大的方面说分为九编:上古至战国、秦汉、魏晋南北朝、隋唐五代、宋、元、明、清初至清中叶、近代;这样的文学史分期办法并不符合第一主编游国恩先生的初衷。游先生研究文学史主张分为上古到春秋末、战国到东汉、建安到盛唐、中唐到北宋末、南宋到鸦片战争、鸦片战争到五四运动六期(见《对于编写中国文学史的几点意见》,以下引用游先生的意见皆出于此文),这一分期办法有着深刻的道理。但是为了便于教学,在集体编写这部文学史教材的时候毅然采用了北大55级学生所编文学史的九分法。"说明"写道:"除末编按社会形态划分外,其余则基本以主要封建王朝为分期的标志。在我国封建社会漫长的发展中,封建王朝的更替,或多或少为社会经济文化的发展带来若干新的特点,它也对文学的发展起制约作用,影响着一个时代的文学风貌。"主要按封建王朝来给文学史分期,在教学上确实有它的方便之处。修订本在这一大的框架方面一仍其旧。

编写文学史还有一个横切竖切的问题。游国恩先生说"原则上赞成以'横切'为主,必要时还须参用'竖切'的办法,不能把'横切'绝对化",这是从中国文学史的实际出发,自然而然形成的一个结果。游先生举例说:"周代的诗三百篇,汉代的乐府歌辞,唐人的曲子词、变文,宋元的话本等等,既不能指出作家的主名,也很难确定它们时代的先后，当然不能按照年代来'横切'。即如唐人的传奇，虽然可以按照作家时代的先后来叙述，但这样做，章节就很多，就必然会过于细碎，反不如以'传奇'一体来标目，单独立一章叙在适当的时代还要妥当些。"如此等等。这一意见在由他领衔主编的这部文学史里得到了很好的落实，不仅全书采用横切为主辅之以竖切的间架结构，而且每一编的"概说"按照时代先后顺序来写，而末了的"小结"则按文体来归纳本编的主要内容，一横一竖，交错成文，依此教学则导入课和复习课全有了着落，也很便于学生掌握有关的知识。这一行之有效的好办法在修订本中也全部保留下来了。全书的主要内容、要素和结构都没有大的变化，犹昔人也。

然而，它与过去相比又有相当的不同。这一次修订涉及的方面很广，正如费振刚先生在《再修订后记》中所说，下列五个方面皆有变化：对个别过于绝对化、政治化和现代化的用语作了修正，以求比较客观和平允；适当增加对近年来考古新发现和学术新成果、新进展的介绍；对行文中的引文增补出处；在每一册之末增加了"阅读书目"；校正错别字，改正不妥的标点和断句。经过这一番整容修订，旧貌换了新颜，老树着花，更加充满活力。

第一方面的修订在1978年的本子里已经做了不少，此番又有所进步，其例甚多，旧本中多次用过的"反动""糟粕""腐化堕落""极端错误"一类60年代气味颇浓的语词，凡不该用的地方，现在已被删除殆尽，因为散见于全书多处，不必一一列举。这里姑举内容比较丰富的两个例子以概其余。其一，关于近代的鸳鸯蝴蝶派小说，初版说"它反映了当时封建阶级和买办势力对文学创作的要求，是和半殖民地的上海风尚相适应的"，1978年版一仍其旧，费宋修订本则将这两句严厉的判词一举删去。其二，旧本第二编第四章第一节"关于乐府"讲"乐府"一词后来的变化道："……至唐，则已撇开音乐，而注重其社会内容，如元结《系乐府》、白居易《新乐府》、皮日休《正乐府》等，都未入乐，但都自名为乐府，于是所谓乐府又一变而为一种批评现实的讽刺诗。宋元以后，也有称词、曲为乐府的，则又离开了唐人所揭示出来的乐府的精神实质，而单从入乐这一点上出发，是乐府一词的滥用，徒滋混淆，不足为据。"费宋修订本将最后十六个字删去，改作"是我们需要注意的"。这样显然比较客观。中国人习惯在旧瓶中装新酒，同一术语，前后的内涵往往变化很大，我们只能加以注意，而很难说哪一种是滥用。

值得注意的是，原版中一些最基本的术语，如现实主义、浪漫主义（以及这二者的结合）、人民性等等，都继续使用；而消极意义上的形式主义、唯美主义之类，也仍然继续使用。中国古人讲"民为贵"，讲"民为邦本""为民请命""唯歌生民病"等等，虽然与今天所说的民主绝非一回事，但确有其历史的进步性；"人民性"这个概念还可以用；其他一些术语也是如此。

补充考古发现之可以进入文学史者，集中地体现在第一编"上古至战国的文学"，也涉及第二编"秦汉文学"。修订本关心的范围包括：河姆渡文化遗址、良渚文化遗址、辽宁红山文化遗址、1972年山东银雀山出土汉简、1973年长沙马王堆三号汉墓出土帛书、1977年秦始皇陵附近出土甬钟、1977年安徽阜阳汉简、1993年湖北荆门郭店楚简、1993年东海尹湾汉墓简牍、1993—1994年上海博物馆自香港购回的楚简等等。这样就极大地丰富了文学史特别是先秦两汉部分的材料，加宽加深以至局部更新了人们对文学史的认识。

新材料的发现对于文学史研究的意义是不言而喻的，不关注新材料即不足以"预流"而有落伍之虞；但是从近数十年的情况来看，中国文学史研究的主要材料仍然是传世的纸质文本和早已发现的敦煌宝藏等等，新出土的文物和新发现的海外藏书往往只能增加若干比较次要的补充性材料,而不至于严重地改写文学史。对于新材料似宜采取虚心研究的态度,而不必断然做出过于冒失的结论,尤忌故作惊人之论,对于一本文学史教材来说就尤其是如此。费宋修订本《文学史》正是采取了非常持重的态度,新材料及其能够说明的问题基本上只写入注释,而且措辞非常慎重。试举一例以明之,关于《战国策》所写到的人物,本书认为"其中有不少是追求个人功名富贵的利己主义者",一个典型的代表就是苏秦,"苏秦起初本是以'连横'说秦王,'书十上而说不行',乃转而以'合纵'说燕赵",修订本就此加了一条注释:

> 帛书《战国纵横家书》前十四章为一组,其中有十三章是关于苏秦的书信和谈话……据专家研究,它们"既可以纠正有关苏秦历史的根本错误,又可以校正和补充这一段战国时代的历史记载"。我们这里举苏秦为例,据《史记》可能有问题,但仍未改动,有待进一步研究。

这里引用的专家意见出于唐兰先生的《司马迁所没有见过的珍贵史料——长沙马王堆帛书〈战国纵横家书〉》,还有些历史学家也有类似的意见,但这个问题确实还可以再研究。在分析《战国策》的时候,当然以一向传世的《战国策》为准。就教材而言,对于地下新发现文献采取持重的态度我以为是合适的。而且这样处理,客观上也为任课教师在教学实践中自主发挥留下比较大的余地。

关于新的研究成果,最新修订本也采取很有分寸的慎重态度,例如关于司空图《二十四诗品》的真伪问题,近年来有过热烈的讨论,本书用一条增补的注释来处理此案:

> 近年,陈尚君、汪涌豪《司空图〈二十四诗品〉辨伪》(刊于

《唐代文学研究》第六期）怀疑《二十四诗品》是明末人托名司空图的伪作。我们觉得，从本书语言风格来看，与唐代诗文关系甚深，如……但是，"如将不尽，以古为新"俨然是黄庭坚所谓的"以俗为雅，以故为新，百战百胜，如孙吴之用兵"；"如有佳语，大河前横"，亦与黄庭坚"出门一笑大江横"的名句相关合，这又露出宋人或宋以后人的面目了。目前纵使还未能推翻司空图的著作权，但书中至少有部分文字似是出于伪托的。

这里立论相当谨慎，颇近于折中，但确有所据，而且提供了一个讨论《二十四诗品》真伪的新角度，是备一说，有助于学生了解研究的新动向并深刻地思考这一问题。又如《西游记》的作者，自从鲁迅、胡适论定为吴承恩以来，学术界遵用多年，近年来此说遭到种种质疑挑战，但似乎尚未能彻底动摇旧说；所以本书也设一脚注介绍新的进展，正文仍然维持原说。关于陶渊明的生年，学术界有过热烈的讨论，本书却不予涉及，这当然也可以，因为这也是一种态度；但何妨加一条注释介绍一些情况呢？让学生思维活跃起来，那是有益无害的。

只有那些很有把握的新提法，修订本才写入正文，例如关于杜甫在后代的被接受，先前各本都是只讲古代的情形，到修订本则加上了新写的一大段文章，介绍近百年来的新情况。文章列举具体材料说明：康有为"最嗜杜诗，能诵全杜集，一字不遗"；陈独秀也能全文背诵，他还在五四时代关于"文学革命"的文章中标举杜甫为"变古开今之大枢纽"之一；梁启超为青年说诗特别推崇"情圣杜甫"；胡适在《白话文学史》一书中独将杜甫一人辟为专章，其李杜比较论云："杜甫能了解我们，我们也能了解杜甫，而李白则终究是'天上谪仙人'而已。"接下来又列举鲁迅、闻一多、陈寅恪、郭沫若、毛泽东的有关评论云：

鲁迅，到30年代岿然成为众望所归之革命文学导师，晚年与友人讨论中国文学史，以为中古之陶潜、李白、杜甫皆第一流诗人，继而又说："我总觉得陶潜站得稍稍远一点，李白站得稍稍高一点，这也是时代使然。杜甫似乎不是古人，就好像今天还活在我们堆里似的。"（刘大杰《鲁迅谈古典文学》，见《文艺报》1956年20号）众所周知，鲁迅晚年在政治上已与胡适分道扬镳，唯此评论杜甫之寥寥数语，仍然与胡适笙磬同声。1928年，新诗人闻一多在《新月》杂志上发表《杜甫》一文，称杜甫为"中国有史以来的第一个大诗人"。此后，陈寅恪在《书杜少陵〈哀王孙〉后》中也说"少陵为中国第一诗人"。新中国成立后，郭沫若称杜甫为"诗中圣哲"，毛泽东主席参观杜甫草堂，更称杜甫为"政治诗人"。从这一系列事实事以看出，杜诗的影响，不仅不因新文学之胜利而消失，而且会随着新文学之胜利发展而长存。历历如数家珍，气盛言宜，引而不发，启人深思。

对行文中的引文注明出处基本上是一项技术性的工作，本书做得十分认真，用心很细。修订本中大量的补注都准确可靠，足以扩大学生的知识视野；还有些注是对旧注的修订，例如讲上古文学时，引用了"三人操牛尾，投足以歌八阕"（《吕氏春秋·古乐篇》），又分析《弹歌》，书中指出，中国的初民拿着牛尾载歌载舞和印第安人的"野牛舞"有点类似；就此旧版注云：参考普列汉诺夫《论艺术》90页，鲁迅译。修订本改作：参考普列汉诺夫《论艺术》(《没有地址的信》)第80页（曹葆华译，生活·读书·新知三联书店1973）。

这样注出处，学生才容易找到；而且曹氏是从俄文直接翻译的，比鲁迅早年用"硬译"的方法间接转译而来的文字更容易理解。不过修订本中尚有若干引文未及注明出处，今后似应再加一些补注。

最新修订本在每一册之末增加了"阅读书目",有助扩大学生的阅读面;书目开得非常有讲究,繁简适中,版本都比较好,但也偶有并非最佳者。例如关于建安作家的集子,本书开了俞绍初先生校点的《王粲集》(中华书局1980),这当然可以,但何不开列那本包括《五粲集》在内而内容丰富得多的《建安七子集》(俞绍初校点,中华书局1989)?还有一些著名的选本可以考虑列入,例如余冠英先生的《诗经选》《乐府诗选》等,学生能把这些选本好好读一读,已经很好了。人民文学出版社不久前出过袁世硕先生主编的一套《中国古代文学作品选》,学生如果把这一套作品选与文学史配合起来读,一定大有收获。

开书目是一件难事,是不是可以分为基本书目和参考书目两个层次,基本书目必须少而精,学生容易找到,宁缺毋滥;参考书目则可以更广些。

校正错别字,改正不妥的标点和断句,也是技术性的工作,做得很好。修订本基本没有错字,这是非常不容易的。教材最不能有错。

三

本书优点极多,但也还不能说是"毫发无遗憾",这一点前面已略有涉及,下面集中地说说学习此书时看到的一些小问题——基本是早已有之而后来似曾予以修订的——以供讨论,并请费老等诸位先生指正。

从取材来说,本书大体是非常恰当的,适合大学本科生的需要,但也有值得增补的东西。魏晋文中的许多名篇,如诸葛亮《出师表》、向秀《思旧赋》、李密《陈情表》、鲁褒《钱神论》、王羲之《兰亭集序》等等,这里根本不提,未免可惜,这些文章常常进入中学教材,进入散文选本，传诵甚广，文学史里根本不提，恐怕不妥。又如东晋文学，本书基本只讲了一个陶渊明，而曾经风靡百年的玄言诗，只是一笔带过。学生对玄言诗还是应当有比较多一点的了解，只有弄清了玄言诗，才能对山水诗的兴起以及早期山水诗往往仍拖一玄言尾巴的特色有深入的认识。游国恩先生早就指出："文学史叙述过去的文学发展的历史，可以有轻重详略之不同，对待文学作品本身，也可以作正确和谨严的批判，但不应抹杀文学的历史，而且我们也无权抹杀它。"整个晋代文学的章节安排最好做出适当的调整，以便纳入更多的不宜抹杀的内容。

就材料的安排来说，也还有可以调整的地方。本书既然以横切为主，只有在必要的时候才辅之以竖切，那么像《吕氏春秋》这样的著作和李斯《谏逐客疏》这样的单篇文章，就应当放在第一编"上古至战国文学"的战国部分，而不能像现在列入秦代文学。本书分明写道："短短十几年的秦代，几乎没有什么文学可言，更谈不上什么成就。"但是接着又说"值得提出来是完成于统一前的《吕氏春秋》"，又说"秦代文学的唯一作家是李斯……他作于始皇十年的《谏逐客疏》是中国古代散文中的一篇名作"。按秦王政二十六年中国才归于统一，统一前的文学理应归入战国部分。《吕氏春秋》乃是典型的杂家，可以在第一编第四章"先秦诸子散文"中单列一节；李斯的那份《疏》可以附于第一编第四章第三节的韩非子之后，也可以单列一节。这一书一文现在之所以会列入秦代文学，我猜无非两个原因，一是李斯活到秦统一中国之后，写过若干石刻文，焚书坑儒就是他出的主意，如果以人为单位来"竖切"，与其将他列入战国，当然不如列入秦代为好；二是秦的文学实在没有多少话可说，把《吕氏春秋》和《谏逐客疏》拉来，可以光大其篇幅。这是可以理解的，但是照我看，"短短十几年的秦代，几乎没有什么文学可言，更谈不上什么成就"确属事实,那就直书其事好了,就让它只有一点儿歌功颂德的石刻文、杂赋、《仙真人诗》和歌谣而谈不上什么成就好了;当然这里可以说一说"乐府"这个机关当时已有,以便为下文详述汉乐府张本。鲁迅先生的《汉文学史纲要》体例与游编《文学史》不同,他将李斯列为单篇,顺便说起秦代文学:

> 二十八年,始皇始东巡郡县,群臣乃相与颂其功德,刻于金石,以垂后世。其辞亦李斯所为,今尚有流传,质而能壮,实汉晋碑铭所从出也……三十六年,东郡民刻陨石以诅始皇(顾农按其辞曰"始皇帝死而地分",见《史记·秦始皇本纪》),案问不服,尽诛石旁居人。始皇终不乐,乃使博士作《仙真人诗》;及行所游天下,传令乐人歌弦之。其诗盖后世游仙诗之祖,然不传。《汉书·艺文志》著(录)秦时杂赋九篇;《礼乐志》云周有《房中乐》,至秦名曰《寿人》,今亦俱佚。

我们今天写秦代文学大体上可以就写这些内容。当然鲁迅先生也说过,"故由现存者而言,秦之文章,李斯一人而已",后来许多文学史将李斯放在秦代文学中叙述,鲁迅先生实已开其先河;但我们也不一定就照他的办法办。是不是可以考虑,按横切的原则,在文学史中将李斯其人一分为二,战国部分介绍他的名篇《谏逐客疏》,秦代文学部分则介绍他的歌功颂德和建议焚书坑儒。这样一个"腰斩"的办法实在出于不得已,同时可能带给读者更多的启发;何况"腰斩"于他也不是什么新鲜的事情。

没有按"横切"原则安排的作家还有仲长统(180—220),游编《文学史》一向将他的《昌言》放在东汉政论文中来叙述;其实仲长统是典型的建安作家,《昌言》的精华也不在政论而在社会文化批评(拙作《建安文学史》曾有粗浅的论述,或可参考,湖南教育出版社2000年版,第22—25页)。

此外还有些鸡毛蒜皮的小问题,现从第一、二册中略举七事,以供讨论参考:"《野有死麇》(召南)的末章是一个少女的独白,它生动地表现了她在等待与爱人相会时内心的激动。"(第一册第45页)今按,从诗句来看,这时那人已到,她让他不要动静太大;所以"等待"二字不妥,建议换一个说法。

"白居易在新乐府运动中,也以'风雅''比兴'为标准,批评了齐梁以来的形式主义诗风,说它们'不过是嘲风雪、弄花草而已'。"(第一册第49页)今按,"不过是"三字应挪出有关引号,因为这是本书编者的叙述语言而非白居易的原文。

"韩非散文的特点……《主道》《扬权》二篇全部用韵,而后者多用四言,颇似《道德经》和《易林》。"(第一册第86页)今按,《易林》一书晚出,本书中也未尝涉及,"和《易林》"三字不如删去。

"曹操'外定武功,内兴文学',他又是汉末杰出的文学家和建安文学新局面的开创者。"(第一册第239页)今按,这话本来是有史料为据的,但情况比较复杂,而且学生往往把这里的"文学"就当作今天所说的文学,不明白它指的是学术特别是儒学。查《三国志·魏志·荀彧传》裴注引《彧别传》云:彧尝言于太祖(曹操)曰:"……君子无终食之间违仁。今公外定武功,内兴文学,使干戈戢睦,大道流行,国难方弭,六礼俱治,此姬旦宰周之所以速平也。既立德立功,而又兼立言,成仲尼述作之意;显制度于当时,扬名于后世,岂不盛哉!若须武事毕而后制作,以稽治化,于事未敏。宜集天下大才通儒,考论六经,刊定传记,存古今之学,除其烦重,以一圣真,并隆礼学,渐敦教化,则王道两济。"彧从容与太祖论治道,如此之类甚众,太祖

读最新修订本游编《中国文学史》 257

常嘉纳之。

可知所谓"外定武功，内兴文学"与其说是荀彧对曹操的歌颂，不如说是他的建议，重点在于"内兴文学"即复兴儒学。曹操表面上予以"嘉纳"，而实际上除了在建安八年（203）下过一道"郡国各修文学"的命令之外，并没有认真抓这件事。曹操对"考论六经，刊定传记，存古今之学"之类根本不感兴趣，他认为这是天下太平以后的事情，现在完全提不到日程上来。所以，为了清爽而无误解，不如将"曹操'外定武功，内兴文学'"这一句删去，直接讲他与文学的关系。

"徐干（字伟长，171—217）"（第一册第244页），按，徐干卒于建安二十三年（218），近人多有论证（见王依民《徐干生卒年考辨》，《文学遗产》1988年第2期；俞绍初《建安七子年谱》，《建安七子集》附录）。建安二十二年（217）曹丕作《典论·论文》，有云："（孔）融等已逝，唯（徐）干著论，成一家之言。"可见本年徐干尚健在，他比其他建安诸子要晚一点离开人间。

"唐太宗本人对齐梁文风也很爱好……他命令魏征、房玄龄、虞世南等大臣编纂《北堂书钞》《艺文类聚》《文馆词林》等等类书，其目的之一也是为了供给当时文人们采集典故辞藻之用。"（第二册第21—22页）按，这一段叙述不大准确。《文馆词林》不是类书而是分类纂集的总集，乃高宗朝许敬宗奉敕编撰，于显庆三年（658）编成；《旧唐书·经籍志》《新唐书·艺术志》皆于总集类著录。《北堂书钞》由虞世南编成于隋代，《艺文类聚》由欧阳询编成于高祖时。

第四编第六章第二节引韦应物《淮上喜会梁川故人》："双笑情如旧，萧疏鬓已斑。何因不归去，淮上对秋山。"（第二册第130页）按，"双笑"应作"欢笑"，形近而误。旧本不误。古人说校书如扫落叶，这个比喻实在精彩，书中的错字确如落叶，扫掉一些，又会落下一些。

要彻底消灭错字非常难。本书错字极少,偶尔出现一两个,便显得特别触目。这一类地方再印时可稍加挖改,并不难解决。

(原载《书品》,2003年第1辑。全文首次发表于《南阳师范学院学报》2003年2期,后收入人大报刊复印资料J2《中国古代近代文学研究》2003年10期。)

老树着花无丑枝
——修订本《中国文学史》编辑手记

宋 红

"中国文学史",作为一种文体写作,是一百年前的新生事物。它是由西方取道日本传入中国的。最早的"中国文学史"出于日本人之手(古城贞吉著),初版于1897年。出于中国人之手的第一本《中国文学史》为林传甲著,初刊于1904年(讲义印本;正式出版于1910年6月)。嗣后,便有了林林总总的各式文学史问世,以至文学史的写作本身,亦成为一种历史(新近戴燕所撰《文学史的权力》,便是一部研究文学史百年写作史的力作,北京大学出版社2002年3月出版。本文涉及文学史写作史的文字即受惠于该书,以及赵敏俐、杨树增《20世纪中国古典文学研究史》一书涉及文学史编写的有关章节,陕西人民教育出版社1997年8月出版)。

一百年来,文学史的叙述范围、关照重心、研究方法,以及所使用的语言,一直都在随着时代的变更和研究的深入而发生着变化,文学史的研究和写作则在这种自觉或不自觉的变化中,在不断的自我否定中并不轻松地前进着。戴燕在《文学史的权力》一书中写道:"我们对以往文学的了解,大多是从文学史著作中来的,文学史给了我们完整而又清晰的古代文学的轮廓面貌,给了我们堪称系统、准确的古代文学知识,同时,还给了我们有关古代文学学科的一些重要概念,以及使我们能够就专业问题进行交流与沟通的语言。很多人恐怕都有下面的经验:到今天,文学史所给予的观念、概念和语汇,已经成了我们专业身份的标志,当一群人在一起谈论古代文学的时候,很容易我们就能凭着文学史养成的直觉,判断出其中的内行或外行。"①

她写这段话是为了提出这样一个问题:"这些几乎成了我们日常思维与谈话习惯的一部分的语汇、概念,这些看起来天经地义、地老天荒的东西,真是从来就有的?还是只是在某一时段里生成的?"并由此说明文学史写作的千差万别。然而我想提出的是另一个问题:究竟哪一种文学史"给了我们完整而又清晰的古代文学的轮廓面貌,给了我们堪称系统、准确的古代文学知识,同时,还给了我们有关古代文学学科的一些重要概念,以及使我们能够就专业问题进行交流与沟通的语言?"究竟哪一种文学史"所给予的观念、概念和语汇,已经成了我们专业身份的标志?"问题的答案很清楚:在相当长的一个"时段"里,莘莘学子都是读着游国恩、王起、萧涤非、季镇淮、费振刚五位先生主编的四卷本《中国文学史》(下简称游本)走进中国古典文学殿堂的。

游本《文学史》初版于1963年,自面市以来,已经历了三十九年的风风雨雨,沾溉了一代又一代的年轻学子,至今仍然显示着活跃的生命力。其间游本《文学史》共经历过三次较为重大的修订,费振刚先生在本次修订版的《再修订后记》中介绍说:

> 第一次是在1978年,其具体情形可见附于《中国文学史》第四册后1978年10月27日写于广州的《后记》。第二次是1998年至1999年,原来的版因多次重印而有所损坏,需要重新制版。责任编辑宋红提议利用这一机会做一次全面的修订,具

---

① 戴燕著《文学史的权力》,北京大学出版社2002年3月第1版,第171页。

体的作法是由她通读全书,提出修改意见,再由当年参加编写全过程的孙静、李修生和我研究讨论,给予确定。这次修订除改正行文中不甚确切的用语,以反映社会和学术的更新发展外,主要是重新核实引文,纠正引文中的一些错误,重新对一些古文和古代诗词进行断句和更换个别材料,以反映新的学术成果,同时也勘正了一些误排之处。这次修订前后用了半年多的时间,全书有近八百处做了修订。第三次即本次的修订是在世纪之交的两年里进行的。出版社考虑到这部文学史要在新世纪里更好地发挥它作为大学教材的作用,提议再进行一次较大规模修改。他们邀请廖仲安、孙静、李修生、沈天佑和我做了多次讨论。……修改工作大致有以下几个方面:对个别过于绝对化、政治化和现代化的用语作了修订,以求比较客观和平允;适当增加对近年来考古新发现和学术新成果、新进展的介绍;对行文中引文增补出处;为了扩大学生的阅读面,增加对文学发展过程中重要作家、作品的了解,每册增加"阅读书目"一项,列有本册所论述到的作家的别集和总集;校正错别字,改正不妥的标点和断句。

兹择要对第三次修订工作加以介绍:

一、增加脚注。《文学史》原本设有面末脚注一项,用以并存异说、提供补证、校勘版本等。脚注很有学术价值,但注条数量不是很多。随着学术研究的深入,特别是近十几年来考古发掘方面所取得的新成果,必然会引发文学史方面的新探索和新思考。此番修订,在不改变原书总体框架和前辈学术观点的前提下,特别注意将新的学术观点和于旧说有所匡正的出土实物情况纳入脚注中。如"上古至战国的文学"编在"概说"中讲到武王灭殷的时间是"公元前十二世纪初"(第一册旧版8页。按,本文所用为1991年一版第8次印刷本,1998

年电脑排版后页码有变化),新版(8页)此处增设脚注,提供了我国第九个五年计划国家重点科技攻关项目"夏商周断代工程专家组"将灭殷时间定在"公元前1046年"的研究成果。又如关于《诗经》的成书时间,新增脚注特别介绍了学者们对《商颂》成书时间的分歧意见,视线追踪一直达到2000年(第一册新版30—31页)。第一编"概说"在讲到中华民族的文明起源时,引述到"仰韶文化"和"龙山文化"(第一册旧版4页),新增脚注则补充了"河姆渡文化""良渚文化""红山文化"等新的考古发掘情况,从而说明中国早期文明的多元发展(第一册新版4页)。在言及宋玉赋的真伪问题时,旧版认为《古文苑》所载宋玉赋六篇、《文选》所收宋玉赋五篇俱为伪作,新版在此处加脚注,引述了"相当一部分学者"如胡念贻、姜书阁等的不同意见,并介绍了当代学者对1972年在山东临沂银雀山西汉早期墓葬中发现的唐勒赋残简的研究情况,指出:

> 关于该赋的作者则有唐勒、宋玉两种说法。尽管对赋的篇名、作者有不同认识,但他们都认为该赋的形式与《大言赋》《小言赋》相近,这就不仅为《文选》所载,更为《古文苑》所载的宋玉赋作的真实性增加了有力的证据。

这样一种处理方式,反映了修订者尊重历史的审慎态度和尊重科学的宽博胸怀,在保持原有框架的前提下融入新的学术观点和研究信息,这是修订工作中最可称道之处。此外,"秦汉文学"编第一章第四节所增关于尹湾汉墓简牍《神乌赋》的脚注;"清初至清中叶的文学"编《红楼梦》章所增关于曹雪芹生年有三说、关于曹雪芹生父有二说的脚注,均反映出这方面的特点。

二、增补内容。如果说第一册的修订成果主要体现在脚注上,那么第二、第三册的修订成果便主要体现在内容的增补方面。如"隋唐五代文学"编"概说",在总结唐代文学繁荣的原因时,新版特在"唐代的君主很重视诗歌"一段中加入了洪迈《容斋续笔·唐诗无避讳》条的对比与评说,说明当时诗人的创作较少受到干涉(第二册旧版9页、第二册新版8—9页)。同编第一章第二节,旧版在评述上官仪诗歌的内容与风格时贬抑成分较多,新版增出一段,讲述"他也有被唐人赞美仿效的名作",增补的内容虽不足二百字,但却起着重要的平衡作用,使关于上官仪的评述更为平允,也更符合历史的真实(第二册旧版23页、第二册新版22—23页)。因为他毕竟是初唐文坛开一派诗风"上官体"的重要作家。同编第五章第四节,在讲到杜甫对后世的影响时,于韩愈论杜的结篇文字之后补入了近代以来康有为、梁启超、陈独秀、胡适、鲁迅、闻一多、陈寅恪、郭沫若、毛泽东等重要历史人物对杜甫的认识与评说,可视作杜甫研究史之梗概(第二册旧版119页、第二册新版118—120页)。

除增补论述内容外,新版《文学史》还注意到作品内容的增补。如"秦汉文学"编第一章第三节介绍枚乘作品时,旧版称:"《汉书·艺文志》著录枚乘赋九篇,今存《七发》一篇是他的代表作。"新版则将《艺文志》所著录的篇名一一录出,这便增加了信息量(第一册旧版140页、第一册新版138页)。又如"隋唐五代文学"编第十章第二节介绍李商隐时,增补了李商隐的寄慨咏物之作《蝉》,通过这首诗的征引,可使读者了解李商隐作品的又一个方面(第二册新版207页)。再如"宋代文学"编第五章第一节,介绍李清照时,旧版只着重介绍了她的词,于诗文仅一笔带过,新版则对她的诗文加以征引、介绍和评述,使读者对这位女作家的创作有更为全面的认识和了解(第三册旧版89页、第三册新版86—87页)。同样,"元代文学"编旧版第八章第二节,在介绍元代后期作家时,对萨都剌仅着墨于他的诗,对他的词则一笔带过,新版(第九章)征引了他的《满江红·金陵怀古》（第三册旧版319页、第三册新版320页），使读者对他的词能够有具体感性认识。

三、修改行文。与内容上的增删相比，行文上的修改只能说是一种"微调"。"魏晋南北朝"编和"近代文学"编的修改便主要是以"微调"为主。虽然说是"微调"，但字句上的锱铢斟酌，正关系着观点、评价上的高低轻重，比较修改前后的行文，便可看出执笔者的良苦用心和改动之精要。例如"魏晋南北朝文学"编第五章第四节谈"梁陈诗人和宫体诗"时，新版将"文学的趋向腐化堕落"（第一册旧版324页）改为"文学的趋向腐靡"（第一册新版320页）；将"梁简文帝萧纲要进一步提倡写色情的诗"（第一册旧版324页）改为"梁简文帝萧纲大力提倡写宫体诗"（第一册新版320页）；将"《咏内人昼眠》《美人晨妆》等等描摹色情的宫体诗"（第一册旧版324页）改为"描摹女人情态的宫体诗"（第一册新版321页），诸如此类，淡化了政治评判色彩。旧版"隋唐五代文学"编第二章第二节谈到对王维的评价时说：

> 有人甚至推尊他为"诗佛"，把他捧到和李白、杜甫同样高的地位，这显然是极端错误的（第二册旧版48页）。

"诗佛""诗仙""诗圣"并出，便具体解释了旧版中把"他捧到和李白、杜甫同样高的地位"的说法，其实只是各拈出一字，以概括各人的风格特点，同时也能给读者更多的文学史信息。将"极端错误"的断语改为"在文学史的总体评价上，他很难与李、杜等量齐观"，也使简单粗暴、失之偏颇的说法得到纠正。又如"近代文学"编第一章第二节最后一段讲到蒋春霖的词时，旧版说："实际他的某些著名作品如……等等，诬蔑太平天国革命，凄苦哀怨，表现了地主阶级的没落情绪和反动立场，完全是封建糟粕，应该坚决抛弃的。"（第四册

老树着花无丑枝　265

旧版388页）新版改作："如……等等，反对太平天国革命，凄苦哀怨，反映了一般地主阶级知识分子的情绪。"（第四册新版350页）改动中，"反动""封建糟粕"，诸如此类带有明显时代痕迹、政治痕迹的字眼得到筛汰，行文语气更为客观，评价也更为公允。此外，行文上的改动也使叙述更为严谨，如"隋唐五代文学"编第十三章第一节，旧版谈"词的起源、发展的民间词"时说："又如白居易和刘禹锡的两首（忆江南）……"（第二册旧版258页），"和"，此处所要表达的意思是"与"，但字面又可理解为"附和"，读为第四声，这样便成为刘禹锡先作了两首（忆江南），白居易随和了两首。而事实是白居易写作在前，刘禹锡写作在后。因此修改时将二人姓名间的"和"字改为顿号。而下面所引两首作品，前为白居易作，后为刘禹锡作，使用并列结构最为合适（第二册新版259页）。总之，行文上的修改虽不及严复当年译西人著作，"一名之立，旬月踟蹰"（《天演论译例言》），但一丝不苟的精神是相通的。

应当指出，学术研究是在不断探索、不断积累中向前发展的。游本《文学史》也在学术的前进中、读者的关注中不断完善着。文学史中还有一些细节的改动是在学者朋友和读者朋友的关照下完成的。如"宋代文学"编第三章第二节谈"苏轼的文论和散文"时，旧版以为苏轼论文之语"大略如行云流水……常行于所当行，常止于不可不止（《答谢民师书》）"是评论自家文章，有学者朋友指出其文是为谢民师作品而发，评论自家文章的相似之言见《文说》"吾文如万斛泉源，……常行于所当行，常止于不可不止"。另如"清初至清中叶的文学"编第一章第一节谈到明末爱国遗民诗人时，提到吴嘉纪"字野人"，有读者来信指出"野人"是吴嘉纪的号。诸如此类，我们均在重印时及时予以改正。特别需要提出的是，"魏晋南北朝文学"编第六章第二节谈到"南北朝散文"时，引用了郦道元《水经注》中"巫峡"一节:"自三峡七百里中,两岸连山,略无缺处……",至"巴东三峡巫峡长,猿鸣三声泪沾裳"引文结束。许多年来,该文一直被认为是郦道元《水经注》中的名篇,然而这段文字恰恰不是郦道元的手笔,而是他注《水经》时迻用了晋宋时人盛弘之《荆州记》中的一段。《太平御览》卷五十三收录此文,标注赫然。1997年修订时,我们换掉了这段文字。由于游本《文学史》问世时间长,使用范围广,所以借此机会特做说明。

"在20世纪出版过数百种的'中国文学史'"中,[①]恐怕很难说哪一种是最优秀的,但应该可以说游本《文学史》是最好用的。北京大学葛晓音教授撰文说:

> 本书取材和章节编排与教学需要相适应,各编根据每个历史分期的特点,按时代先后分列章节,以讲述作家和作品为主,论述详略适宜,重点突出。关于文学史上的重大现象、重要作家的生平、著作内容及其在文学史上的地位和影响等,均辟专节阐述。重点作品多以解说和分析相结合,文字严谨,条理清晰,并适当引用古代文论中精彩的评语,准确具体地阐明其思想艺术特色。……同时,为了勾勒出史的纵向脉络,本书又在每编前面加"概说"部分,简述这一历史时期的社会文化背景以及文学发展的基本风貌。每编之后加"小结",扼要地总结这时期各种文学形式的发展过程以及成就或缺陷。[②]

文中提到的"概说"和"小结"的确是书中最浓缩的部分。1997年《文学史》改版重排,我作为责编通读校样时才惊奇地发现,原先

---

① 戴燕著《文学史的权力》,第47页。
② 乔默主编《中国二十世纪文学研究论著提要》,北京大学出版社1994年第1版,第12页。

老树着花无丑枝　267

在其他书中见到的反映某种文化现象的谣谚,诸如"熟读唐诗三百首,不会作诗也会吟""《文选》烂,秀才半""五十少进士,三十老明经"等,早已浓缩在《文学史》的"概说"中,而以前学习这门课程时竟浑然不知!

本书除条目清楚、便于把握外,成于众手而能一气贯注,也是其优长之处。通读全书,绝无扦格之感,使后来许多集体项目均无法望其项背。我们不妨以上述《水经注·江水》"巫峡"篇为抽样,对手边可以找到的文学史做一番调查,答案自明。

在历史进入二十一世纪的今天,在大学教育强调"厚基础、宽口径"的新形势下,游本《文学史》"仍以内容全面、材料翔实、体例适当、便于教学,既有一定的学术深度,又是符合教学规律的要求,而受到高等院校中文第师生的欢迎"(费振刚《中国文学史再修订后记》)。"人事有代谢,往来成古今"。游本《文学史》能够在百年来的数百种文学史中保持生命之树三十九年常绿,一切已尽在不言中。而此番由五位学者对《文学史》所做的全面修订,更使其如老树着新花。宋代诗人梅尧臣有句曰:"老树着花无丑枝。"祝愿修订本《中国文学史》花繁叶茂,"绿树成荫子满枝",较从前有更为久长、更为健旺的生命力。

2002 年 7 月于北京天然斋

(原载《南阳师范学院学报》2003 年 2 期)

补遗

《汉赋辞典》前言[1]

赋是中国古代文学领域中一种重要文体。尤其是汉赋,在文学史上占有重要的地位。清人焦循曾这样评述:"一代有一代之所胜……欲自楚骚以下,撰为一集,汉则专取其赋,魏晋六朝至隋则专录五言诗,唐则专录其律诗,宋专录其词,元专录其曲。"(《易余龠录》)两汉四百余年间,由于君王、贵族的爱好、倡导,加之文人的努力,创作的作品数量相当庞大。班固《两都赋序》所说"孝成之世,论而录之,盖奏御者千有余篇",是仅就汉武帝、宣帝以前的创作而言的。由此可以推知整个汉代的赋创作的繁荣景象,两汉时期,涌现出一批著名的赋家,留下了许多不朽的名篇,如贾谊的《吊屈原赋》、枚乘的《七发》、司马相如的《子虚上林赋》、蔡邕的《述行赋》、王粲的《登楼赋》。他们继承了中国浪漫主义和现实主义文学的优秀传统,不仅真实地描绘了两汉各个时期的社会面貌,而且对后世文学的发展产生了深刻的影响。

由于历史的变迁,我们今天再也无法看到汉赋的全貌。现存的汉赋作品,从数量上看,只是它原有的极少的一部分,而且其中只有一部分是完整的,其余的是残篇断句,加上未形成一个校勘本,异文也屡见不鲜。而由于种种历史原因,自"五四"以来,汉赋研究一直是古典文学领域中的薄弱环节,人们对它的评价距离很大。一部分

---

[1] 按:《补遗》所收的这两篇文章,原拟置于《数码时代的人文研究》一文之后,由于当时没有找到文稿,为不影响排版,今置于此,请读者见谅。

作品虽然有人加以注释，但限于认识条件的不同，又出自众手，因此其中悖说者有之，分歧处更多。面对这种情况，我们便决定从基础工作做起，在理解现有汉赋作品的基础上，析出词目，在斟酌取舍前人对汉赋研究、释义成果的过程中，形成对汉赋中字词的较为准确、恰当的理解。考虑到词语的相承性，决定以辞书的形式出版，希望它不仅成为阅读汉赋的重要工具书，也成为阅读其他古籍的工具书。

本书是一部断代文体辞书，全书收单字六千一百七十余个，词目共两万余条。所收字、词目及其义项仅限于现存汉赋作品中出现的，并按词义的演变排列义项。

本书是高等学校古籍整理规划中的一个项目。自1984年9月动手编写，全书由我们两人负责。罗岗生、陈海伦、唐健、曾发荣四位在不同阶段参加了部分制卡、誊写及撰写少量词目初稿的工作。在编写过程中，得到了北京大学中文系、广西河池师专的大力支持。胡双宝先生作为本书的审稿人和责任编辑，精心审阅全书，提出了不少很好的意见。在此谨向上述单位和个人致以诚挚的谢意。限于水平，书中的错漏之处一定不少，敬祈读者批评指正。

费振刚　仇仲谦
1988年10月

《汉赋辞典》后记

《汉赋辞典》由于种种原因，一直拖到现在才出版，我内心的感受是颇为复杂的，但终于出版了，我的内心是充满喜悦的，因为我可以向有关领导、师友、学生有个交代了，我曾多次向他们发布了《汉赋辞典》即将出版的消息，现在可以兑现了。我，同时也代表我的合作者仇仲谦先生向北京大学出版社表示衷心的感谢。

从上个世纪八十年代中期到二十一世纪的今天，《汉赋辞典》的编写分成了两个阶段。1988年以前，编写工作完全是传统的手工业方式，工作条件也是艰苦的。我曾两次去广西河池师专，其中有一次，胡双宝先生也与我同去。我个人去的那一次是冬天，当时的河池师专住宿条件尚未完善，临时在一间空房放一张床，作为我生活、工作的地方，房间很大，东西很少，显得空空荡荡。而且南疆广西的房屋建筑以我北方人的眼光看十分单薄、门窗又不十分严密，有阳光的白天，还好过，到了夜晚和阴雨天，阴冷阴冷，很是难过。到了十二月，夜里太冷了，只好在屋里放一个火盆，烧一些木炭取暖。仲谦当时还年轻，他和罗岗生、陈海伦、唐健、曾发荣四位更年轻的老师，都有繁重的教学工作，爱人也有工作，孩子又小，居住条件很差，都是在晚上夫妻二人安顿了小孩后，才开始制卡、誊写和撰写条目的工作。此情此景，记忆犹新，在酸楚中又有些温馨。1988年3月，我去日本东京大学讲学，是仲谦到北大，同双宝先生一块做最后的细致的定稿工作，前后又近一年。1990年4月，我从日本回来，《汉赋辞典》正在排版，由于汉赋作品生僻字特多，当时电子排版在我国刚刚起步，问题也多，工作进行的时间少，停顿的时间多。正是由于这样，我有机会多次对书稿做部分的修润，特别是最后两年，仲谦和我先后两次校阅稿样，有多处的订正和修补。我之所以这样详细叙述这一切，我想表达的是，尽管这十多年来，社会有许多的变化，但我们不求闻达，不追求轰轰烈烈，只希望本着求真求实的学术态度，愿意做一点学术研究的基本工作，为推动学术的发展尽一点心力，也为广大读者阅读古书提供一点切实的帮助。同时，我们也知道《汉赋辞典》还有许多缺漏和可以商榷的地方，我们将本着闻过则喜、有错即改的积极态度，等待方家的批评。

时间过得很快，在世纪之交的几年里，双宝先生和我先后退休了，仲谦则由河池师专调到广西大学梧州分校工作，并成了既搞教学又搞管理工作的双肩挑的领导干部。双宝先生和我虽然退休了，但我们的身体尚可，头脑仍还管用，于是我们看到双宝先生仍在"为他人做嫁衣裳"，在北大出版社每年出版的新书中，都有双宝先生作为责任编辑的，而且还不止一部。我则无论是校内、校外，不管大事、小事，凡是我力所能及的，只要要我去做，我都会努力去做。今年年初，仲谦受他所在学校领导之托，邀我和他合作，为他所在学校筹建中文系大学本科专业。为此，今年我两次来广西，现在第一届中文系本科学生已经入学，我又重操旧业，为他们讲授中国古代文学。最近几个月，有一本书的名字又在我的脑海中浮现出来，这是读大学时学习中国现代文学史读过的。它是老一辈作家陈学昭女士写的，它的内容写的是什么，我都记不起了，但我记住了它的名字——《工作着是美丽的》。我确实不知一个人当他体力和智力都还可以工作而没有工作，他将怎样度过这连续不断出现的日日夜夜，所以我珍惜每一个工作的机会，我将努力做好它，因为"工作着是美丽的"！

费振刚
2002年10月25日写于
广西梧州西分桃花岛畔